U0482133

中社智库 智库丛书
Think Tank Series

扬子江城市群与区域一体化战略研究

李程骅 等 ◎ 著

中国社会科学出版社

图书在版编目（CIP）数据

扬子江城市群与区域一体化战略研究 / 李程骅等著. —北京：中国社会科学出版社，2021.10
ISBN 978 - 7 - 5203 - 9333 - 1

Ⅰ.①扬… Ⅱ.①李… Ⅲ.①长江中下游—城市群—发展—研究 ②长江中下游—城市群—区域经济一体化—研究 Ⅳ.①F299.275

中国版本图书馆 CIP 数据核字（2021）第 234641 号

出 版 人	赵剑英
责任编辑	孙　萍
责任校对	季　静
责任印制	王　超

出　　版	中国社会科学出版社
社　　址	北京鼓楼西大街甲 158 号
邮　　编	100720
网　　址	http://www.csspw.cn
发 行 部	010 - 84083685
门 市 部	010 - 84029450
经　　销	新华书店及其他书店
印刷装订	北京明恒达印务有限公司
版　　次	2021 年 10 月第 1 版
印　　次	2021 年 10 月第 1 次印刷
开　　本	710 × 1000　1/16
印　　张	18.5
插　　页	2
字　　数	258 千字
定　　价	99.00 元

凡购买中国社会科学出版社图书，如有质量问题请与本社营销中心联系调换
电话：010 - 84083683
版权所有　侵权必究

目　录

绪论　建设现代城市群　提升区域发展能级……………………（1）
　第一节　科学把握"中国情景"城市群生长规律 …………（2）
　第二节　以新发展理念引领城市群高质量建设……………（6）
　第三节　开辟中国新型城镇化道路的新境界 ………………（11）

第一章　中国城市群发展的进程、阶段特征与
　　　　动能再造 ………………………………………………（17）
　第一节　中国城市群发展的进程及阶段特征 ………………（18）
　第二节　中国城市群的"巨型化"与战略定位 ……………（23）
　第三节　中国城市群与区域协调发展的动能再造 …………（29）

第二章　长三角城市群格局中的"扬子江城市群"
　　　　构建策略 ………………………………………………（35）
　第一节　构建"扬子江城市群"：彰显国家战略的
　　　　　"江苏使命" ……………………………………………（36）
　第二节　推进"扬子江城市群"建设的策略与实施
　　　　　路径 ……………………………………………………（40）

第三章　扬子江城市群区域结构变迁与空间生产驱动 ………（49）
　第一节　世界级城市群空间结构"嵌套形态"的
　　　　　现实图景 ………………………………………………（51）

— 1 —

第二节　扬子江城市群：从"生产空间"到
　　　　"空间生产"的范式转变 …………………………（58）
第三节　扬子江城市群的空间生产驱动区域增长
　　　　路径 …………………………………………………（65）

第四章　扬子江城市群水环境保护与协同治理升级 …………（75）
　第一节　深化协同治理：扬子江水环境治理的
　　　　　现实选择 ……………………………………………（76）
　第二节　国内外水环境与流域协同治理的
　　　　　实践及启示 …………………………………………（83）
　第三节　扬子江城市群水污染协同治理机制及对策 ………（92）

第五章　高起点推动扬子江城市群协同创新发展 ……………（101）
　第一节　扬子江城市群协同创新的挑战与机遇 ……………（102）
　第二节　扬子江城市群协同创新发展的优势分析 …………（105）
　第三节　扬子江城市群协同创新空间的演变特征 …………（115）
　第四节　高起点推动扬子江城市群协同创新发展的
　　　　　路径 …………………………………………………（120）

第六章　长三角一体化发展与江苏区域战略提升 ……………（128）
　第一节　长三角一体化发展：共识、行动与国家
　　　　　战略 …………………………………………………（129）
　第二节　长三角一体化发展的江苏作为与示范引领 ………（131）
　第三节　长三角一体化国家战略：江苏的新机遇
　　　　　新担当 ………………………………………………（135）
　第四节　长三角区域一体化国家战略：
　　　　　江苏发展的新机遇新担当 …………………………（140）
　第五节　践行长三角一体化发展的江苏区域战略
　　　　　提升行动 ……………………………………………（147）

第七章 省域主体功能区格局塑造与空间高质量治理……(164)
  第一节 主体功能区制度的形成与发展……(165)
  第二节 江苏"1+3"重点功能区的战略谋划 ……(171)
  第三节 省域空间治理现代化的创新路径……(180)

第八章 "强富美高"新江苏的战略引领与空间重塑……(189)
  第一节 全面把握"强富美高"新江苏建设的
内涵要求……(191)
  第二节 比学赶超：树立省域高质量发展的多向
标杆……(195)
  第三节 科学搭建承载现代化建设的"空间骨骼"……(203)
  第四节 把重大使命转化为高度自觉的创新行动……(211)

链 接
  打造江苏沿江大都市带的对策与建议……(219)
  扬子江城市群一体化建设的对策建议……(224)
  扬子江城市群空间规划提升与战略实施重点……(229)
  江苏沿江化工产业结构布局优化路径研究……(235)
  扬子江城市群水污染协同治理对策建议……(240)
  打造宁杭生态经济发展带 构筑江苏绿色增长新空间……(245)
  扬子江城市群"中部隆起"的战略对策 ……(251)
  南通城市发展的价值审视与能级提升……(258)
  建立更加有效的区域协调发展新机制……(264)
  推进长三角一体化战略：江苏如何走在前列？……(269)
  "一轴两带"等高上海：苏锡常一体化新策略……(274)

后记 扬子江城市群研究的"时代记忆"……(280)

绪　论

建设现代城市群　提升区域发展能级

在当代中国的城市化进程中，区域经济一体化发展不仅促进了城市产业空间、生活空间与生态空间的重组重塑，还强化了跨越行政区的发展单元的内在联系，以协同发展、融合发展和一体化发展营造出大空间尺度的新型城市群和都市圈，为中国特色城镇化道路注入新内涵、新动能。[①] 进入21世纪，城市群与都市圈逐渐成为支撑我国经济增长、促进区域协调发展、高水平对外合作的重要平台，承担起引领国家发展的创新高地和核心增长极的使命。党的十八大以来，我国着力推进以人为核心的新型城镇化战略，把城市群作为新型城镇化的主体形态进行部署。《国家新型城镇化规划》（2014—2020年）对优化提升东部地区城市群、培育发展中西部地区城市群和建立城市群发展协调机制做了具体安排。党的十九大报告提出，要以城市群为主体构建大中小城市和小城镇协调发展的城镇格局。《中华人民共和国国民经济和社会发展第十四个五年规划和2035年远景目标纲要》更加明确了城市群和都市圈在发展全局中的地位："坚持走中国特色新型城镇化道路，深入推进以人为核心的新型城镇化战略，以城市群、都市圈为依托促进大中小城市和小城镇协调联动、特色化发展，使更多人民群众享有更高品质的城市生活。"以城市群和都市圈建设为抓手，成为推进中国特色新型城镇化战略，走好集

---

① 李程骅：《区域一体化进程与中国大都市区营造》，《中国城市转型研究》，人民出版社2013年版，第283页。

约发展、科学发展和高质量发展之路的理性选择。进入新发展阶段，开启社会主义现代化建设新征程，必须全面系统贯彻落实新发展理念，更加精准地把握"中国情景"的城市群生长和区域一体化的发展规律，以城市群和都市圈的高质量发展，构建大中小城市和小城镇协调发展的新格局，实现区域发展能级的再提升，书写出高质量发展、高品质生活、高效能治理的现代化国家建设新辉煌。

第一节　科学把握"中国情景"城市群生长规律

从区域空间演化的阶段性特征来看，城市群是城市发展最高层次的空间组织形式。现代意义的城市群通常以一个城市为核心、数个城市为构成单元，依托发达的交通通信等基础设施网络所形成的空间组织紧凑、经济联系紧密、实现高度一体化的发展集群。作为优质资源要素的主要集聚地和引领创新的核心载体，城市群在区域和国家经济社会发展中发挥着关键支撑作用。综观全球城市体系的运行，城市群、都市圈基本都是各国经济发展格局中最具活力和潜力的地区，代表所在国家与区域参与全球产业和科技创新竞争已成为常态。从世界经济版图来看，排名前40的城市群为全球贡献出66%的经济总量和85%的科技成果。区域一体化是经济增长的助力器，城市群、都市圈则是区域一体化的集约空间，是公认的高效的经济区域。一个国家和地区城市群发育成长的过程，就是其国力和核心竞争力持续增强的过程。从欧洲19世纪中叶的英国中部城市群的初现，到20世纪中期美国东北海岸的大西洋沿岸都市带的崛起，再到20世纪60年代日本东京城市群的加速扩展，无不证明了以交通网络、产业体系、公共服务和创新集聚为代表的新型城市群或大都市圈，在生产效率、人口集聚和创业创新上的单位空间倍增效应。现代意义上的城市群或都市圈形成的特定组合形态，决定其在产业结构、组织结构、空间布局、专业化程度、区位条件、基础设施、要素的空间集聚方面比其他区域具有更大的优势。从区域一体化进程的规律来看，工业化驱动中心城市与次中心城市与周边区域的联动发展、一体化发展，在新技术、新产业、新机制的推动下，促进了新产业的产生和主导产业的加速更替，以及产业结构的转换，在不断实现城市自身发展的同时，也可以带动周边地区或特定地带的产业、经济共同增长，助力区域整体发展能级的提升和空间的持续扩展。

中国城市群与都市圈的快速生长，得益于改革开放以来城镇化、工业化的双轮驱动，这种驱动在提升国力、支撑中国经济持续高增长，成为世界第二大经济体的同时，也以"三纵两横"城镇化骨骼，支撑起了覆盖重点地区的国家城市体系，重构世界经济地理版图。20世纪90年代，我国确立社会主义市场经济体制，经济一体化带动区域发展一体化成为东部沿海发达地区的基本共识和主动选择，珠江三角洲、长江三角洲和京津冀地区率先开展区域合作，联手推进协同发展、一体化发展，为其后上升为国家级的巨型城市群、大都市圈打下了较好的基础。进入"十一五"时期之后，我国开始推行国家战略层面的区域规划，鼓励创建国家级新区，明确提出"要把城市群作为推进城镇化的主体形态"，要求"以特大城市和大城市为龙头，形成若干用地少、就业多、要素集聚能力强、人口合理分布的新城市群"，并对当时已经具备较强经济实力的珠三角、长三角和环渤海地区提出了增强城市群整体竞争力的战略任务。随后，《全国主体功能区规划》发布，具体提出推进环渤海、长三角、珠三角地区的优化开放，形成三个特大城市群，推进哈长、江淮、海峡西岸、中原、长江中游、北部湾、成渝、关中等地区的重点开发，形成若干新型城市群和区域城市群。主体功能区规划是国家层面的城市群发展战略引领，我国此后明确提出的"19 + 2"城市群，基本是在这个战略格局下进行细化优化的。党的十八大之后，我国的国土空间实现了全覆盖的功能性规划，更加突出整体性、协调性和城市群的带动性，在区域发展上形成了以京津冀协同发展、长江经济带发展、长三角一体化、黄河流域生态保护和高质量发展等五大重大国家战略为引领的区域协调发展新格局。这五大战略连南接北、承东启西,与地域广大的东部、中部、西部以及东北地区构成的四大区域板块交错互融,托起了优势互补的区域整体高质量发展格局,决定了中国发展的未来。国家"十三五"规划纲要具体提出:"优化提升东部地区城市群,建设京津冀、长三角、珠三角世界级城市群,提升山东半岛、海峡西岸城市群开放竞争水平。培育中西部地区城市群,发展壮大东北地区、中原地区、长江中游、成渝地区、关中平原城市群,规划引导北部湾、山西中部、呼包鄂榆、黔中、滇中、兰州—西宁、宁夏沿黄、天山北坡城市群发展,形成更多支撑区域发展的增长极。促进以拉萨为中心、以喀什为中心的城市圈发展"[1]。该规划纲要为区域型城市群的规划建设明确了定位和方向。在新发展理念的统领下,我国着力推进以人为核心的新型城镇化战略,为城市群与都市圈的高质量发展、高水平治理创造了新的机遇,大手笔规划、精细化落实,使城市更健康、更安全、更宜居,日益成为人民群众高品质生活空间。我国京津冀、粤港澳、长三角、成渝等主要城市群,目前已承载了全国约78%的人口,贡献的地区生产总值超过80%,[2] 不仅成为承载优质资源要素、引领经济发展、驱动创新创业的主要空间载体,也已成为国内国际人才向往的事业发展舞台、高品质生活目的地。

当代中国的城镇化演进,从城镇的单点突破到跨区域联动,再到一体化发展的城市群与都市圈的整体带动,不断提升区域发展能级,既体现了世界城市化的基本规律,又体现了中国特色新型城镇化道路的集成性创新性实践,承载着全面建成小康社会、建设社会主义现代化国家的历史使命,映射出主动破解发展不平衡、不充分

---

[1] 《中华人民共和国国民经济和社会发展第十三个五年规划纲要》,《新华社》2016年3月17日。
[2] 北京市习近平新时代中国特色社会主义思想研究中心:《提高中心城市和城市群综合承载能力》,《光明日报》2020年1月3日。

问题、不断满足人民群众对美好生活向往追求的孜孜探索。改革开放以来经济社会发展的历史成就已经证明，中国开辟的新型城镇化道路，引领了人类历史上人口规模最大的城镇化运动，是城乡一体、共享发展成果的城镇化，是人与自然和谐共生的城镇化，是不断提升物质文明和精神文明协调水平、促进人的全面发展的城镇化，这些构成了"中国情景"城镇化道路的主要特征与根本追求。进入新发展阶段，践行新发展理念，推进以人为核心的新型城镇化战略，将城市群作为主要载体来构建现代化经济体系，促进实现大中小城市和小城镇的协调发展，为"中国情景"的城市群建设注入了高质量发展、高水平治理的新内涵。2018年11月，《中共中央国务院关于建立更加有效的区域协调发展新机制的意见》提出，以京津冀、长三角、粤港澳、成渝、长江中游、中原、关中等城市群推动国家重大区域战略融合发展，建立以中心城市引领城市群发展、城市群带动区域发展新模式，推动区域板块之间融合互动发展。踏上现代化新征程的城市群规划建设，要深刻认识我国社会主要矛盾发生的新变化，坚持以人民为中心的核心理念，充分发挥制度优势，在国家区域战略"顶层设计"下，促进大中小城市和小城镇以及辐射带动空间的协调发展，走稳走好特色发展、集约发展、品质发展和创新发展之路，使更多人民群众享有更高品质的城市生活。现代城市群和都市圈的健康生长与可持续发展，取决于经济、产业与治理的多重力量。我国经济发展已经由高速度增长转向高质量发展阶段，这对区域协调发展提出了新的要求。我国城市群的发展也从规模化扩张转向更加集约化、提升全要素生产率的高质量发展阶段。我们不能简单地要求各地区在经济发展上达到同一水平，必须根据各地区的条件，走合理分工、优化发展的路子。[①] 当前，地处我国东部发达地区的城市群与都市圈，经济发展与居民平均收入已经达到了世界中等发达国家的水平，未来在促进资源要素更加

---

① 习近平：《推动形成优势互补高质量发展的区域经济布局》，《求是》2019年第24期。

优化配置的同时,必须突出共同富裕的理念引领,加快推进公共服务的均等化,注重运用一体化、同城化的硬件建设和公共服务,实现更有效率、更加公平、更可持续、更为安全的发展,让"城市群人""都市圈人"在一体化发展的进程中共创现代化美好生活。

第二节　以新发展理念引领城市群高质量建设

基于产业空间、地理空间与生态空间融合发展、一体化发展的现代城市群,是城市化高级阶段的空间形态,协同发展、集约发展、高质量发展成为这一阶段的鲜明的战略导向。党的十八大以来,我国明确提出把城市群作为推进国家新型城镇化的主体,以新发展理念引领城市群、都市圈的高质量发展、健康发展。作为新型城镇化主体形态的城市群成为支撑全国经济增长、促进区域协调发展、参与国际竞争合作的重要平台。在习近平总书记亲自擘画之下,新时代区域发展战略的"四梁八柱"加快形成。京津冀协同发展、长江经济带发展、共建"一带一路"、粤港澳大湾区建设、长三角一体化发展等新的区域发展战略有序推进,京津冀、长三角、珠三角等城市群加速成为带动全国高质量发展的新动力源。面对百年未有之大变局,习近平总书记深刻指出,我国经济发展的空间结构正在发生深刻变化,中心城市和城市群正在成为承载发展要素的主要空间形式。不平衡是普遍的,要在发展中促进相对平衡。这是区域协调发展的辩证法。产业和人口向优势区域集中,形成以城市群为主要形态的增长动力源,进而带动经济总体效率提升,这是经济规律。[①]

区域发展不平衡、地区发展差异大,是我国的基本国情,也是我国推动区域协调发展进程中需要着力破解的基本矛盾。坚持区域

---

① 习近平:《推动形成优势互补高质量发展的区域经济布局》,《求是》2019年第24期。

协调发展，是我国经济社会发展的一个重要原则。前瞻性把握区域发展的新变化，以新发展理念引领区域协调发展、城市群的高质量发展，这是国家层面"顶层设计"尊重经济规律和区域发展规律的科学选择，有力促进我国区域能级加速迈上新台阶，特别是整体发展观的根本转变，为推进跨行政区的城市群主导的区域协调发展，提供了根本的制度与政策保障。谋划推进京津冀协同发展上升到国家战略，习近平总书记特别强调，"实现京津冀协同发展，是面向未来打造新的首都经济圈、推进区域发展体制机制创新的需要，是探索完善城市群布局和形态、为优化开发区域发展提供示范和样板的需要，是探索生态文明建设有效路径、促进人口经济资源环境相协调的需要，是实现京津冀优势互补、促进环渤海经济区发展、带动北方腹地发展的需要，是一个重大国家战略"。[①] 推进粤港澳大湾区规划建设，为了使"国之大计"经得起实践和历史检验，他多次在中央经济工作会议、中央政治局常委会会议和中央政治局会议上，就加快建立规划协调机制、提高规划建设顶层设计水平做出重要指示，从发展全局高度为粤港澳大湾区擘画蓝图。2018年4月，他在武汉主持召开深入推动长江经济带发展座谈会时指出，要优化长江经济带城市群布局，坚持大中小结合、东中西联动，依托长三角、长江中游、成渝这三大城市群带动长江经济带发展；2018年11月，他在首届中国国际进口博览会开幕式上宣布，支持长江三角洲区域一体化发展并将其上升为国家战略。长三角区域一体化发展上升为新的国家战略，是建设好长三角世界城市群的重要保障。2019年11月，他在上海考察时强调要抓好《长江三角洲区域一体化发展规划纲要》贯彻落实，要求三省一市增强大局意识、全局观念，加快形成"发挥上海龙头带动作用，苏浙皖各扬所长，加强跨区域协调互动，提升都市圈一体化水平，推

---

① 2014年2月26日，习近平总书记在北京主持召开京津冀协同发展座谈会上的讲话。参见中国政府网《习近平在京主持召开座谈会 专题听取京津冀协同发展工作汇报》2014年2月27日。

动城乡融合发展，构建区域联动协作、城乡融合发展、优势充分发挥的协调发展新格局"。

在新发展理念引领下的我国城市群规划建设，"十三五"期间取得了重大突破，区域发展的空间新格局释放出高质量发展的强劲动能，一体化和高质量成为关键的主题词，创新发展、协调发展、绿色发展、开放发展与共享发展，不仅体现在规划文本上，也落实到具体行动上。围绕京津冀、粤港澳、长三角等超级城市群的国家战略要求，各地或制定行动计划和落实清单，或以区域性的次级城市群和都市圈规划建设，来展现推进一体化发展、同城化发展的信心和力度。以沪苏浙皖共同建设长三角世界级城市群为例，江苏在"十三五"初期就先行规划建设"扬子江城市群"，将沿江的南京、镇江、扬州、常州、泰州、无锡、南通以及苏州8个城市纳入一体化发展的新空间，以"嵌套型"的次级城市群建设来提升长三角北翼核心区域的发展能级。浙江规划建设杭州、宁波、温州、金义四大都市区，以把浙江全域打造成长三角世界级城市群一体化发展的"金南翼"。安徽作为加入长三角世界级城市群建设的新军，在原有合肥都市圈的基础上，进一步谋划做实皖江城市群。即使是作为长三角龙头的上海，在主导"长三角生态绿色一体化示范区"发展的同时，也确定在上海市域内高标准打造嘉定、松江、青浦、奉贤和南汇五个新城，将其升格为长三角城市群中具有辐射带动作用的独立综合性节点城市。多极崛起，分工协作，同向发力，一体化对接硬件建设和社会服务，尤其是在相邻的空间范围内进行生产、生活、生态的科学布局，成为城市群大格局下各发展单元的共同选择和创新实践，不断开辟高质量发展的新境界。

新的区域发展格局为我国城市群空间的合理布局与动能再造，带来了前所未有的战略机遇，也对新形势下城市与城市群全面践行新发展理念、深化"五位一体"建设提出了更高要求。坚持推进区域协调发展，安全、生态、宜居上升为城市与城市群建设的新主题，使城市与区域治理成为国家治理体系和治理能力现代化的重要内容。2020年4月，习近平总书记在中央财经委员会第7次会议上，结合疫情防控对设计国家中长期经济社会发展的重大问题的思考，提出完善城市化战略的新要求：我国城市化道路怎么走？这是个重大问题，关键是要把人民生命安全和身体健康作为城市发展的基础目标。要更好推进以人为核心的城镇化，使城市更健康、更安全、更宜居，成为人民群众高品质生活的空间。城市发展不能只考虑规模经济效益，必须把生态和安全放在更加突出的位置，要坚持以人民为中心的发展思想，坚持从社会全面进步和人的全面发展出发，在生态文明思想和总体国家安全观指导下制定城市发展规划，打造宜居城市、韧性城市、智能城市，建立高质量的城市生态系统和安全系统。对于城市群的建设，他进一步提出要因地制宜推进城市空间布局形态多元化，优化城市群内部空间结构，推动城市组团式发展，形成多中心、多层级、多节点的网络型城市群结构。城市之间既要加强互联互通，也要有必要的生态和安全屏障。[①] 2020年11月，习近平总书记在江苏考察时强调，建设人与自然和谐共生的现代化，必须把保护城市生态环境摆在更加突出的位置，科学合理规划城市的生产空间、生活空间、生态空间，处理好城市生产生活和生态环境保护的关系，既提高经济发展质量，又提高人民生活品质。[②] 以习近平生态文明思想和总体国家安全观为指导，在更高站位上推进落实城市与城市群的规划建设，是打造生态城市、安全城市和宜居城市的根本遵循。这是进入新发展阶段我国城市发展理念的重大转变，是构建世界级城市群和现代化都市圈的科学指引。在现代化新征程上，高标准高质量打造宜居城市、韧性城市、智能城市，必须建立起高质量的生态系统和安全系统，以保障城市和城市群的健康发展。

[①] 习近平：《国家中长期经济社会发展战略若干重大问题》，《求是》2020年第21期。
[②] 习近平：《贯彻新发展理念构建新发展格局　推动经济社会高质量发展可持续发展》，《人民日报》2020年11月15日。

在我国当前的城镇空间体系中，中心城市和城市群综合承载和资源优化配置能力强，对周边区域人口、产业、就业、消费等虹吸效应明显，但不少城市与城市群在规模快速扩张的同时，也面临着越来越严重的生态失衡和发展安全问题。城市功能过多集中引发的交通拥挤、环境恶化和处理突发公共卫生事件不及时等"大城市病"蔓延。在城市群的空间范围内，城市之间生产生活联系紧密，但对重要的环卫、能源、生态保护工程设施，往往采取"邻避"策略，加上城市行政层级的差别以及在应急管理和风险应对方面能力的差距，很容易造成风险叠加，带来区域性的安全隐患。《国家"十四五"规划纲要》明确了进一步优化城市群内部空间结构，构筑生态和安全屏障，形成多中心、多层级、多节点的网络型城市群的要求，同时提出要建立健全城市群一体化协调发展机制和成本共担、利益共享机制，统筹推进基础设施协调布局、产业分工协作、公共服务共享、生态共建环境共治，目的就是要规避城市群空间扩展带来的多种新风险，保障区域发展安全。因此，在加强超大特大城市治理的风险防控中，要从城市群、都市圈一体化提升应对风险危机的高度，统筹布局在一定程度内可替代的设施，加快建立起区域内应急资源区域保障合作机制，通过联动合作来弥补单个城市应对能力不足的缺陷。尤其要充分发挥好中心城市和大城市设施完善、资源服务水平高的优势，在危机应对中主动为相邻中小城市分担风险。[①] 强化制度设计，发挥政府、社会与企业的责任担当，增强各城市的共同防范风险能力，让设施、生态、经济更具抗击风险的韧性，有助于探索出治理"城市病"、促进城市与区域健康发展的新路径，夯实城市群可持续发展基础。

---

① 汪毅：《建设韧性城市群 提升区域抗风险能力》，《群众》2020 年第 9 期。

第三节　开辟中国新型城镇化道路的新境界

　　世界发达国家和地区的现代化进程已经验证，没有高度的城镇化和城市群主导的区域一体化发展的驱动，就很难建立起现代化经济体系、集聚起高端化的创新要素，也就无法攀上全球产业链、价值链的重要节点位置，进而实现发展能级和整体实力的提升。现代化经济体系的空间主要是大城市和城市群。我国在全面建成小康社会取得历史性成就之后，乘势开启现代化国家建设新征程，把城市群、都市圈打造成更高质量发展的动力源，建立起高度开放、自主可控的现代化经济体系，以此带动大中小城市和小城镇的协调发展，对应对百年未有之大变局、构建新发展格局意义重大。进入新发展阶段，在世界城市体系的变动中观照中国城市群与区域空间的新布局，立体的现代化交通体系起将到关键支撑作用。我国成功建设了世界上规模最大、现代化水平最高的高速铁路网之后，同步带来了城市格局、人口布局、经济版图的积极变化："四纵四横"高铁网已经形成，"八纵八横"高铁网正加密成型，高铁已覆盖全国92%的50万人口以上的城市。我国区域间的高效互联互通大幅压缩了传统的地理空间，通达半径500公里的城市群形成1—2小时交通圈。高铁的公交化运营将沿线城市和区域串点成线，促进了生产要素和消费要素的优化配置，集聚发展，一批高铁城市带主导、城际轨道网络支撑的超级城市群加速形成，为人口流动、产业重组、要素重构和资源创新的高效集聚提供了新的平台，并再造了现代化经济体系的新形态。可以说，这是当前和未来一个阶段，"中国情景"城市与城市群发展的最大优势和动能。顺势而为推进城市群内部城市、发展单元的一体化、同城化，将会持续培育出核心竞争力的高质量发展动力源，带动整体发展能级的提升，开辟中国新型城镇化道路的新境界。

　　基于上述的考量，面向"十四五"及更长一个时期，我国要在进一步完善落实主体功能区制度的前提下，以中心城市和城市群等经济发展优势区域为重点，加快构建现代化经济体系，持续增强经济和人口承载能力，破除资源流动障碍，以此强化中心城市对区域发展的辐射力，带动全国经济效率整体提升。现代化经济体系的空间支撑主要是大城市和城市群，大城市的快速成长以及对高端要素的集聚，促进生产性服务业与制造业的分工，有助于现代化经济体系的健康运行。[①] 京津冀、长三角、粤港澳大湾区等城市群，是发挥我国超大规模市场优势的重要空间载体，要着力探索本土化与全球化有机结合的新路径新方式，大力发展现代服务业，加快提升创新策源能力和全球资源配置能力，最大限度地激活内生动力，成为引领高质量发展的第一梯队，率先形成以国内大循环为主体、国内国际双循环相互促进的新发展格局。

东部沿海发达地区的城市群要依托先进制造业基地、现代服务业发展，打造托起具有全球影响力和控制力的经济中心、贸易中心、金融中心、科技中心以及创新创意中心的高端平台和载体空间，具备在全球范围内配置优质资源的功能，成为我国建设国家的引领区和示范区。

现代城市群建设在我国构建新发展格局和推进现代化国家建设中，发挥着强大的创新载体与动能支持作用，我们必须为其高质量发展、健康发展提供政策支持与机制保障。毋庸讳言，我国过去城镇化高速扩张，大城市发展的极化效应明显，也造成了城市群内部发展的不平衡与非协同。部分"搭车型"城市群的核心区域带动功能不强，"虚胖"问题严重，甚至出现内部"空心化"现象。特别是不同行政区域的发展协同性不够，相邻地带容易形成发展的洼地，生产、生活水平落差大，生态环境的保护得不到重视，区域整体发展质量受到明显影响。即使在东部发达地区的城市群，内部的等级落差依然很大，在城市之间存在着骨干交通框架建立起来后跨

[①] 李程骅：《建立更加有效的区域协调发展新机制》，《光明日报》2018年2月23日。

界区域的微循环不畅问题。由此,必须在更高层次、更高水平上加快跨域城市群基础设施的互联互通。"十四五"及今后一段时期,我国要借助高铁城市群的高效通达性优势,以现代化交通体系建设全面提高城市群内部通达的经济性便利性通勤性,要重点推进"轨道上的城市群"建设,为推动形成组团式发展,形成多中心、多层级、多节点的网络型城市群结构,提供高效的"硬核"支持,加快提升"同城化"水平,实现"一日工作圈""半日生活圈"的广覆盖。同时,上下联动彻底破除跨行政区的资源流动障碍,在区域一体化进程中,真正拆掉心中的"墙",畅通市场的"桥",让"自己的事""大家的事"变成"我们的事",共同分享融合发展、一体化发展带来的巨大红利。

城市群是我国破解区域发展不平衡不充分问题的重要载体,也是我国现代化建设新征程上高质量发展的动力源。我国已经形成的19个主要城市群,包括400多个大中小城市,占国内城市的六成以上,协同发展与机制激励的加强将是长期的问题。[①] 我国推进城市群协调发展的实践已经表明,区域一体化发展、城市群的生长离不开宏观和微观两个层面的努力。面向未来,必须加快建立与全面建成社会主义现代化强国相适应的区域协调发展新机制,进一步完善城市群的一体化发展治理体系,不断提升现代城市与城市群的治理能力。从宏观方面讲,城市群跨域发展,需要中央政府和地方政府、地方政府和地方政府之间纵向和横向的协调与合作,政府可以运用经济、法律、行政等手段,以制度创新来引导大区域与城市群的协调发展;从微观层面讲,区域一体化、城市群的协调发展,离不开强有力的"发展极"的带动,通过"发展极"的集聚、扩散以及创新作用的发挥,引导各种要素资源在城市群内部合理的广域流动,在各个城市之间形成发展梯度和分工

[①] 杨孟禹:《中国城市群战略变迁逻辑与"十四五"深化方向》,《开发研究》2020年第5期。

协作，有助于推动城市群合理的产业布局与空间体系的重构，培育出新的增长极和动力源。因此，推进城市群在高质量发展的轨道上运行，一方面要增强城市群与区域发展的协同性、联动性、整体性，以高效的协作机制、互助机制和补偿机制等，来汇聚各方发展力量，形成一体化建设、共享发展成果的务实行动；另一方面需充分发挥市场机制在区域资源配置中的重要作用，探索建立以中心城市为核心的功能经济区考核体制，着力解决同一发展空间内的资源错配和同质化竞争问题，让政府的导向与市场的方向一致，清除各种显性和隐性的市场壁垒，推进产业跨界融合，促进统一市场建设，真正实现生产要素的自由流动，推动发展的质量变革、效率变革和动力变革。

我国地域辽阔，地区之间经济社会发展不平衡将长期存在，区域一体化也并非一样化。踏上现代化国家建设的新征程，必须因地制宜推进城市群空间布局形态的多元化，在高质量发展的进程中促进各板块的相对平衡、优势互补与动能再造。当前，我国以"两横三纵"为主体的城市化战略格局，高铁干线串起主要功能区的骨干城市网络，促进了城市群的都市圈联合体化发展，都市圈承载的发展极角色与功能越来越强。从目前国家层面的规划单元来看，都市圈是定位于城市群内部的以辐射带动功能强的大城市为中心，以一小时通勤圈为基本范围的城镇空间形态。因此，要在东部发达地区率先打造世界级的城市群，构建高效安全的现代化经济体系，必须把现代化都市圈内部的通勤体系建设作为重点任务。都市圈是城市群发展的基本支撑和主要带动力量，城市群的协同在很大程度上来自于都市圈内外的协同，我国的城市群规划编制尺度较大，省际协调不容易，从都市圈入手推动城市群规划实施，是最合理也是最可行的选择。我国规划建设的19个城市群及36个都市圈，已经逐渐形成空间上的互动与融合态势，必须以更加完善的成本分担和利益共享机制，让都市圈率先形成统一市场，成为城市群的高附加值产业集聚区、高品质生活区域，全方位发挥带动周边区域发展的作用。① 培育发展现代化都市圈，要以创新体制机制为突破，推动以统一市场建设、基础设施一体高效、公共服务共建共享、产业专业化分工协作、生态环境共保共治等为重点，加快形成区域竞争新优势，为城市群高质量发展、经济转型升级提供多重支撑。以建设长三角世界级城市群为例，《长江三角洲区域一体化发展规划纲要》将其核心圈层分为"1+5"都市圈，分别是上海大都市圈、苏锡常都市圈、南京都市圈、杭州都市圈、宁波都市圈与合肥都市圈。上海大都市圈的"1+8"规划，以上海市域为核，涵盖了江苏的苏州、无锡、常州和南通4市，浙江的宁波、嘉兴、舟山、湖州4市。以上海大都市圈为核心，这五个都市圈均有明确的分工，都被要求以基础设施一体化和公共服务一卡通为着力点，加快提升同城化发展水平。统一规划建设都市圈内路、水、电、气、邮、信息等基础设施，构建快速便捷都市通勤圈。都市圈内部的"同城化"功能升级与都市圈之间的联动发展，将进一步增强长三角地区整体综合实力，并有助于提升长三角在世界经济格局中的能级和水平，更好引领我国参与全球合作和竞争，为国内城市群的一体化发展提供示范引领。

城镇化是现代化的必由之路，城市群是城镇化高级阶段的主体形态。中国特色的城镇化道路创造了人类历史上从未有过的奇迹，区域协调发展、城乡一体发展的基本国策，为改革开放的伟大事业和实现全面建成小康社会的伟大目标做出了重大贡献。站在"两个一百年"奋斗目标的历史交汇期，开启社会主义现代化国家建设新征程，应对百年未有之大变局，必须更加自觉地坚持新发展理念，高起点构建新发展格局，顺应城市与区域发展规律，深化推进以人为核心的新型城镇化战略，将城市群、都市圈作为主要载体来建设现代化经济体系，并以此促进大中小城市和小城镇协调联动、特色

---

① 2019年2月，国家发改委出台《加快都市圈现代化建设的意见》，提出到2025年都市圈同城化取得明显进展，培育一批空间结构清晰、城市功能互补、产业分工协调、交通往来顺畅、公共服务均衡、环境和谐宜居的都市圈。

化发展，打造高质量发展的动力源，是破解发展不平衡不充分矛盾、走好中国特色新型城镇化道路的使命所在，是在国际国内双循环中构建新发展格局的重要选择。我国城市群、都市圈发展的新方略，培育造就的高水平创新高地和核心竞争优势，将为我国的现代化建设贡献出新的巨大的力量，为实现第二个一百年奋斗目标提供重要保障。

（执笔人：李程骅）

第一章

中国城市群发展的进程、阶段特征与动能再造

摘要 现代城市群的快速发展，重塑了中国经济地理的版图，重构了中国城市与区域的空间形态。改革开放以来我国城市群经历了自发培育、快速生长和超级化规划引领三个阶段。由超级城市群构成的巨型发展区，正成为我国提升城市发展质量、促进区域一体化进程、参与全球产业竞争与创新资源分配的新兴地理单元，在遇到创新动能不足、跨区域协调机制实施困难等挑战的同时，也迎来了全球城市网络体系重心转变、高铁城市带加快形成和创新地理单元群落崛起等带来的新机遇。进入新时代，围绕城镇化和城市群的高质量发展要求，我国要建立更加有效的区域协调发展新机制，以城市群为主体构建大中小城市和小城镇协调发展的城镇格局，全面提升城市群与区域的竞争力，走稳走好创新驱动的现代化之路。

城市群是区域性城市化高级阶段的产物，是大城市主导的区域空间形态的最高组织形式。自工业革命以来的世界城市化进程表明，现代城市的空间发展及对周边区域的带动，基本沿循单中心分散型、区域—中心型和网络化—多中心型的轨迹演进，由此推动城市的集群发展和现代城市群内在的多层级、多向度分工体系的完善，综合提升区域乃至国家的经济实力与竞争力。当代中国的城市化进程，在30多年的时间里，走过了西方发达国家200多年的路

程，城市群的快速形成与迅猛发展，在托起"城市中国"的同时，也在重塑中国经济地理的版图，重构全球城市体系的框架，成为引领中国现代化与参与国际竞争的重要载体。进入新时代，我国未来区域协调发展的新方略是要建立更加有效的区域协调发展新机制，以城市群为主体构建大中小城市和小城镇协调发展的城镇格局。[①] 由此，在把握好现代城市群主导区域与国家发展的新格局之下，围绕建设多个世界级城市群的国家战略目标，来全面审视和认知我国城市群发展的阶段性特点和承担的新使命，当有重要的现实意义与价值。

第一节 中国城市群发展的进程及阶段特征

区域经济一体化托起的现代城市群，是一个国家城镇化的高级阶段，更是一种更加集约、高效和高质量的区域发展方式。在改革开放以来的我国城市化进程中，区域经济一体化所带动的城市产业空间重组、城乡一体化发展，成为一个非常鲜明的特征。城市群的自然出现与自觉发展，不仅培育出了经济发展的新增长极，还通过集聚与溢出的双向作用，强化了中心城市的规模效应和综合实力，并提升了超越行政管辖范围的大区域发展水平。特别是进入21世纪之后，随着国家区域发展战略的全面实施，我国的区域一体化进程进一步加快，相邻地理空间或交通带上的城市，经济社会发展的联系更为密切，以交通网络、产业体系、社会服务一体化主导的协同性城市群，成为新的战略发展取向。我国的长江三角洲、珠江三角洲地区等先发区域，更是通过区域发展一体化的大平台，从松散型联系的地域城市群，升级为全球性的超级城市群，全面提升国际化水平。因此，加快城市群的发展是我国发达地区通过重构区域空

---

① 习近平：《决胜全面建成小康社会 夺取新时代中国特色社会主义伟大胜利——在中国共产党第十九次代表大会上的讲话》，人民出版社2017年版，第33页。

间形态，直接参与全球产业分工，构建区域价值链和国家价值链的成功战略。

改革开放以来的我国城市群发展历程，是与城镇化进程、城市化率的不断提高而直接对应的。1978年3月，国务院召开全国城市工作会议，在国家层面重启城市化大幕，当时整体的人口城市化率尚不足18%。在20世纪80、90年代，尽管改革大潮涌动，城乡发展充满活力，但受计划经济模式与户籍管理制度的制约，城市化的进程远远滞后于工业化进程，特别是曾经推行的"严格控制大城市规模，合理发展中等城市，积极发展小城市"的方针，导致了城市规模扩张受阻，以行政区主导的单体城市各自为政发展，尊重市场要素配置规律的城市群与都市区，难以形成一体化发展、融合发展的机制。进入21世纪后，当中国的城市化率接近40%，人均GDP达到1000美元左右时，特别是在中国加入WTO后带来的全球产业重心的转移，我国的工业化进程加速，大批工业园、城市新区以及科学园区涌现，大城市、中心城市相邻区域的空间价值得到体现，由此带动了一批围绕大城市、中心城市都市圈、城市群的迅猛崛起。但总体来看，人们在这一阶段对都市圈、城市群的概念与内涵的理解还比较粗浅，规划与建设主要还局限在地方层面。

现代城市群的概念与战略在国家层面得到认可与实施，是在"十一五"期间。2005年年底，中共中央发布的《关于制定国民经济和社会发展第十一个五年规划的建议》中，首次在国家规划中运用了"城市群"概念，要求"以特大城市和大城市为龙头，形成若干用地少、就业多、要素集聚能力强、人口合理分布的新城市群"，并对当时已经具备较强经济实力的珠三角、长三角和环渤海地区提出了增强城市群整体竞争力的战略任务。由此，在"十一五"期间，现代城市群的规划与推进正式进入国家战略，城市群在我国城市化的大战略中上升为核心地位、主导任务。其间，国务院先后出台了《关于进一步推进长江三角洲地区改革开放和经济社会发展的指导意见》《珠江三角洲地区改革发展规划纲要（2008—

2020年)》等文件,明确对长三角、珠三角等地的城市群建设提出了具体的要求。与此同时,国家城市群战略进一步带动了区域性的城市群规划,国家发改委课题组在2007年提出了中国十大城市群的规划。住建部制定的《全国城镇体系规划纲要(2005—2020年)》,提出要在全国形成京津冀、长三角、珠三角三大都市连绵区和13个城镇群。接下来,国土空间规划的"主体功能区规划"落地,2010年发布的《全国主体功能区规划——构建高效、协调、可持续的国土空间开发格局》,对各个区域分层分级,提出了"两纵三横"的城镇化战略,为主要城市群的发展界定了空间格局。总体来看,"十一五"期间出自国务院以及发改委、住建、国土三大部门的城市群战略和规划的指导意见,有效推进了城市群主导的城市化新战略,并且基本确立了主要城市群的空间范围和发展定位。

城市群、都市圈的战略推进,与国家和区域城市化率持续提升的支撑是分不开的。在"十五""十一五"期间,我国的城市化进程进入加速阶段。我国的城市化率达到50%,表明"城市中国"时代的到来,特别是中国经济实力的不断壮大,到2011年跃升为世界第二大经济体,在全球经济活动和城市体系的话语权持续加大,高度开放、一体发展的超级城市群与大都市区统领着区域的现代化进程。进入"十二五"之后,我国的区域发展主动顺应城市群一体化的大趋势,突出"组团发展"的城市群战略规划加速取代原来的城市发展战略规划,以寻求解决相邻城市之间的同质化竞争和日益加剧的大城市病等问题,更强调跨区域的城市、城镇之间的协作、协同发展。2012年,党的十八大报告明确提出要"科学规划城市群规模和布局",在2013年的《中共中央关于全面深化改革若干重大问题的决定》中,进一步强调了城市群要完善健康发展机制的核心问题,要在"推动大中小城市和小城镇的协调发展"等方面发挥战略引导作用。这实际上体现了我国城市群与区域发展的经济、政治、社会、文化与生态文明"五位一体"总布局的指导思想,是在新发展理念统领下对城市群发展战略的优化与完善,进一步突出了坚持城市群为主体形态下大中小城市的和小城镇的合理分工、功能互补和协同发展，强调在顶层设计下的"一张蓝图干到底"。与此同步，《国家新型城镇化规划（2014—2020年）》出台，进一步强调以人为本的新型城镇化战略，提出要以城市群为主体形态来推动大中小城市和小城镇的协调发展。

进入"十三五"，伴随着中国在全球经济发展中发挥更大的担当作用，构建具有世界影响力和创新带动作用的现代城市群，最大限度地整合区域和全球创新资源，以达到稳步提升国家竞争力的目的，就成为新的战略选择。建设长三角世界级城市群、打造粤港澳大湾区以及中央决定设立河北雄安新区，充分体现了国家战略之举的气魄。2016年6月，《长江三角洲城市群发展规划》正式发布，确定了在2030年全面建成全球一流品质的世界级城市群的目标。2017年4月，被视为"国家大事、千年大计"的河北雄安新区的设立，是深入推进京津冀协同发展、疏解北京的非首都功能的重大决策部署，将在建设绿色生态宜居城市，实现创新发展、协调发展、开放发展等方面，为我国的新型城市群发展提供示范。

从上述对当代中国城市群演进历程的描述来看，基于城市化率的稳步提高、国家城市群战略及政策的不断优化以及具有示范引领作用的规划方案的实施等三个维度的综合考量，可以很清晰地将改革开放以来的我国城市群发展进程分为三个阶段：

第一个阶段为传统城市群的自发培育期，时段大致为1978年到21世纪初。在计划经济体制束缚、工业化刚起步和国家不鼓励发展大城市的政策背景下，这20多年里城市群发展较为缓慢，甚至还出现阶段性的徘徊，但这是在建立社会主义市场经济体制过程中，从"乡村中国"转向"城市中国"发展道路中必须承受的代价。

第二阶段为现代城市群的快速生长期，主体时段为"十一五""十二五"的近10年间。2003年中国正式加入WTO之后，经济与城市发展高度对接国际社会，特别是在城市化率超过50%的时候，又成长为全球第二大经济体，顺应城市化规律的现代城市群的快速发展，成为推进区域一体化、消除城乡差别的重要途径和手段。但这一时期，地方政府主导的土地城市化现象严重，城市群的内在发展质量不高。

第三阶段为超级城市群规划推进期，时段为"十二五"末和"十三五"前期。主要体现为以人为本、区域一体、高度开放、高频互动、五位一体的城市群与大区域联动发展、协同发展的机制设计和空间形态。城市群的内部发展转向空间集约、高效绿色，外向发展突出对接全国城市体系和创新网络，互联互通、深度融合成为价值共识。

从当代中国的城市化周期进程来看，我国城市群发展在进入第三个阶段后，规模超级化、形态网络化与分工体系化，成为重要的表现特征，未来在现代高速轨道交通托起的骨干框架之下，跨区域集群化的速度会进一步加快。当前，我国的城市化率已经达到57%，到2020年即"十三五"末期，将超过60%，到2030年将接近70%。城市化的诺瑟姆曲线表明[①]，这一时期将呈现城市加速集群发展的特征。已经成型的美国、北美、日本的世界级城市群发展进程表明，当一个区域的城市化率超过70%以后，城市之间的集群发展、协作分工趋势将更为明显，会加速形成巨型发展区的空间态势。从我国新型城镇化战略的推进方向来看，超级城市群统领下的次级城市群、都市圈，在加速要素集聚的同时，还会进一步提升城镇化的质量。我国要在2020年进入创新型国家行列、2035年实现基本现代化，必须培育出具有直接参与全球产业竞争和价值链分工的新兴地域单元，使其成为国际化的创新资源集中地和策源地，只有超级城市群才能担当起这一重任。因此，在国家战略层面发挥好现代城市群的引领作用，促进区域的协调发展，培育具有参与全球

---

① 美国城市地理学家诺瑟姆（Ray. M. Northam）在1979年发现并提出了"诺瑟姆曲线"：城市化进程分为三个阶段：起步阶段、加速阶段和成熟阶段。加速阶段会出现郊区城市化现象，成熟阶段则会出现逆城市化现象。

竞争能力的新兴区域，以高质量的城市化建成高度现代化的国家，是中国城市化道路的理性选择和应有使命。

第二节 中国城市群的"巨型化"与战略定位

世界范围内的城市群与区域现代化的进程都表明，区域一体化是经济增长的助力器，而城市群和都市圈的形成，则是首先发生在区域一体化内的空间集约，是高效的经济区域，是发达国家经济发展的源泉和重要动力。从经济学角度看城市群或都市圈的发展，重点是大区域内经济活动的空间组织与资源要素的空间配置，更看重城市之间、城市与区域之间的集聚与扩散机制。现代意义上的城市群或都市圈，实际上是一个巨型的城市经济区，即是以一个或数个不同规模的城市及其周围的乡村地域共同构成的在地理位置上连接的经济区域，是一定区域内空间要素的特定组合形态，在产业结构、组织结构、空间布局、专业化程度、区位条件、基础设施、要素的空间集聚方面比其他区域具有更大的优势。受城市的空间分布特性、社会经济发展水平以及由交通条件决定的空间可达性的影响，在城市群的形成过程中其空间要素的发育程度、空间聚合特征、经济活动的空间集聚与空间扩散方式存在差异，从而形成了不同类型的城市群和都市圈。

当前，我国的城市化进程进入城市群、都市圈主导的空间发展新阶段，"一带一路"倡议、京津冀一体化、长三角城市群以及粤港澳大湾区的规划引导，加上高速铁路网的快速建设，高铁城市带的逐渐成形，已经在重塑全国的经济地理，京津冀、长江三角洲、珠三角及粤港澳、长江中游和成渝等五大巨型发展区，体现出国家的空间大战略。在巨型发展区内，会有传统的龙头城市、首位城市或中心城市，但多层级的中心地化是不可阻挡的大趋势。顺应巨型发展区的规律，优化资源配置手段和利益协调机制，探寻高效的政府和市场的协同方式，将有助于从根本上破解大区域内的均衡发展、协调发展问题。巨型发展区带来的城市群形态的网络化、多层级的中心地化，一定程度上是对传统经典的都市圈、城市群理论的深化和发展。遵循单一城市发育发展——大都市规模的形成——相邻大都市区域的扩张——多个城市支撑的现代城市群——多中心的巨型发展区这个基本轨迹，从芝加哥学派衍生出的空间多向扩张理论到卫星城理论、新城理论、田园城市理论以及彼得霍尔的基于欧洲的多中心大都市理论等，在城市与区域规划中的具体运用和实践，多中心巨型城市区域，基本是针对主城、中心城市存在的功能过度集中问题，通过有效的疏散和平衡作用，来解决无序发展、快速膨胀、资源浪费的城市病问题，为现代城市规划走出单中心的思维定式、促进大空间的网络化，多核心大都市区，多中心城市区域等，提供了方向性的引导。从世界五大超级城市群从空间扩张到内涵提升的历程来看，从原先初级阶段的单中心到中高级阶段的多中心，首先是有效缓解中心大城市集聚带来的集聚不经济。城市及都市区域的发展，明显存在"经济人"的路径依赖，单纯的市场力量会使城市在规模化过程中错过最优化窗口，而达到无效率的规模最大化。因为在城市发展中，按照"经济人"对社会的作用机制：在追求自身利益最大化的过程中，人或企业个体的选择是理性的，但整体的结局往往是非理性的选择。通过规划建设新中心、形成层级化的多中心，可以在整体上达到平衡空间价值的作用。其次，在超级城市群构成的巨型发展区内，形成多中心的空间结构，可以达到内部的"规模互借"效应，即在更大的地理空间范围内实现经济的规模收益和集聚。城市群、都市圈发展高级阶段的多中心，不是简单的低密度分散，而是规模化、分工集群化的重新集中。在轨道交通体系和互联网技术的支持下，尽管这些集群在空间上是分离的，但具有高度互动的通勤性、便捷性，形成的是高效协同的功能体系。再者，在一个巨型区内，城市群内部等级化的多中心演化，有效促进专业化分工协作，均衡生产力布局，缩小相邻区间的收入差距、实现整体性的增长。美国现代城市发展、城市群演进的过程，以及巨型发展区设定的指标，就是要有序实现多中心化，这和城市化高级阶段出现逆城市化的规律，也是基本对应的。

巨型发展区时代的到来，在全球城市体系的空间结构相对稳定、网络化节点城市地位变动快的情况下，如何在更大范围内带动区域经济的增长与均衡发展，多中心的发展理念和实践无疑是可行的。2016年10月，联合国第三次住房和城市可持续发展大会（简称"人居三"）通过的《新城市议程》，突出了"开放城市"的发展主题。预计到2050年，世界城市人口将接近翻番，由于全世界的人口、经济活动、社会和文化交流，以及环境、人道主义影响都越来越向城市集中，这对城市的包容性和可持续的经济增长带来了严峻挑战，必须利用城市化实现结构转换、高生产率、高附加值活动和资源效率，治理地方经济。要促进城乡功能融入国家空间格局的区域系统，以及城市和人类住区系统，来促进自然资源和土地的可持续管理利用，并确保可靠的供应价值链来联结城乡供需，以促进公平的城乡一体区域发展，缩小二者间的社会、经济和区域差异。全球性的人口扩张和朝城市区域集聚的趋势，只有通过"开放城市"的规划扩展，即大都市、城市群区域的共同增长和均衡发展，不断培育出新的增长极、发展带，才能应对这一挑战。

在中国的五大巨型发展区中，长三角、京津冀、粤港澳和长江中游城市群等，是在国家战略层面进行空间规划与功能界定的，已经突出了功能疏解的多中心发展理念。体现了作为发展大国、"城市中国"和经济大国的责任担当。2010年，通过主体功能区规划的发布，构建了"两横三纵"为主体的城市化战略格局、"七区二十三带"为主体的农业战略格局、"两屏三带"为主体的生态安全战略格局。其中，"两横三纵"为主体的城市化战略格局，具体指构建以陆桥通道、沿长江通道为两条横轴，以沿海、京哈京广、包昆通道为三条纵轴，以国家优化开发和重点开发的城市化地区为主要支撑，以轴线上其他城市化地区为重要组成的城市化战略格局；

推进环渤海、长江三角洲、珠江三角洲地区的优化开发，形成3个特大城市群；推进哈长、江淮、海峡西岸、中原、长江中游、北部湾、成渝、关中—天水等地区的重点开发，形成若干新的大城市群和区域性的城市群。在主体功能区规划的统领下，我国未来重点推进的城市化地区也得以明确，国家的相关政策也将对这些地区给予倾斜和支持，促进其带动区域一体化的发展。

超级城市群、巨型发展区的去中心化与多中心化，在中国区域一体化、均衡发展的新理念与实践中，京津冀协同发展战略的推进更有代表性。从中心城市的带动成效来看，京津冀一体化发展，将成为世界第七大城市群。但北京优质高端经济和公共服务资源的极化效应，快速无限地空间膨胀，带来了越来越严重的"大城市病"，周边的河北地区则形成了"环北京贫困带"。京津冀一体化涉及北京、天津与河北三个行政区，破除行政区隔带来的体制机制束缚难题，一直难以找到突破口。其中有关北京的非首都功能疏散问题，更是难以实施。党的十八大之后，中央政治局多次研究京津冀协同发展问题，在2015年出台了《京津冀协同发展规划纲要》，确定了"功能互补、区域联动、轴向集聚、节点支撑"的布局思路，明确了以"一核、双城、三轴、四区、多节点"为骨架，推动有序疏解北京非首都功能，构建以重要城市为支点，以战略性功能区平台为载体，以交通干线、生态廊道为纽带的网络型空间格局。突出把有序疏解非首都功能、优化提升首都核心功能，同时要进一步强化京津联动，全方位拓展合作广度和深度，加快实现同城化发展，共同发挥高端引领和辐射带动作用。石家庄、唐山、保定、邯郸等区域性中心城市和张家口、承德、廊坊、秦皇岛、沧州、邢台、衡水等节点城市，形成支撑京津冀巨型发展区的协同网络。2016年4月1日，中央宣布设立河北雄安新区，在距离北京西南110公里的雄安设立国家级新区，意在通过"反磁力"手段，为京津冀协同发展再造一个新中心，使这个人口在200万—300万的"未来之城"，与北京、天津形成距离100公里左右的"等边三角形"，以促进京津冀世界级城市群宏伟目标的实现。2017年9月，经过充分酝酿的《北京城市总体规划（2016—2035年）》正式发布，规划明确了北京到2020年人口规模控制在2300万，以后将长期稳定在这一水平。由此，北京的未来发展一定是建立在非首都功能疏散的前提下，全方位对接雄安新区，建立起两地便捷高效的交通体系，推进科技创新资源有效转移共享聚集。在这个新的规划格局中，北京是京津冀城市群中的北京，雄安不仅是河北的国家级新区，在一定程度上是北京的飞地和"副都"，未来的新中心地位已经奠定。从国家重大战略的角度看雄安新区的定位和发展愿景，其支撑的是京津冀世界级城市群的核心框架，未来和长江三角洲城市群、粤港澳大湾区城市群等一道，直接代表国家参与全球产业竞争与创新价值链的搭建，是具有全球影响力的地理单元，在国家的现代化进程中，在世界经济地理重构的过程中，发挥协同引领、创新带动作用。

无论从巨型发展区的崛起还是从超级城市群的规划来看，在我国的城市化进程进入加速期、城市发展更趋集群化、融合化之后，国家的城市与区域重大战略已经发生了根本性的转变，按主体功能区对国土和大区域进行系统规划、科学分工，尤其是从城市群的内部层级与分工体系来细分都市圈、发展走廊，强化城市之间、城镇之间的深度联通，以处理好集中与分散、中心地带与相邻地区的协作关系，确实体现了国家层面的"顶层设计"作用。但是，跨地区超级城市群规划在推进实施的过程中，深度的互联互通，涉及行政、交通、经济、生态等多个领域，存在着多重利益纠葛，如何建立利益共享机制，形成协同发展的共识，并落实到实施方案和行动上，还存在诸多新的挑战。从当前我国城市化、城市发展的政府主导空间规划的运作机制来看，可把握好三个方面的侧重点：一是建立"城市群家族"的有机识别系统，在政府和市场的双重力量作用下的平衡下，有序推进集群式、协同型的多中心区域建构。巨型发展区是超级城市群，未来将形成结构多元的庞大网状城市复合体。对一个有机的"城市群家族"来说，内部单元是存在"辈分"的，主中心、次中心、节点城市等，由行政层级、资源禀赋、经济实力、特色文化等多种因素聚合而成，充分认识自身所处的层级和节点位置，把握机遇，顺势而为，会加速提升自身的能级。大都市区、城市群的多中心规划实践已经证明，成功的都是由于政府强力主导，失败则是由于政府作用缺失。要充分尊重城市与区域发展规律，模拟市场运行程序，来进行周密的政策设计与科学的持之以恒的贯彻实施。政府应在前期完成使命后退出，让市场充分发挥后续的主导力量。二是抓住高铁网络系统重塑中国城市群形态、高铁城市带逐步成为空间发展主轴的机遇，把次区域、节点城市发展重心朝高铁城市带靠拢或对接。进入"十一五"以来，我国开展的新一轮现代交通网络建设，高速铁路、城市轨道交通、航空航运交通的大项目建设，为区域发展、城市功能提升注入了新动力。一方面，快速的交通网络，特别是高速铁路的网络化，使知识、资本、技术等新产业的发展要素集聚的程度更高，中心城市、大城市的"虹吸效应"加剧；另一方面，高铁站、空港带动的新产业区，又成为新兴产业和现代服务业的新载体，再造城市与都市区的新增长点。在巨型发展区内，高铁是整合高端资源要素的"通道"，地铁和轻轨是促进大都市机体内部循环的"血管"。对外"通道"与内在"血管"的有机结合，能高速、高效率整合发展的资源要素，培育出一个个新的"空间落点"，以缓解大城市中心城区压力，强化中小城市产业功能，增强小城镇公共服务和居住功能，推进大中小城市的产业互融和空间融合，促进合理的空间层级体系和特色性功能区的协调发展。[①] 三是加大力度培育地方性的"创新单元"，由此构成跨越层级的网状创新空间，促进大都市复合体内部的结构重组与要素配置效率提升。城市群内部的协调发展与新增长平台的打造，需要宏观和微观两个层面的合力作用。从宏观方面讲，城市群往往跨域发展，因此离不开中央政府和地方政府、地方政府和地方政府之

---

① 李程骅：《科学发展观指导下的新型城镇化战略》，《求是》2012年第14期。

间纵向和横向的协调与合作,政府可以运用经济、法律、行政等手段,以制度创新来引导大区域与城市群的协调发展;从微观层面讲,区域一体化、城市群的协调发展,离不开强有力的"发展极"的带动,通过"发展极"的集聚、扩散以及创新作用的发挥,引导各种要素资源在城市群内部合理的广域流动,在各个城市、城镇之间形成发展梯度和分工协作,推动城市群合理的产业布局与空间体系的重构。因此,创新协同发展的组织模式,发挥地方单元的主观能动性,促进各种利益群体参与,建立完善的利益评判与分配、补偿机制,培养一个个充满创新活力的"创新单元",倒逼整体系统创新。在一个巨型发展区的内部,只有各个层级的"群落"与"载体"形成生生不息的创新机制与生态环境,才能在聚合中强化协同性,实现各自利益的最大化,从而在更高层次上塑造出要素有序自由流动、主体功能约束有效、基本公共服务均等、资源环境可承载的跨区域协调发展新格局。

第三节 中国城市群与区域协调发展的动能再造

进入新时代,我国从战略高度强调要建立更加有效的区域协调发展新机制,以城市群为主体构建大中小城市和小城镇协调发展的城镇格局。围绕区域协调发展战略的新要求,把握我国城市化进程和城市群发展的阶段性特点和趋势,注重发挥好城市群在区域协调发展中的主导功能,再造区域协调发展、高质量发展的新动能,对推进城市与区域现代化引领的我国实现基本现代化和建设现代化强国之路,有着重要意义。

追求城市群与区域一体化的高质量发展,首先要把握好中国特大城市与城市群快速崛起带来的全球城市体系与国家城市体系重组的新机遇,借助"一带一路"与形成我国全面对外新格局的战略要求,进一步提升东部发达地区特大城市与所在区域的国际竞争力与对外开放水平,以长三角世界级城市群、粤港澳湾区城市群的能级提升,在全球城市体系与产业体系中,起到战略枢纽作用,站上价值链的高端位置,为实现基本现代化和建设现代化强国,提供强大的创新载体与动能支持。①"一带一路"所展现的大视野、大开放、大整合的空间经济思想,在改变世界经济地理空间的同时,也在重塑中国城市与区域发展的空间格局,使长江经济带的三大城市群与沿海地区都进入了接轨世界城市体系的国家城市体系之中,可以更高效地在全球范围内整合生产要素、配置优质资源。以长三角地区的协同发展为例,在2016年被国家确立为建设世界级城市群后,超级龙头上海与江苏、浙江的区域一体化进程明显加快,这一方面是上海作为国际化大都市,建设"四个中心"和全球科创中心,需要一定的腹地支撑,另一方面是上海与南京、杭州及周边的城市,通过高铁与快速城际交通网络的连接,形成了一小时的通勤效应,一体化、同城化的步伐进一步加快。与此同时,在以上海为中心的长三角腹地,包括广大的江苏与浙江区域,国家只设立了一个上海自由贸易区,江浙的企业实施国际化战略、开展国际贸易业务,必须对接上海自贸区的国际平台。由此,作为党的十九大后获批的首个超大城市总体规划《上海市城市总体规划(2017—2035年)》,②突出了主动融入长三角区域协同发展,推动上海与周边城市协同发展,构建上海大都市圈,打造具有全球影响力的世界级城市群的战略目标与发展定位。这表明了上海已经意识到,未来在严格控制常住人口规模、规划建设用地总规模负增长的约束之下,建设世界级的城市群,仅靠上海这个龙头是难以实现的,必须与周边城市一起,协同打造具有全球影响力、代表国家参与全球竞争的世界级城市群。

---

① 李程骅:《建立更加有效的区域协调发展新机制》,《光明日报》2018年2月23日第5版。
② 2017年12月15日,《上海市城市总体规划(2017—2035年)》(简称"上海2035")获得国务院批复。

其次，推进城市群主导的城市与区域协调发展新格局，还要把握好我国开启基本现代化新征程、建设社会主义现代化强国的总要求，抓住关键的规划"窗口期"，顺应城市与区域现代化演进规律，加大深化改革力度，在城市群、都市圈内部空间结构的重组优化中，通过科学的规划、多规合一来整体提升发展质量。按照十九大确定的我国现代化"两步走"的阶段性安排，按照国家主体功能区规划的要求，各地都在加紧制定或已经出台面向2035年的城市、城市群发展规划，有的还描绘出了2050年的战略愿景。在当前集中实施战略规划的"窗口期"，必须充分认清未来大城市主导的城市群、巨型发展区的发展趋势与规律，在空间结构体系、产业体系以及生态保护体系上进行统筹安排。在超级城市群构成的巨型发展区内，多中心化是不可阻挡的大趋势，通过规划建设新中心、形成层级化的多中心，形成多中心的空间结构，达到内部的"规模互借"效应，在更大的地理空间范围内实现经济的规模收益和集聚，促进整体上空间价值的平衡。例如，在长三角城市群的大空间范围内，上海都市圈内的苏州、南通、无锡、嘉兴等城市，都将与上海形成有机化的等级结构体系，在一定程度上变身为上海大都市的副中心，在助力上海现代化大都市建设的同时，也有效提升自身的开放度和现代化水平。

此外，巨型化城市群的加速发展、高质量发展，将促进更高水平的跨区域分工合作与协同发展。因此，新时代的地方性城市与区域规划，要立足于区域与国家现代化的根本要求，充分把握城市群时代区域经济集群化的新特征，跳出传统的基于行政区的空间规划思维，展现"抱团发展"的理念与行动策略，并在新的空间结构体系和产业结构中，实现资源互补、协作共赢，共同提升城市群与区域的发展质量和市场竞争力。在跨区域的巨型发展区内，同行政区内的城市群、都市区构成的次级功能区，如何通过自身的统筹协调提升效率、促进创新，也越来越受到重视。特别是在长三角城市群的大区域内，由于协同效率较高，除了国家在发展规划中，以省域范围为边界，赋予各次级都市圈、发展带以明确的定位与目标外，地方也在进行跨行政区的规划融合。在《长江三角洲城市群发展规划》中，国家明确提出了将长三角地区建设成世界级城市群的目标：到2020年，基本形成经济充满活力、高端人才汇聚、创新能力跃升、空间利用集约高效的世界级城市群框架；到2030年，配置全球资源的枢纽作用更加凸显，服务全国、辐射亚太的门户地位更加巩固，在全球价值链和产业分工体系中的位置大幅跃升，国际竞争力和影响力显著增强，全面建成全球一流品质的世界级城市群。该规划将上海和江苏、浙江、安徽三省共26个城市纳入，江苏的南京、无锡、常州、苏州、南通、盐城、扬州、镇江、泰州9个城市进入空间的功能规划。除盐城外，江苏沿江八市分别被归属到南京都市圈、苏锡常都市圈和沿江发展带的功能板块中，并由此构成长三角世界级城市群北翼核心区，在未来进一步发挥骨干带动作用。因此，在长三角城市群未来发展的新格局中，无论是处于长江经济带"龙头""龙颈"位置，还是作为一流世界级城市群的核心区的江苏沿江区域，都理应展现自身的战略使命，主动抓住这个重大机遇，优化区域发展战略，乘势规划建设一体化发展的"扬子江城市群"[①]，将使江苏沿江地带的八个城市，形成"半日工作圈""一日生活圈"，共同构建一体化、开放型、网络化的扬子江城市群，整体提升江苏区域发展质量和国际化水平。此举目的在于从长远做强长三角世界级城市群北翼核心区，探索新发展理念指导下的高质量的区域现代化新路径，为长三角城市群的国际化、绿色发展和创新资源集聚做出贡献。[①]

需要正视的是，跨地区的巨型发展区、超级城市群规划在推进实施的过程中，深度的互联互通，涉及行政、交通、经济、生态等多个领域，存在着多重利益纠葛，建立利益共享机制，形成协同发

---

① 李程骅：《长三角城市群格局中的"扬子江城市群"构建策略》，《江海学刊》2016年第6期。

展的共识，并落实到实施方案和行动上，依然需要创新策略与动力的支持。因此。在城市群内全面系统地、分阶段地落实各项重点任务，除了"自上而下"提要求外，还需要地方和区域结合自身条件和发展的功能定位，制定具体的实施策略和行动方案，才能建立起高效的区域协调发展新机制。[①] 由此，增强城市群与区域发展的协同性、联动性、整体性，必须加大全面深化改革的力度，以高效的市场机制、协作机制、互助机制和补偿机制等来汇聚各方发展力量，形成城市群与区域一体化建设、共享发展成果的价值共识与务实行动，为以构建城市群为主体的大中小城市和小城镇协调发展的新格局，提供源源不断的创新动能。要着力打造跨越层级的网状创新空间，构建城市群内多向支撑的创新空间载体，培育特色性的"创新单元"，促进城市群复合体内的结构重组与要素配置效率提升，再造特色主题性"空间落点"，塑造出要素有序自由流动、主体功能约束有效、基本公共服务均等、资源环境可承载的跨区域协同发展机制，推进大中小城市的产业互融和空间融合，促进合理的空间层级体系和特色性功能区的协调发展。

参考文献

黄南、李程骅：《产业发展范式创新：空间形态调整与城市功能变迁——基于现代产业体系的城市转型研究》，《江海学刊》2015年第1期。

李程骅：《长三角城市群格局中的"扬子江城市群"构建策略》，《江海学刊》2016年第6期。

李程骅：《一体化推进扬子江城市群建设的路径》，《群众》2016年第6期。

李程骅：《中国城市转型研究》，人民出版社2013年版。

李程骅、黄南：《新产业体系驱动中国城市转型：动力机制与

[①] 孙久文：《建立区域协调发展新机制》，《经济日报》2018年1月2日。

路径选择》,《天津社会科学》2014 年第 2 期。

李程骅、黄南:《战略性新兴产业引领城市转型的路径选择》,《南京社会科学》2014 年第 2 期。

刘士林等:《中国城市群发展报告 2016》,东方出版中心 2016 年版。

（本章内容系江苏省社科基金重大项目"江苏沿江协同发展与与扬子江城市群建设研究"成果之一。原载《南京社会科学》2018 年第 5 期。执笔人：李程骅、黄南。）

第 二 章

长三角城市群格局中的"扬子江城市群"构建策略

摘要 2016年6月,国家发布《长江三角洲城市群规划》,明确了长三角地区建成世界级城市群的目标,江苏沿江地区被定位为长三角城市群北翼的核心区。依据城市群和大都市区的发展规律,现阶段江苏沿江地区八市的经济发展水平、城镇化率以及承担的转型升级与创新引领作用,应当乘势打造一体化发展的"扬子江城市群",加快形成以轨道交通网络、现代产业体系、生态保护体系、公共服务体系、创新要素高度集聚主导的开放性、国际化的空间网络,探索出新发展理念指导下的高质量的区域现代化之路。

长江经济带在我国区域发展的总体格局中具有重要战略地位。进入"十三五",我国新一轮的长江经济带规划、长三角城市群规划向纵深推进,进一步突出了"坚持一盘棋思想"和统筹协调发展的新理念,对长江经济带覆盖的11个省市以及长三角城市群、长江中游城市群、成渝城市群的"三极"发展目标都做了更加科学的界定。特别是《长江三角洲城市群发展规划》,明确提出了将长三角地区建设成世界级城市群的目标:到2020年,基本形成经济充满活力、高端人才汇聚、创新能力跃升、空间利用集约高效的世界级城市群框架;到2030年,配置全球资源的枢纽作用更加凸显,服务全国、辐射亚太的门户地位更加巩固,在全球价值链和产业分工体系中的位置大幅跃升，国际竞争力和影响力显著增强，全面建成全球一流品质的世界级城市群。该规划将上海和江苏、浙江、安徽三省共26个城市纳入，江苏的南京、无锡、常州、苏州、南通、盐城、扬州、镇江、泰州9个城市进入空间的功能规划。这其中除盐城外，江苏沿江八市的定位，分别被归属到南京都市圈、苏锡常都市圈和沿江发展带的功能板块中，并由此构成了长三角世界级城市群北翼核心区，在未来进一步发挥骨干带动作用。因此，在长三角城市群未来发展的新格局中，无论是作为长江经济带"龙头""龙颈"位置，还是作为将来一流世界级城市群中的核心区的江苏沿江区域，理应体现自身的战略使命，主动抓住这个重大机遇，优化区域发展战略，乘势规划建设一体化发展的"扬子江城市群"，[①]整体提升江苏区域发展质量和国际化水平。

第一节　构建"扬子江城市群"：彰显
　　　　国家战略的"江苏使命"

工业革命以来的世界城市化进程和现代城市规划的成功实践表明，城市群和都市圈带动下的区域一体化，必须以经济发达、辐射较强的中心城市为依托，通过密切的经济活动与周边城镇形成联动发展的多层次空间体系，形成协同发展的城镇化新模式。[②]北美的大西洋沿岸城市群、五大湖城市群、日本的太平洋沿岸城市群以及英国东南部城市群等，都是典型的现代城市群。以上海为中心的长三角城市群是世界公认的第六大城市群，在向世界级城市群发展的进程中，一方面将会构建更加高效的整体联动的空间组合体系，另

[①] 2016年9月9日下午，江苏省委书记李强在专家座谈会上提出，江苏沿江八市要强化一体化协同发展理念，协力打造扬子江城市群。9月21日，李强在南京就推动长江经济带发展进行的专题调研中，进一步要求沿江地区加大融合发展力度，突出一体化，共建扬子江城市群，使其成为未来江苏协同发展最重要的增长极。参见《李强就推动长江经济带发展进行专题调研时强调——依托黄金水道　建setState黄金水岸》，《新华日报》2016年9月22日。

[②] 李程骅：《中国城市转型研究》，人民出版社2013年版，第291页。

一方面也必然形成多个高度一体化的次级城市群和都市圈。《长江三角州城市群规划》中的长三角城市群北翼地区,目前的苏锡常都市圈、南京都市圈、宁合都市圈等,也将进一步形成空间叠合、功能融合、要素整合、协同创新驱动发展的新格局,一体化、同城化的趋势不可阻挡。[①] 据此,面向"十三五"和未来一个较长的时期,围绕国家确立的长三角世界级城市群的中远期目标,江苏必须从战略上谋划沿江地区发展能级整体提升,即在新发展理念的指导下,借助"一带一路"全方位开放战略、国家长江经济带战略规划的实施,有效整合沿江苏南、苏中地区的空间资源、发展要素和创新网络的带动作用,进一步优化生产、生活和生态空间布局,深化沿江城市群的内涵发展,合力打造一体化的、跨江发展的"扬子江城市群"。此举在为江苏深化参与全球创新网络价值链,构建全球产业科创中心和先进制造业基地提供高度开放的空间合作平台的同时,也将促进从上海到南京的江苏长江南、北沿江地区,这一涵括宁镇扬都市圈、苏锡常都市圈和沿江发展带的江苏八个城市,加快形成以轨道交通网络、现代产业体系、生态保护体系、公共服务体系、创新要素高度集聚主导的新型都市区、都市带,[②] 以更便捷、更高效的对接上海这个中心龙头,进一步提升江苏的国际化水平和区域竞争力,更好地服务于"一带一路"建设和长江经济带发展战略。

加快江苏沿江八市的一体化发展,协力推动"扬子江城市群"的规划建设,是展现江苏推动长江经济带发展"坚持一盘棋思想"的系统设计。习近平总书记对长江经济带的规划建设多次发表重要讲话,其中"坚持一盘棋思想"是核心要求。2014年12月,习近平总书记做出重要批示,强调长江通道是我国国土空间开发最重要

---

① 李程骅:《培育以南京为龙头的江苏沿江大都市带》,《南京日报》(理论版)2014年12月30日。
② 李程骅:《打造一体化的江苏沿江大都市带》,《新华日报》(智库版)2016年7月26日。

的东西轴线,在区域发展总体格局中具有重要战略地位,建设长江经济带要坚持一盘棋思想,理顺体制机制,加强统筹协调,更好发挥长江黄金水道作用,为全国统筹发展提供新的支撑。[①] 在2016年9月印发的《长江经济带发展规划纲要》和2016年6月发布的《长江三角州城市群规划》中,都体现了国家战略层面对江苏沿江地区在未来发挥骨干带动作用的要求。推进江苏沿江八市跨江融合发展,共建一体化的扬子江城市群,是践行这一要求的系统设计,在江苏具体实施长江经济带发展规划中发挥统领作用。

长江经济带覆盖11省市,在"三极"之一的长三角城市群中,江苏沿江地区作为其北翼核心区,所规划的沿江发展带、南京都市圈、苏锡常都市圈共同构成长江经济带的"江苏板块",具备较为典型的现代城市群特征,以"扬子江城市群"来一体化整合,进一步彰显了国家长江经济带战略实施中的"江苏标记"和江苏承载的战略使命。长江下游自湖口到入海,分属安徽、江苏两段,安徽境内俗称皖江,自南京以下则称"扬子江",扬子江城市群就是长江流域中的江苏城市群的特定称谓,地理识别性强,对内对外容易传播,并富有历史文化内涵。扬子江得名于隋唐时期扬州江岸的扬子津。自近代以来,西方把中国的长江通称为"扬子江","Yangtze River"即是长江在英语中的称谓。

从整体提升江苏区域发展能级与发展质量的现实要求来看,原来划江而分的苏南地区、苏中地区,也应加快融合发展的一体化进程,共建"扬子江城市群"有利于强化统筹发展的效能。从江苏区域发展的创新驱动战略实施以及"十三五"规划确定的目标任务来看,合力打造一体化的扬子江城市群,可以加快沿江两岸地区发展能级整体提升,有效整合沿江苏南、苏中地区的空间资源、发展要素和创新网络的带动作用,进一步优化生产、生活和生态空间布

[①] 《绿色发展,让长江经济带"巨龙"起舞——推动长江经济带发展领导小组办公室负责人就长江经济带发展有关问题答记者问》,《新华网》2016年9月12日。

局，促进江南、江北乃至与江苏沿海经济带融合发展。南沿江及沪宁线主导的苏南五市，面积2.81万平方公里，人口3300多万；北沿江的苏中三市面积2.04万平方公里，人口1640万。扬子江南北空间的深度融合，接近5000万人口的深度流动，一体化发展将培育出长三角城市群、长江经济带最大最优的增长极，并带动江苏区域发展能级的整体提升。现阶段长三角地区的经济发展水平和城镇化率，已经全面进入城市群、都市圈时代，城市与区域转型发展，需要新动力、新机制，苏南、苏中地区的融合发展时机已经成熟，现有的和规划建设的高铁、城际轨道、地铁、轻轨等构成的快速通勤出行网络，将使江苏沿江地带的八个城市，形成"半日工作圈""一日生活圈"。目前，苏南与苏中在经济发展上形成的梯度性格局，也有利于实施跨江带动的一体化建设。从表2—1可以看出，当前苏南五市的人均GDP已经达到2万美元，城镇化率超过或接近70%，服务经济体系正在加快形成，完全具备了国际大都市区的初级阶段的特征；而苏中三市，人均GDP在1.5万美元左右，城镇化率超过了60%，正在进入城市群、都市区发展的门槛。苏南苏中经济发展、城镇化进程的梯度状态，为两大板块的联动发展、资源整合优化，共同构建一体化、开放型、网络化的扬子江城市群，提供了较好的基础条件。

  可见，无论从长三角城市群整体建设目标的有序推进，还是江苏自身提升区域发展水平的角度来考量，构建一体化发展的扬子江城市群，可以统筹江苏沿江城市带、城镇轴和都市圈的建设，加强省级层面的协调力度，优化空间布局，促进沿江两岸城市、县域、城镇间的深度融合，提升资源配置效率，构建以现代产业集群来促进城镇空间优化的新机制，形成现代城市群主导下的体系健全、定位明确、分工合理的大中小城市和小城镇协调发展的新格局。从目前来看，沿江各市之间依然存在割据问题，城市发展定位趋同，城市群内部功能互补性不强，集群效应不高，产业体系同构、园区定位雷同、生态保护扯皮的现象依然突出。统筹推进扬子江一体化城市群的规划建设，不仅使苏南五市和苏中三市形成一个整体的协同发展的层级化的现代城市群，也将促进发展要素的内部整合，推动自身的产业体系、服务能力、创新水平以及生态文明的建设迈上一个新台阶，有利于从长远做强长三角世界级城市群北翼核心区。

表2—1　　2015年沿江八市主要经济发展数据和城镇化率

片区	城市	GDP（亿元）	人均GDP（万元）	第三产业（亿元）	服务业占比（%）	城镇化率（%）	公共财政预算收入（亿元）
江南带（苏南五市）	南京	9720.77	11.82	5572.27	57.30	81.40	1020.03
	镇江	3502.48	11.04	1642.63	46.90	67.93	342.85
	常州	5273.2	11.22	2610.40	49.50	70.00	466.30
	无锡	8518.26	13.09	4183.11	49.10	75.40	830.00
	苏州	14500	13.63	7170.00	49.50	74.90	1560.80
江北带（苏中三市）	南通	6148.4	8.42	2816.00	45.80	62.76	625.60
	扬州	4016.84	8.96	1762.94	43.50	62.79	336.80
	泰州	3655.78	8.8	1643.45	50.00	61.55	322.20

资料来源：此表为作者根据江苏省及各市2015年统计年鉴、经济社会发展公报整理。

第二节　推进"扬子江城市群"建设的策略与实施路径

遵照新发展理念的要求，高度把握长江经济带、长三角世界级城市群规划赋予江苏沿江八市的定位、功能和担当的角色，加快打造一体化跨江发展的扬子江城市群，是江苏在"十三五"和今后一个时期加快转型升级，统筹利用多重国家战略，强健区域发展"长江脊梁"，培育创新增长极、增长带和建设"强、富、美、高新江苏"的应有选择。面向"十三五"及今后一个较长的时期，针对江苏沿江地区进入后工业化阶段，城镇化进入城市与区域一体化阶段的现实判断，江苏应遵循"五位一体"的原则，顺应城市群提升发展质量的空间优化规律,在省级层面把沿江地区发展作为打造绿色生态廊道、推动转型升级和构建开放型经济新体系的重要突破,把"顶层设计"与重点突破的行动相结合,有序推进建设一体化发展的扬子江城市群,探索出新发展理念指导下的高质量的区域现代化新路径。

一 统筹规划主体功能区,构建立体交通网络主导的集约型现代城市群

扬子江城市群统揽江苏沿江八市,在落实国家的长江经济带规划和长三角城市群规划建设中,要牢牢确立优化发展的原则,坚持"精明增长"的导向,统筹规划好主体功能区,打造空间集约型的现代城市群。沿江八市总面积为4.85万平方公里,是规划总面积21.17万平方公里的长三角城市群的核心区,因此要围绕"黄金水道"、"黄金水岸"的建设要求,细化两岸城镇体系规划,在生态优先、绿色发展的前提下,明确优化开发区、重点开发区和限制开发区。尤其是江苏沿江发展的6市市区和15个县(市)的2万多平方公里区域,要体现与国际知名城市群对标的空间规划水平。[①]要依据现代城市群、都市带发展的典型"轴向"特征,将原来规划的沿江城市群、都市连绵区,实施轨道交通主轴带动的整体能级提升行动,缩小原来因市域割据发展带来的基础设施建设差距,进一步明晰南沿江、北沿江地区的城镇轴,优化轨道交通主轴和网络,让沿江两岸和跨江通道形成一体化的环状交通网络,将长三角城市群规划中确定的南京都市圈、苏锡常都市圈和沿江发展带串联起来,形成通勤化的空间格局。

城市群、都市圈的空间扩张规律表明,汽车社会和轨道交通发达时代的到来,都市区、城市群的功能区可以打破行政区隔的

---

① 2003年8月印发的江苏省人民政府《江苏省沿江开发总体规划》,规划面积为2.46万平方公里,不包括苏州、无锡的市区。

影响，加速形成一体化、同城化的空间扩展形态。"十三五"期间，除了南京将形成完善的地铁与轻轨交通体系之外，苏州、无锡、常州和南通都将进入地铁、轻轨建设的快速期，由此所带来的空间布局的优化、产业空间的重组、居住空间的分化，将为扬子江城市群的一体化发展提供空间融合的保障。因此，必须在省级层面协调轨道交通网络建设，建议由江苏省发改委牵头，联合交通运输管理机构，对原有的沿江城市群城际轨道交通网规划进行审定，在鼓励各城市大力度建设市域地铁、轻轨的同时，统筹规划好整体的轨道交通主轴对接、网络化连接问题。在省级层面协调好沿江八市内部以及与上海、安徽相邻城市的城际轨道交通网络建设。加快推动依托沿江两岸城际轨道线建设，优化轨道交通主轴和网络，在鼓励各城市大力度建设市域地铁、轻轨的同时，统筹规划好整体的轨道交通主轴对接、网络化连接，促进沿江两岸和跨江通道形成通勤化的立体交通网络。深度推进宁镇扬、锡常泰和苏通三个地区的同城化进程。加快形成扬子江城市群内部主要节点之间以及与上海的"半日工作圈""一日生活圈"，促进要素、人员流动的几何级增长。探索出集约发展、"精明增长"的江苏现代城市群建设之路。

二 突出中心城市带动功能，创新驱动扬子江城市群多层级联动发展

从长三角城市群的规划内容来看，江苏沿江八市的能级地位不同：南京为特大城市，苏州为Ⅰ型大城市，无锡、南通、常州、扬州、泰州为Ⅱ型大城市，镇江为中等城市。规划现状和发展前景契合"扬子江城市群"的多层级联动发展的要求。南京和苏州要发挥"双引擎"功能，集聚高端要素，在更高层面上对接上海，参与全球产业竞争。以南京为中心的宁镇扬都市圈和苏州领头的苏锡常都市圈的现阶段苏南区域发展格局，决定了南京和苏州在扬子江城市群的辐射带动作用。无论是在 2015 年国家批复的《江苏城镇体系

规划（2015—2030年）》中，还是在最新发布的长三角城市群规划中，南京和苏州都被定位为千万级人口的"特大城市"，赋予了其在江苏和长三角地区发展的重任。从近期看，强化南京、苏州的"双引擎"功能，有助于在高端要素集聚上提升沿江大都市带的功能；从远期看，其扩散效应会带动整体的区域创新和可持续发展，引领江苏在更高层面参与国际合作和竞争。而无锡、常州、扬州、泰州等城市的定位，既有助于宁镇扬都市圈、苏锡常都市圈内部的一体化发展，也有助于与沿江发展带的新增长极南通一起，共同对接长三角超级龙头上海的辐射，完善长三角北翼核心区的空间组合体系、交通网络体系和产业布局体系，达到江南、江北多点通达、多层级联动和一体发展的目的。

南京作为省会和东部地区重要的中心城市、长三角的中心城市，具有发展现代服务业、总部经济、区域金融中心建设等方面的优势，要在扬子江城市群未来发展中发挥龙头的示范带动作用。从长江经济带规划来看，南京被明确了四个航运中心之一的地位，江海联运和海港功能的枢纽效应将进一步放大，发展枢纽经济适逢其时。从创新驱动城市转型和丰富特大城市内涵的要求来看，借助科教资源禀赋优势、成果转化优势、创新资源集聚优势等，结合国际软件名城的建设，建成国家级的创新中心、创新枢纽。要把国家级南京江北新区打造成具有国际影响力的自主创新高地，优先引导各类创新要素、创新人才、创新政策的集聚，吸引国家级、省级重大科技平台前来布局，大力提升创新驱动的动能和效率，使江北新区成为扬子江城市群科技创新和产业转型的关键纽带。

三 完善产业与城镇转型互动机制，整体提升扬子江城市群国际竞争力

扬子江城市群是长三角世界级城市群的核心区，必须全力提升其在全球价值链和产业分工体系中的位置，增强整个板块的国际竞

争力和影响力。要围绕江苏"十三五"确定的"一中心"——全球产业科创中心、"一基地"——先进制造业基地的目标,打造规模和水平居于国际前列的先进制造产业集群,做优做强服务经济主导、智能制造支撑的现代产业体系。城市群的核心纽带是产业体系、产业集群构成的价值链条,推进扬子江城市群建设落到实处,就要加快构建与国际通行规则相适应的投资、贸易制度,全力提升城市群内主要城市的国际国内要素配置能力和效率。要坚决消除阻碍生产要素自由流动的行政壁垒和体制机制障碍,推进产业跨界融合,促进统一市场建设。要积极探索产业升级与城镇转型的联动机制,深度实施互联互通行动,打破沿江横向割据,推动跨江对接。苏州、南通要无缝对接《上海城市总体规划(2016—2040年)》,在国际航运中心、国际金融中心以及全球科创中心等方面,实施功能区的融合与空间响应。探索多种形式的南北产业转移合作模式。加快升级"飞地经济"园区,对江阴—靖江、无锡—泰州的以及苏州、上海在南通的共建产业园区,实施以发展质量主导的考核和支持,把"经济飞地"转变为产城融合的先行区。简政放权要落实到位,充分释放沿江县级市的发展潜能,培育出一批新的区域增长极和次增长极,促进它们带动县镇开发区、科技园区和功能小镇等实现创新在地化,直接进入长三角核心区的创新价值链,上升为国际化网络中的新节点。

在长三角地区的城镇化、都市化进程中,江苏的突出特点是不仅培育出了一批知名的特大城市、大城市,而且多数县级市和小城镇发展较好,推进城乡一体化发展的体制机制较为完善。特别是苏南沿江地区的一批县级市如昆山、常熟、江阴、张家港等,无论是经济总量还是城市建设的规模水平,都已相当或超过中部的一般中等城市。(参见表2—2)但由于行政级别不高的原因,这些城市过去在区域发展中长期被"矮化"。推进一体化发展的沿江大都市带建设,落实全面深化改革的各项政策,充分发挥市场的决定性作用,就必须有重点地提升这些县级市的能级定位,培育转型升级的新增长点、创新发展的新平台。在长三角城市群规划中,江苏有昆山、常熟、江阴、张家港、丹阳、如皋、海门、太仓、靖江、泰兴、仪征等19个县级市进入,表明了国家层面的政策倾斜。从省级层面的政策引导来看,通过简政放权,充分释放这些实力强的县级市的发展潜能,不仅能培育出一批新的增长极或次增长极,也将深化区域的城镇化内涵,改变知识、资本、技术等新产业的发展要素集聚的流向,逐步转变中心城市、大城市的"虹吸效应",促进沿江大都市带真正形成特大城市和大城市带动下的中小城市和小城镇同步发展的城市化新形态。在长三角地区,无论是江苏昆山建设花桥现代服务业新城的成功,还是浙江乌镇成为世界互联网大会永久会址,都表明了县级市、区和特色镇,都可以直接进入长三角核心区的创新价值链,并上升为国际化网络中的新节点。

表2—2　江苏沿江地区部分县级市主要经济数据（2015年）

地区	GDP（亿元）	人均GDP（万元）	第三产业（亿元）	服务业占比	城镇化率	公共财政预算收入（亿元）
江阴	2880.9	17.60	1250.2	43.40%	—	218.90
常熟	2044.88	13.54	939.85	45.96%	67.00%	369.18
张家港	2229.82	17.8	1008.72	45.20%	67.00%	174.20
太仓	1100.08	15.51	498.34	45.30%	66.28%	114.54
昆山	3080.01	18.66	1355.45	44.00%	80.00%	284.76
如皋	812.46	6.48	350.41	43.10%	55.30%	77.10
海门	915.02	10.13	391.63	42.80%	56.60%	78.40
丹阳	1085.00	11.09	478.56	44.70%	—	67.06
靖江	762.00	11.10	330.85	47.10%	62.20%	61.61
江都	862.97	8.57	381.46	44.20%	55.21%	—
扬中	475.80	13.90	214.11	45.00%	60.45%	71.20

资料来源：作者根据江苏省及各市2015年统计年鉴、经济社会发展公报整理。

四 以绿色发展降低生态负荷，打造长江经济带示范性"绿色城市群"

长江经济带规划和长三角城市群规划，都将生态环境保护放在了首要位置，要求整体打造沿江的绿色生态廊道。地处长江下游江苏段的扬子江城市群人口密度与经济密度高，生态环境脆弱，以石化产业主导的产业结构体系安全隐患突出，必须运用法制化手段来实施生态保护。要更好发挥政府在空间开发管制、基础设施布局方面的规划指导作用，以一体化保护的机制共守长江黄金水道及沿江地区生态安全。目前沿江八市共有危化品企业27646家，占全省78.9%。苏南五市的石化产业产值占到全省50%以上，较大规模的化工园区有20多家，且大都临近中心城区和县城①。恪守打造"绿色生态廊道"的总体目标，根据沿江八市石化产业现状，精准制定各市碳排放指标，探索建立八市碳排放交易市场。研究设立省级的扬子江城市群产业投资基金和创业投资基金，吸引险资进入稳定收益的生态建设投资项目。建立环保绿色技术共享机制，扩大排污权有偿使用和交易试点，提升企业排放达标标准和准入门槛，逼退、逼转、逼治不达标企业。研究设置沿江生态污染联防联控的统一管理机构，共建水资源监控系统。实施沿江生态污染联控和生态保护红线评估考核体系，纳入政府年度绩效考核。全面提升扬子江城市群的绿色发展质量和整体宜居魅力，使其未来成为长江经济带示范性的"绿色城市群"。

扬子江城市群的规划建设，必须以共守生态安全为前提，科学测度江苏沿江大都市带的生态承载能力，有效运用地租级差的疏散功能，在一体化进程中统筹解决"大城市病"和"小城镇病"。特别是针对南京、苏州等龙头城市、核心城市地价攀升、企业商务成本加大的现实，有效利用地租级差，有序将先进制造基地、企业研发基地和协同创新平台，向网络化的次级节点城市疏解、分流，在

---

① 《石泰峰调研沿江五市危化品企业 强调强化治理》，《新华日报》2016年9月2日。

整体的大都市带空间中协调生态布局、产业协作、园区共建、设施共享等方面的举措，实现资源配置的最优化、创新驱动的最大化，达到产业升级与区域转型的双重目的。特别是未来轨道交通构成的城镇发展主轴，将会在沿江地区形成集约紧凑、疏密有致的空间格局，这不仅有助于破解过度开发、拥堵加剧、边界模糊的大城市病，也为解决发展动力不足、资源配置能力较弱、就业体系单一和生态环境脆弱的"小城镇病"，探索出富有成效的新路径。特别是沿江两岸众多的县级、镇级开发区、科技园区，进入到网络化的城市群的空间体系中，就有可能升级为特色性的创新社区、生态化的功能小镇，为扬子江城市群的绿色发展注入新内涵。

五 实施包容性的人口与人才政策，持续强化扬子江城市群的宜居魅力与创新活力

国际知名的城市群、大都市区的人口流动规律表明，轨道交通托起的都市带中的卫星城、生态社区，会成为新增人口的宜居之地。在大城市中心区居住成本越来越高的形势下，核心城市、中心城市周边新建的跨越行政边界的小镇、社区，因交通的通勤化、生活的便捷化、居住环境品质高而成为高素质外来人口、人才的首选之地。长三角城市群是我国外来人口最大的集聚地，外来人口落户、安居的门槛较高，尽管目前江苏的沿江地区常住人口总量已经达到五千万的规模，但因经济发达、公共服务体系完善，依然会在未来成为人口的流入地、人才的向往之地。到2020年、2030年，预测八市的人口总量分别达到5700万、6300万左右的规模（参见表2—3）。在推进扬子江城市群一体化发展进程中，首先要把解决当地居民就地城镇化和外来人口享受基本公共服务问题同等对待，即公共服务的均等化。目前，苏南地区的昆山、江阴、常熟等地，已经成功地探索出人口属地化管理和服务的新路径，使外来人口在教育、就业、医疗、养老、保障性住房等方面均等享受城镇居民基本公共服务。这些好的做法，也应在公共财政收入较高的沿江其他

各县市推广。其次就人才政策来说,无论是集聚国际化高端人才,还是吸引年轻的大学生、研究生前来创业、就业,扎根安家,政府不仅要营造包容性的城市文化,还要在切实解决初期的工作和生活问题方面有真金白银的投入,比如实施可行的购房补贴、租房补贴政策,从而在保持人口的净流入的前提下,壮大人才规模、优化人口结构,提升人才红利,持续在制度创新、科技进步、产业升级、城乡统筹、全方位开放、绿色发展等方面走在江苏和长三角城市群的前列,持续提升国际竞争新优势。

表2—3　　　　　长三角主要城市市域常住人口预测　　　　　单位:万人

城市	2014年	2020年预期	2030年预期	城市	2014年	2020年预期	2030年预期
上海	2426	2500	2500	湖州	292	297	307
南京	822	950	1060	绍兴	496	534	551
苏州	1059	1100	1150	台州	602	625	660
无锡	650	720	850	舟山	115	150	200
常州	470	570	650	金华	544	554	656
南通	730	870	910	合肥	770	860	1000
扬州	447	560	570	芜湖	362	430	530
镇江	317	360	400	马鞍山	223	260	330
泰州	464	560	580	滁州	399	460	560
盐城	722	755	800	宣城	257	290	340
杭州	889	940	950	铜陵	74	100	130
宁波	768	820	900	池州	143	160	180
嘉兴	457	590	690	安庆	538	570	630

资料来源:国家发改委《长江三角洲城市群发展规划》。

(本章内容原载《江海学刊》2016年第6期。执笔人:李程骅。)

第三章

扬子江城市群区域结构变迁与空间生产驱动

摘要 扬子江城市群的形塑可以追溯到世界城市群形成的结构原理与规律。目前学术界公认的六大世界级城市群区域的内部结构关系及其形态，为扬子江城市群的形塑奠定了理论与实践基础。按照城市群内各城市结构关系划分，城市群又可以分为低中心城市群、单中心城市群、双核城市群和多中心城市群或嵌套城市群。扬子江城市群作为世界级的长三角城市群区域内的嵌套型子城市群，符合长三角城市群的多中心城市群结构关系。扬子江城市群系江苏省行政辖区内的典型的高密度人口与经济区，这个区域的工业区位、交通区位、市场区位有别于苏北、皖东南、浙北地区，形成5000多万的人口规模、5万多平方公里地域、超过6万亿元的地区生产总值的相对独立的人文经济区域。扬子江城市群内的人口规模、区位结构、交通网络、文化生态、经济体系早已形塑了一个结构紧密、产业联动、特色鲜明的城市群聚落。扬子江城市群通过"空间生产"的增长机制的重构和跨地域空间结构的重组，不断提升区域内部的交通网络通达效率，优化产业结构与布局，实现生产空间向空间生产的深度转型，从而提升城市群内的人口、经济、贸易动能，实现扬子江城市群的整体能级提升。同时，持续优化扬子江城市群与苏北、皖江城市群、上海、浙北杭州湾城市群的交通与经济联系，提升扬子江城市群的外部发展优势，最终实现扬子江城市群作为长三角城市群北翼子城市群的可持续发展动能。一个人口集聚度更高、经济增长更具动力、社会发展更具活力的扬子江城市群,也将成为长三角城市群跃进为更具竞争力和影响力的世界超级城市群的重要支撑区域。

城市群是世界范围内城市化进程进入较高阶段的一种必然产物。在一定区域内,城市化率超过70%[①]以后,大多出现了"城市群化"的现象。美国的五大湖区、东北部大西洋沿岸、日本太平洋沿岸、大不列颠岛英国南部地区、欧洲西北部波罗的海沿岸,包括中国的长江三角洲地区、珠江三角洲地区等,都因为城市化水平较高、城市密度越来越大,形成了一定空间区域范围内数十个城市聚集而成的"簇群化"发展格局。但不同的地区的城市群,又因为行政区划与结构形态存在差异,存在着不同的具体形态。以中国长江三角洲城市群为例,其覆盖四个省级行政区的地理空间范围,内部结构更加多元,整体上看,存在着一种典型的城市群的"嵌套形态",以上海为中心,南部有以杭州、宁波为中心的杭州湾城市群,北部有以江苏地区南京、苏州、南通为中心的扬子江城市群,共两个次区域城市群。"一江一湾一中心",共同构建了面向世界的长三角城市群。在嵌套的基础上,如何打破相互之间的行政与空间边界,实现有机协同的融合式发展,显得尤为重要。长三角城市群北部区域所嵌套的扬子江城市群,涵盖了长江沿岸8个地级以上城市,5000多万的人口规模,5万多平方公里地域,超过6万亿元的地区生产总值,完全能够成为长三角世界级城市群内的嵌套型子城市群,通过"空间生产"的增长机制的重构和跨地域空间结构的重组,将可以持续提升城市群的发展动能,保持高质量、高速度的经济、社会发展能力,并强化推动长三角城市群的世界级竞争力和影

---

① 戈特曼提出大都市带这一城市群相关的学术概念时,美国的城镇化率恰好超过70%。因此,一般认为城镇化率超过70%,标志着进入一个较为发达的城市化阶段。

响力。

第一节 世界级城市群空间结构"嵌套形态"的现实图景

世界级城市群是基于全球化与城市化两大核心动力所形成的一种城市发展现象。戈特曼认为，成熟的世界级城市群需要具备如下特征：区域内城市密集分布；拥有一个或几个国际性城市；多个都市区连绵；拥有一个或几个国际贸易中转大港；总体规模大，人口超过2500万；是国家经济的核心区域。[1] 世界级城市群需要同时在城市能级、规模、数量、城镇化水平、经济发达、沿海区域等六个维度上占据优势。第一，从世界级的城市群的人口规模与区域形态结构的基本特征判断，要成为一个世界级的城市群，主要具备一个以上的具有世界影响力的中心城市或萨森所提出的"全球城市"[2]，如纽约、东京、伦敦、巴黎、上海等；第二，组成城市群的各类规模相邻的城市数量最少要在20个以上；第三，是城市群内所有城市的常住人口要超过4000万人以上；第四，区域内城市化水平需要超过70%以上。这四大核心指标在现实层面基本涵盖了戈特曼的六个要素，能够客观解释当前世界级城市群的样态与格局。

城市群的区域形态与空间结构特征。城市群因其区域内多个城市在地理空间形态及相互联系之间的差异，存在不同的类型。总体而言世界范围内的城市群，基本可以分为分散城市群、带状城市群和圈状城市群三种类型。分散城市群的特征是中心城市的首位度很低，大城市不多，中小城市高度发达，分布均衡，城市密集度极

---

[1] Jean Gottmann. Megalopolis: The Super City. Challenge [J]. 1957: 54 - 59.
[2] 萨森认为全球城市主要指在高度一体化的世界经济环境下，国际资本对世界经济进行控制和发挥影响的空间节点，是整个世界经济体系中具有特定分量的场所。全球城市需要具备三大特征：实现城市形态从工业化向后工业化的转型，在世界上占据国际经济文化活动制高点，能够影响和改变世界市场运作。全球城市是以跨国公司和跨国银行为核心，以电讯和国际航线为干道，以国际市场为网络作为主要运行形态的城市。

高。分散性城市群以北美五大湖区城市群、欧洲西北地区的城市群最为典型。五大湖区内底特律、芝加哥、多伦多等都不具有典型的中心城市功能。欧洲西北部城市群因分属多个国家的首都城市如巴黎、布鲁塞尔、安特卫普、阿姆斯特丹等，难以形成单一中心城市或首位型城市而呈现出相对分散性特征。带状城市群与戈特曼（Jean Gottmann）提出的大都市带（Megalopolis）较为相似，其特征主要以一个或多个经济较发达并具有较强城市功能的中心城市为核心，包括与其有经济内在联系的若干周边城镇、经济吸引和经济辐射能力能够达到并能促进相应地区经济发展的最大地域范围。它由连成一体的许多都市区（Metropolitan Area）组成，是在经济、社会、文化各方面活动上存在着密切的交互作用的巨大的城市地域复合体。[1] 带状城市群如美国东海岸波士顿至巴尔的摩城市群、中国长三角城市群等。圈状城市群介于带状城市群与分散化城市群的形态之间，主要特征是城市群内部存在非常明显的中心城市或首位城市，或者地理形态上形成了某种典型的围合形态的空间结构。比如日本太平洋沿岸城市群中东京的高首位度，英伦城市群中伦敦作为高首位度城市，具有某种中心化的城市功能。

城市群区域内的城市结构关系。与城市群的整体地理形态分布不同，按照城市群内各城市结构关系划分，城市群又可以分为低中心城市群、单中心城市群、双核城市群和多中心城市群或嵌套城市群。低中心城市群是指中心城市首位度较低，一般不超过 0.2，城市群中各次区域城市人口、经济发展水平大体相当，差别较小。比如美国五大湖区城市群和中国的珠三角城市群。单中心城市群是指中心城市首位度极高，其他城市的发展水平与首位城市相比，人口、经济、文化等要素集聚度差距较大。最典型的属日本太平洋城市群的东京单核型发展格局，英伦城市群的伦敦首位度也较高，具

---

[1] Jean Gottmann. Megalopolis or the Urbanization of the Northeastern Seaboard. Economic Geography [J]. 1957: 189–200.

有典型的中心城市效应。双核城市群则是指城市群呈现出双中心特大型城市，两个中心城市功能各有所长，分别承担中心城市职能。比如中国的京津冀城市群①，北京与天津分别属于特大型中心城市。多中心城市群是存在相对首位度高的核心城市，但城市群内还有若干次中心城市，区域内城镇体系格局较为完善的城市群。比如美国东北部沿海城市群的纽约是核心城市，波士顿、华盛顿、费城、巴尔的摩等为多个次中心城市，中国的长三角城市群以上海为核心，包括南京、苏州、杭州、宁波等次中心大城市。纵观世界各大城市群的地理形态与区域结构特征，可以看出，不同城市群内部城市结构的差异，主要由各自不同的城市发展历史、融入现代经济体系的能力、城市人口集聚功能不同所导致。

世界级城市群的高容量人口规模。戈特曼曾给出了判断城市群的两个指标：人口规模大于2500万人，人口密度大于250人/平方公里。这两个指标是基于30年前的世界城市化发展水平所作的判断。随着2012年世界城市人口首次超过农村人口，地球村总体上进入了一个城市化的时代。随着世界城市人口的不断增长，从目前国际公认的六大世界级城市群的人口规模来看，城市群的都会区人口规模最少需要超过4000万，并且城市化率需要超过70%。目前各大城市群人口规模以英伦城市群3700万最少，美国东海岸城市群人口超过6500万，五大湖区城市群人口超过5000万，日本太平洋沿岸城市群人口超过7000万，欧洲西北部城市群人口超过4600万，中国长三角城市群人口超过1.5亿，珠三角城市群人口超过1.2亿，京津冀城市群人口超过1.1亿。英伦城市群的人口虽然不及4000万，但其已经超过全英国人口的一半以上，且常年外来游客总量超过千万以上。因此也是一个常年超4000万人口的城市群。

---

① 按照世界级城市群的要素衡量，中国的京津冀城市群还未形成典型意义上的世界级超级城市群，主要是因为京津冀城市群区域内的城镇化体系不够完善、经济不够发达、城市化率不高，暂未达到70%以上。但京津冀城市群的人口总量超过1亿人，北京、天津的中心城市影响力以及唐山曹妃甸港、天津港等都是发达的国际型港口。

世界级的城市群基本都属于超级城市群。超级城市群是城市人口规模最少需要超过4000万的具有世界影响力的城市群。按照戈特曼所提出的世界级城市群的六大要素中的"多个都市连绵区"的观点,世界城市群内不同的都市连绵区很有可能独立成为一种次区域形态的次城市群或都市圈。在同一个城市群内的不同的都市连绵区内都有一个或以上的中心型城市发挥主要影响力。超级城市群内存在多个具有影响力的次中心城市,因此"多中心城市群内以次中心城市为核心有子城市群存在"。[①] 在地理位置较近,拥有多个中心城市构成的都市圈所组成的超级城市群内,完全有可能形成一种次区域城市群。而都市圈主要以特定的中心城市为核心,以发散型交通网络为基础,形成以1小时或半小时的通勤时间为半径,并覆盖周边相互邻接的众多城镇,共同组成一个具有一体化倾向的都市发展区域。因此,超级城市群内完全可能存在若干次区域城市群或都市圈。

超级城市群内嵌套若干子城市群的现实样本。空间范围较大,特别是跨行政区域所组成的世界级城市群内,由于人口规模和城市数量较多,无论是分散性的城市群、带状城市群或圈状城市群,都有可能形成超级城市群、次区域城市群、中心城市都市圈所组成的嵌套形态的世界城市群结构。所谓嵌套型城市群,主要指超级城市群内部还分布次区域的城市群、中心城市构成的都市圈组成,形成了一种大城市群、小城市群及都市圈的结构。从目前世界级的七大城市群[②]的结构形态来看,每个城市群都具备了两级或三级嵌套结构(见表3—1)。

[①] 李钒:《区域经济学》,天津大学出版社2013年版,第115页。
[②] 已有的文献大多认为国际公认的主要有六大世界级城市群,但根据世界城市群的六大要素,特别是从城市群的人口规模、影响力、区域城镇空间形态等指标测算,中国的珠三角城市群,由广州、深圳、香港、澳门等20多个城市组成,常住人口超过1亿人,城镇体系完备、经济发达、国际化程度高。完全可以被认定为已经具备成为世界第七大超级城市群的要素。

表 3—1　　　　　　　世界七大城市群的嵌套型格局

超级城市群	次区域城市群	都市圈
美国东海岸城市群	波士顿城市群、费城—巴尔的摩—华盛顿城市群	纽约都市圈
美国五大湖区城市群	底特律—托莱多—克利夫兰城市群、多伦多—汉密尔顿—布法罗城市群	芝加哥都市圈、蒙特利尔都市圈
日本太平洋沿岸城市群		东京都市圈、大阪都市圈、名古屋都市圈
英伦城市群	利物浦—曼彻斯特—谢菲尔德—利兹城市群	大伦敦都市圈、伯明翰都市圈
欧洲西北部城市群	法国巴黎城市群、比利时—荷兰城市群、德国莱茵—鲁尔城市群	巴黎都市圈
中国长三角城市群	扬子江城市群、杭州湾城市群	上海都市圈、苏锡常都市圈、南京都市圈、合肥都市圈、杭州都市圈、宁波都市圈
中国珠三角城市群	江门—中山—珠海—澳门城市群	广佛都市圈、深港都市圈

从世界七大城市群的空间结构嵌套关系来看，多中心城市构成的超级城市群，都存在某种若干相邻的次中心城市之间形成一个或若干个次区域城市群。同时，构成超级城市群的核心城市，大都能够自成一体，形成核心城市都市圈。如纽约都市圈、芝加哥都市圈、东京都市圈、大伦敦都市圈、巴黎都市圈、上海都市圈等，而与核心城市距离稍远的若干次中心城市相比邻，从而构成一个个次区域城市群，比如费城—巴尔的摩—华盛顿城市群、底特律—托莱多—克利夫兰城市群、利物浦—曼彻斯特—谢菲尔德—利兹城市群、比利时—荷兰城市群、扬子江城市群等。而且在有些超级城市群的次区域城市群内部，因为核心城市与次中心空间距离较远，次中心城市拥有较深的发展腹地，往往会形成次中心城市自成一体的

都市圈现象，比如巴黎都市圈、南京都市圈、杭州都市圈、宁波都市圈等。这充分说明，世界级的超级城市群内部完全可以形成两级或三级形态的嵌套结构。这种嵌套形态的超级城市群，往往能够形成一个巨型城市带或超级都会区，具有人口规模庞大，城镇数量众多，经济活力充足等特点。

长三角城市群是国际公认的六大世界级城市群之一。按照国家发改委2016年6月3日批复的《长江三角洲城市群发展规划》，提出长三角城市群覆盖上海市、江苏省、浙江省、安徽省共计26个地级市，国土面积21.17万平方公里，约占全国的2.2%，人口1.5亿，约占全国11%。其中以上海为核心，构建"一核五圈四带"的网络化空间格局，包括合肥都市圈、南京都市圈、苏锡常都市圈、杭州都市圈、宁波都市圈，沿海发展带、沪宁合杭甬发展带、沿长江发展带、沪杭金发展带。从发改委批复的规划中，长三角城市群属于二级嵌套结构，即城市群与都市圈的嵌套结构。但在各省具体城市发展战略规划中，事实上存在区域城市群规划格局。由于长三角城市群内城镇化进程速度加快，以南京、苏州、杭州、宁波等为中心的次中心城市逐渐崛起，不断稀释了上海市在长三角城市群中的人口首位度。李晓西等认为，长三角城市群的空间格局经历着由"单核引导"的点轴结构向"单核+多中心支撑"的网络状结构的转变。[①] 从浙江省和江苏省的城市发展规划及地理空间形态划分来看，长三角城市群这一世界级的城市群客观上存在北翼次区域城市群与南翼次区域城市群的嵌套型城市群结构。

扬子江城市群正在由沿江城市集群逐渐成型。长三角城市群北翼大部分隶属于江苏沿江区域，在2016年江苏省第十三届党代会上，已经明确提出了打造沿江城市集群的战略规划。而相关学者已经提出了打造扬子江城市群的观点，比如李程骅认为，江苏应依据

---

① 李晓西、卢一沙：《长三角城市群空间格局的演进及区域协调发展》，《规划师》2011年第1期。

城市群和大都市区的发展规律,结合现阶段沿江八市的经济发展水平、城镇化率以及承担的转型升级与创新引领任务,在沿江地区乘势打造一体化发展的"扬子江城市群"。① 扬子江城市群所包括的沿江八市即南京、镇江、常州、无锡、苏州、南通、泰州、扬州,除盐城外,基本包含了长三角城市群规划的所有江苏省范围内的城市。

杭州湾城市群早已成型。2003年浙江省发布《浙江省环杭州湾地区城市群空间发展战略规划》,提出浙江省打造环杭州湾城市群战略。2012年5月,浙江新型城市化工作会议提出,在新城市化过程中将加快推进环杭州湾城市群规划建设,将其打造成长三角世界级城市群南翼的重要组成部分。环杭州湾城市群包括杭州、宁波、绍兴、嘉兴、湖州、舟山六市,陆域面积近4.54万平方千米,占全省面积的44%。除了金华和台州两市,环杭州湾城市群基本包含了长三角城市群规划中浙江省范围内的主要城市。

长三角城市群最具三级嵌套型空间结构形态。随着江苏省和浙江省的城市发展战略布局的明确化,长三角城市群内基本形成了超级城市群、次区域城市群、大城市都市圈的三级空间嵌套结构。以上海为核心城市,形成北翼的扬子江城市群、南翼的杭州湾城市群的超级城市群与次级城市群的嵌套形态。其中北翼的扬子江城市群八市已经超过4500万常住人口,南翼杭州湾城市群六市超过4000万常住人口。扬子江城市群内拥有南京、无锡、苏州等发达城市和国际港口,杭州湾城市群拥有杭州、宁波等发达大城市和世界级的沿海港口。扬子江城市群与杭州湾城市群内城镇化水平都超过70%。因此,长三角城市群的南、北两翼无论从城市能级、规模、数量,还是经济发达程度、大城市影响力或港口资源,都非常接近成为世界城市群的所有要素。

---

① 李程骅:《长三角城市群格局中的"扬子江城市群"构建策略》,《江海学刊》2016年第6期。

第二节 扬子江城市群：从"生产空间"到"空间生产"的范式转变

城镇化增长既是人口增长的过程，亦是空间增长的过程。在空间增长的机制中，对于中前期的城市化的地区而言，生产空间的叠加增长，成为一种典型的空间增长逻辑。

一 空间生产的理论视角

空间生产是法国社会学家列斐伏尔的重要学术思想贡献。他提出了空间生产的政治经济学逻辑，并认为，空间具有社会空间、矛盾空间和差异性空间。社会空间是社会关系的再生产，特别提出城市空间的生产就是城市社会关系的生产论断；矛盾空间作为抽象空间的一种表现，体现为城市空间的对立性，为了降低空间的对立性，只有发展更多的差异空间和特色空间，如此城市空间的生产才能更加凸显一种质的变化和提升。[1] 空间生产实现了由"空间中事物的生产"向"空间本身"的生产转变，即空间不是生产载体，而是生产对象，是一种充斥着各种意识形态的产物。[2] 从新马克思主义空间理论研究的视角，资本主义再生产不是物的再生产，不是量的扩大再生产，也不是同质的社会体系的再生产，而是社会关系的差异化再生产过程。[3] 从城市的发展过程来看，传统的城市空间生产差异囿于城市所处的自然环境特点，而现代空间差异化生产中，社会结构的差异成为不平衡发展的生产力。[4] 尤其是城市内部

---

[1] Lefebvre Henri. The Production of Space [M]. Basil Blackwell Publishing, 1991.

[2] M. Gottdiener. A Marx of Our Time: Heri Lefebvre and The Production of Space [J]. Sociological Theory, 1993, 11 (1).

[3] 刘怀玉：《现代性的平庸与神奇——列斐伏尔日常生活批判哲学的文本学解释》，中央编译出版社2006年版。

[4] Neil Smith. Gentrification and Uneven Development [J]. Economic Geography, 1982, 56 (2).

以及城市之间隐形的社会关系，是空间生产的核心基础。空间生产的最终目标是协调社会关系，解决社会矛盾，维护社会公平，城市空间正是在这种内在动力驱使下而不断嬗变。

二 城市群区域增长的传统路径：生产空间的扩张

城市群是世界范围内城市化进程进入较高阶段的一种必然产物。其特征主要以一个或多个经济较发达并具有较强城市功能的中心城市为核心，包括与其有经济内在联系的若干周边城镇、经济吸引和经济辐射能力能够达到并能促进相应地区经济发展的最大地域范围。它由连成一体的许多都市区（Metropolitan Area）组成，是在经济、社会、文化各方面活动上存在着密切的交互作用的巨大的城市地域复合体。[1] 从全世界城市发展规律来看，在一定区域内，城市化率超过70%以后，大多出现了"城市群化"的现象。[2] 如美国的五大湖区、东北部大西洋沿岸，日本太平洋沿岸、大不列颠岛英国南部地区、欧洲西北部波罗的海沿岸、包括中国的长江三角洲地区、珠江三角洲地区等。一定空间区域范围内，因为城市化发展带来的所有城市的空间扩展，最终形成了数十个城市聚集而成了较高密度的城市"簇群化"发展格局。[3] 但是城市群本身并不属于一个特定的行政单元，也非一个特定的经济体，所以城市群的区域增长路径，更多是基于一种邻近效应。因为多个城市之间的距离较近，容易产生交通便捷优势、工业生产要素集聚优势、市场规模优势等自生自发的城市增长秩序。

城市群区域增长的"工业区位优势"引领模式。阿尔弗雷德·韦伯在其"工业区位理论"中所提到的依托生产要素的邻近性所形

---

[1] Jean Gottmann. Megalopolis or the Urbanization of the Northeastern Seaboard [J]. Economic Geography. 1957, 33（3）.

[2] 胡小武：《城市群的空间嵌套形态与区域协同发展路径——以长三角城市群为例》，《上海城市管理》2017年第2期。

[3] Dewar M., Epstein D. Planning for "Mega-regions" in the United States [J]. Journal of Planning Literature, 2007, 22（2）.

成的集聚效应推动了工业型城市的快速增长。韦伯研究的理论核心就是追求最低成本的工业生产区位，是在最低运费、最低劳动费用和最佳集聚这三者中择优选择的区位。[①] 除了运输成本和劳动力成本之外，影响地方性积累的所有其他要素均可以纳入集聚和分散之中。为了寻找最小费用的区位，集聚要素又分为由"运费指向"和"劳动费指向"所带来的原料供给地和消费地的集聚，或者在若干工厂相互临近的区域形成地方集中化，通过企业的分工协作和基础设施共享带来集聚利益。在严格假定的基础上，韦伯试图从工业区位的角度探索资本、人口向大城市集聚的空间机制。

城市群区域增长的"交通区位优势"引领模式。交通区位优势的本质是通过降低交通运输成本带动要素在区域间配置达到最佳，从而促进区域增长。以胡佛为代表的运输区位论学派在其出版的《经济活动的区位》中，具体分析了运输距离、运输结构和运输方向对于工业布局的影响。克里斯塔勒的中心地理论认为，假设人口密度均匀且各地到中心地交通条件相同，就会形成中心地商业区位的六边形网络，以此推导出在理想地表上的聚落分布模式，而交通系统对聚落体系的形成有深刻影响，交通会引导城市增长方向，城市多沿着交通干线呈现串珠状分布。交通运输方式的改良和交通基础设施的完善对于知识外溢和产业集聚起到积极的促进作用，是影响区域经济增长和空间重构的重要因素。

城市群区域增长的"市场邻近优势"引领模式。垄断资本主义时期，由于生产能力过剩，市场需求不足，市场开拓显得尤为重要。尤其是区域市场规模和需求结构变化，拓展了城市的消费市场，带动了区域增长。廖什在他的著作《区位经济学》中提出了市场区位论，从需求角度出发，把生产区位和市场范围结合起来，构建了市场区位及市场网的理论模型。他认为最佳区位不是成本最小点，也不是收入最大点，收入与成本差距最大的区位，即利润最大

[①] 参见阿尔弗雷德·韦伯《工业区位论》，李刚剑等译，商务印书馆1997年版。

区位才是最佳的选择。同时，帕兰德的市场区位论揭示了产品价格、运输费用与市场的关系，为市场划分的问题，以及商业的市场扩展提供了理论支撑。在自由市场经济的理想状态下，区位均衡过程成为解析城市空间结构内在机制的重要着力点。[1] 传统的区域增长的主要形态体现为各种区位优势推动了城市生产空间的增长，这是工业化与城市化高速增长时期的主要增长形态与路径。

三　城市群区域增长的"空间生产"创新模式

城市群在工业区位、交通区位和市场区位的优势下，以空间紧邻效应实现了区域内的城镇化水平快速增长。但是这种增长更多地依赖传统区域增长的路径，属于物理空间层面城市簇群化发展的空间重构形态的增长模式。这种模式在城镇化起步到快速发展阶段，即城镇化率30%增长到70%这一过程有着明显的优势。当城市群区域内的城镇化水平超过70%之后，一般会进入城镇化的较缓发展阶段。因此，要实现较高城镇化水平之后的城市群区域增长，需要重建一种以"空间生产"为机制的内涵式、质量型、生态化城市增长新动力结构。

"社会空间的生产"与城市群各城市的内涵式发展模式。城市群地域空间的增长已经到了内涵式发展的阶段。从物理性要素如土地来驱动城市发展的传统模式，需要更替到以制度创新、知识创新、技术创新、服务创新驱动增长的新模式。列斐伏尔认为，所有这些描述空间的努力，显示了今日社会及其生产方式中一个明显的、甚至是主导的趋势，那就是知识劳动和物质劳动一样，分工越发细密起来。[2] 传统意义上的城市群各城镇体的交通、市场和区位已经日益完善，要实现城市群内部各城市之间的要素有效配置和有机融合，创新社会空间生产的体制机制设计，推动各城市在制度、

---

[1] 唐子来：《西方城市空间结构研究的理论与方法》，《城市规划学刊》1997年第6期。
[2] Henry Lefebvre. The Production of Space [M]. Basil Blackwell Publishing. 1991：8-9.

文化、服务水平、生活方式、生态环境等非物理层面的社会空间的生产增长，才是实现城市内涵式增长的重要方向。城市群作为一个相邻区域的城市化连绵区，不仅需要生产空间的一体化集聚区，更需要构建社会空间的生产机制，以社会空间的生产、消费来提升城市发展的质量。比如提升城市公共空间的生产以满足后工业社会城市"集体消费"的增长需求，从而以城市文化增长与文化空间的消费作为推动城市增长的重要手段。集体消费的扩大是城市化与城市现代化发展的重要指标和内容，集体消费空间的生产迥异于传统生产空间，能够为城市的文化消费、文化服务、文化创意、文化审美等提供支撑，因而属于城市发展的新质要素，能够为城市的吸引力和转型发展奠定非常重要的软实力基础。

城市社会空间的生产有助于城市增长进入市民化与生态化轨道。社会空间的生产更多聚焦在城市更新和城市集体消费空间增长两个维度。首先，城市更新主要以"退二进三""腾笼换鸟""空间绅士化（urban gentrification）"等更新形式来提升城市旧城区的活力，这种更新有利于城市社会空间的生产和生态素质的提升。其次，社会空间的另一种形态即集体消费空间，除了城市公共文化空间外，还包括城市景观公园、社区公园、社区广场、开放街区等市民空间。市民开放空间的增长，有利于提升城市的市民社会参与和公共空间占有几率，更是推动城市空间生态化、绿色化、市民化改造的重要结果。比如纽约中央公园、波士顿景观园林带、上海苏州河岸的空间更新等都大大提升了城市社会空间的生产和增长，更推动了城市的生态建设。同时城市社会空间的生产在列斐伏尔的思想中，还有一种"城市权利"的市民化回归，要在更新中保护原住民的权益，不要把原住民驱赶到城市的边缘地区，而是要还城市中心的权利给原住民，从而确立城市社会空间生产的权利公正性。[1] 这种城市权利的思想正是要求城市化进程中的城市更新，需要有一种

---

[1] Henry Lefebvre. The Urban Revolution [M]. University of Minnesota Press. 2003：22-23.

均衡化和市民化的视角，避免以一种人口学意义上的"侵入与替代"方式，导致空间的社会不平等化。

"差异空间的生产"与城市群地域城镇特色发展路径。空间差异化是城市特色化发展的重要指向。列斐伏尔提出，由于资本驱动导致城市过度雷同，从而形成了城市的单一性空间生产方式。他特别强调在矛盾空间的基础上要通过差异空间的生产（the production of differential space）以推动空间生产的多元化、多样性。[①] 尽管在列斐伏尔的思想中，更提倡空间生产的民主性和参与性，但结果是希望多元参与性和民主性的力量，能够推动差异性的空间的生产逻辑。城市建设和发展需要走差异化之路，差异空间的生产比重越高，城市差异性就越大。城市群因地域相近，文化相似，各城市更需要特别注意差异化的城市空间增长和发展原则。这不仅考验着各城市在城市群内部的差异化发展能力，也将促进城市增长的品质导向。

城市差异性的空间增长也是一种品质发展的路径。城市建设的差异化或城市空间意象的特色化塑造，已经越来越成为城市提升品质的重要途径。城市唯有以高品质发展，才能独具魅力和吸引力。城市唯有差异化和特色化，才能建立比较优势，获得更多发展机遇。差异性的空间生产主要体现为城市规划、城市色彩、城市建筑、城市景观、城市道路等决定城市具体空间功能与性质的物理空间。比如苏州博物馆新中式主义建筑空间，上海新天地的里弄空间的现代化更新、扬州东关街的修旧如旧型的古典建筑风格。还包括各种时尚建筑创意设计如上海证大喜马拉雅的巴洛克主义风格，南京青奥中心的帆船形态的建筑设计创意等，都为城市提供了更多的地标空间。这些差异性的城市建筑的生产也包含了背后推动其空间生产的理念、方式、过程的制度空间，即列斐伏尔所提到的"感知

---

① Henry Lefebvre. The Production of Space [M]. Malden: Blackwell Publishing. 1991: 352 – 353.

空间"。唯有如此，才能为城市建设和发展奠定特色化、差异化、个性化的增长方式，也能够为城市群的整体多样性的空间表达和城市建设的特色显示度提供支撑。

"象征空间的生产"与城市群内城市品牌发展路径。象征空间的生产更聚焦于城市符号空间的生产。象征空间亦称符号空间，是指城市中能够具有清晰的品牌化、独特的符号性和容易感知记忆的属于城市特定形象的建筑空间或精神空间。象征空间的生产越发达的城市，其象征经济就越发达。象征经济在很大程度上是旅游经济，即象征城市特定经济、政治或文化的空间与文明，通过吸引消费者前来消费的一种体验型经济类型。现代城市已经越来越聚焦于打造象征经济，通过生产更多的象征空间来提振象征经济成为重要的城市增长战略。不少城市都在不断刷新城市天际线，建设最高楼便是遵循了象征空间生产的逻辑，世界级的最高楼往往都是象征城市经济繁荣的重要指标，所以会被城市作为商务品牌战略加以重视。上海从金茂大厦，到环球金融中心，再到市中心的最高楼的一次次更新，就是典型的城市高度与昂贵的象征空间，依托这样的象征空间可以吸引高端的企业总部和酒店，从而成为撬动城市增长的重要载体。

象征空间越来越成为城市品牌发展战略的主体空间。除了最高楼宇的商务象征，城市还竭力推动各种主题象征空间的生产，诸如名人故居、名家设计的美术馆、博物馆、高端会议展览中心、主题公园等符号性空间。比如毕尔巴鄂的古根海姆博物馆推动了一个资源枯竭型城市朝着文化旅游城市的转型。桐乡市乌镇作为长三角城市群内的一个镇，便开发建设了世界物联网大会会议中心、戏剧中心、木心美术馆等新兴象征空间作为撬动其文化旅游、会议展览的重要象征经济空间。苏州工业园区引进了华人文化区知名的台湾诚品书店，直接拉抬了苏州园区的文艺气质，更吸引了不少市民和外来游客前往体验。在城市走向后工业社会城市之后，越来越多的城市将在象征空间的生产上发力，竞逐体验经济市场，在提升城市软实力的同时，也提高城市象征经济的增长潜力。

第三节 扬子江城市群的空间生产驱动区域增长路径

"生产空间"到"空间生产"的城市空间增长路径，不仅重构了城市群的发展逻辑，更是重建了城市发展的价值观。国家的竞争，主要体现为城市的竞争。城市的竞争需要依托城市群的大空间、大市场、大腹地。但从工业社会发展阶段逐渐向后工业社会发展阶段过渡的扬子江城市群，是一个面向世界竞争的城市群。因此，坚持走内涵式、质量型、特色化、生态型的发展之路和空间增长之路，必将作为引领扬子江城市群区域增长的重要实施路径。

一 社会空间的生产理论诉求内涵增长路径

内涵式增长即城市高质量增长的需求。扬子江城市群作为长三角北翼长江下游江苏段沿江两岸8个中心城市构建而成的新型空间区域，8个中心城市及其下辖的21个县级城镇已经实现了平均超过70%的城镇化率。经济水平已经处于中等发达国家水平，人均GDP已经超过10万元，城镇发展较为发达。依托扬子江城市群的整体战略，已经到了从"生产空间"向"空间生产"的模式转变的临界点。因此，8个地级市及部分发达的县级市，可以率先确立走内涵式、质量型、生态化的增长之路。首先，从内涵发展层面，强化提升城市社会空间即集体消费空间的生产能力。要逐渐告别摊大饼形态的土地扩张型城市增长形态。摊大饼的发展属于生产空间的扩张期特点，到进入知识与科技、文化与服务等要素驱动的城市经济增长时期，可以强化对区域内条件较好的城市的内涵式发展的支持。从构建更优越的城市公共文化空间、公共休闲空间、公共商务空间等，以推动建设符合发展需求的城市中央商务区（CBD，Central Business District）、城市中央文化区（CCD，Central Dulture District)①，提升扬子江城市群的商务、金融、商业、文化等新兴城市发展空间。南京、苏州两个超万亿元的城市已经拥有了较为发达的商务区和文化区，其他中心城市以及发达的县域城市如张家港、江阴、昆山、常熟、宜兴等城市，也应加快发展商务中心区和文化集聚区，以进一步提升城市能级和商务及文化服务的能力。特别是中央文化区更应成为扬子江城市群诸城市的优选战略，这个区域的大多数城市经济发达，文化昌盛，历史文化遗存多，现代文化品位的群体多，可以通过打造各自的城市中央文化区以推动城市文化活力和文化产业发展水平，从而增强城市的宜居性和城市生活魅力。

二　空间优化与有机融合是布局产业空间的有效路径

空间优化是产业优化的必然后果。产业空间布局层面，加快城际战略产业链和构建城际一体化的新型产业分工体系。城际战略产业链（Metropolitanarea Strategic Industrial Chain）具有较高产业战略力和较高城际链接力，其特征主要表现在产业支撑性、产业主导性、产业连接性、产业聚集性四个方面。② 城市群产业一体化发展状况取决于城际战略产业链各环节的协同状况，具有较高产业战略性和较高城际链接性的城际战略产业链有利于各成员城市的产业分工以及各成员城市产业链环节的协同发展。扬子江城市群同属江苏省，有较好的行政资源配置能力强化产业空间布局的一体化规划，可以通过培育和发展一批战略性重点产业项目如 AI 工业集聚区、核电设备生产集聚区、再生能源集聚区、新材料集聚区、航空设备制造集聚区、环保工程设备制造区、先进交通设备集聚区、生物资源重大项目落地、技术研发集合园区等面向未来的战略新兴产业集聚区的优化布局，带动一大批的生产性服务业和高新技术研发机构的城市群区域内的增长态势。在扬子江城市群 8 市 22 县级市区域

---

① 胡小武：《新型城镇化与中央文化区发展战略》，《中国国情国力》2016 年第 3 期。
② 朱英明：《长三角城市群产业一体化发展研究——城际战略产业链的视角》，《产业经济研究》2007 年第 6 期。

形成南京到昆山、南京到南通、南通到苏州、泰州到无锡等若干条城际战略产业带，从而形成联系更加紧密、生产更为高效的战略新兴产业集聚走廊。依托南京、常州、无锡、苏州、扬州、南通为节点的技术研发中心，支持扬子江城市群区域中战略新兴产业带的成长，全力提升城市群内主要城市的国际国内要素配置能力和效率。要坚决消除阻碍生产要素自由流动的行政壁垒和体制机制障碍，推进产业跨界融合，促进统一市场建设。最终可以推动形成世界级的扬子江城市群战略产业链、产业圈和产业群。①

三 城市差异空间的生产原理聚焦特色化空间的规划与建设

城市特色化发展在空间上的投射。扬子江城市群拥有南京1个特大城市、苏州市1个1型大城市、无锡、南通、常州、扬州、泰州5个2型大城市，镇江1个中等城市与21个中小县级城市，城市等级梯度完整的扬子江城市群同样面临着城市辨识度不高，城市建设的特色不够凸显的窘境。除了产业空间上形成有机分工与要素融合之外，城市设计、城市规划和城市建设需要强化各自特色，要将每个城市的历史文化底蕴与现代城市功能进行有效的整合设计，推动城市形象与文化资本的建构，从而为城市发展提供更具辨识度的城市特色空间与特色产业发展形象。只有建构出"各美其美"形态的多样性的特色城市空间，才更有可能通过物化的空间形象以彰显出城市的文化底蕴与文化性格。比如，南京颐和路民国公馆区、使馆区，老城南的明清建筑风貌区便要更加凸显其特色空间的规模体量和显示度。苏州的城区与东西两翼的空间形象，便大大提升了苏州市的城市吸引力、城市魅力、城市活力和城市宜居指数。扬子江城市群中的大、中、小城市乃中小城镇，如果都能在城市空间规划、城市设计和城市建设领域建立起自己的鲜明城市特色，必然会

---

① 李程骅：《长三角城市群格局中的"扬子江城市群"构建策略》，《江海学刊》2016年第6期。

助推扬子江城市群整体上成为一个在国内外都具有较高辨识度和特色城市空间形象的巨型城市群。

四 创意生产城市的象征空间有助于提升城市的营销动能

空间生产需要有创意内涵。城市群既是一个区域城市联合体，也是一个具有竞合关系的发展功能区。区域内各城市都需要借助城市群整体品牌的发展推广战略，塑造属于自己的独特象征符号与城市形象以更好地拓展各自的城市营销的舞台与渠道。加快创意城市象征空间的生产与建设，对于城市营销具有重要的助推功能。扬子江城市群内各城市已经在不断创新规划，创意设计更多的城市符号空间。比如苏州打造了苏州博物馆、东方之门等符号空间，南京打造了江苏大剧院、保利大剧院、1912街区等符号空间，扬州建设复原了东关古街、扬州博物院等符号空间。但从整体上看，扬子江城市群的8个中心城市、21个县级城市基本都缺乏更多的能够成为城市营销工具的象征符号空间。这不仅影响了城市形象的建构，更不利于通过象征空间营销推广城市发展成就。国际上不少城市都具有典型的"城市封面"，即能够以象征符号空间的画面作为城市的直观、直接、视觉上的城市景观照片的背景。城市封面就是封面人物故事，要有一个非常好的形象设计和策划，一个城市的象征符号空间往往就是这个城市的封面主题角色。就如纽约的中央公园、自由女神像、帝国大厦等象征空间一样。业已进入率先发展阶段的扬子江城市群的城市空间增长的逻辑与路径，已经不在大，而在美。创意之美，设计之美，内涵之美或功能之美。美，即是形象符号。做美、做靓城市的象征空间，有助于推动扬子江城市群的城市空间增长的内涵和质量，有助于提升扬子江城市群内城市更好地累积城市营销的底蕴和竞争力。

推进扬子江城市群的跨地域协同发展，需要打破各种行政壁垒，实现跨地域融合发展，可以从跨江同城化、多规合一、制度创新、外部协同等方面，加快实现城市群内外的城市跨地域协同发展

(一) 构建新型跨江同城化发展模式，打造南北对接的四条跨江城市带

制约江苏南北区域发展不均衡的一个重要因素是因长江而形成的交通阻隔，即使是同一个市域的南京，江南与江北的发展落差仍非常明显。推动江苏沿江城市集群融合发展，必须以实施南北节点城镇一体化为动力，着力实施跨江同城化的战略行动，加快形成扬子江城市群内的四条跨江城市带及对应的跨江经济带。通过打造扬子江城市群的这四条跨江城市带，有利于助推南沿江地区带动北沿江地区的发展，有利于发挥南北沿江城市集群联动发展的一体化功能，有利于提升扬子江城市群的"城际战略产业链和产业深度一体化分工体系"的发展水平。

1. 打造上游的宁、镇、扬跨江城市带

以推动宁、镇、扬同城化发展为抓手，将该区域内北沿江的六合、仪征、扬州、江都到南沿江的栖霞、龙潭、句容（高资）、镇江的七十五公里区间，以5公里为密度，配置总数15条的交通通道。由此，在当前有规划的10条过江通道基础上，再规划增加5条以上的过江通道，真正建立起以公路、地铁、城际高铁等组成的通勤化快捷交通网络，加快实现跨江同城化目标。现有的产业基础和创新能力，预示着该条跨江城市带将形成电子信息、光电设备、化工、新材料、智能设备制造的重要城市经济带。

2. 打造中游的常（常州）扬（扬中）泰（泰兴、泰州）跨江城市带

目前该区域长江经流40公里，只有泰州公路大桥1条过江通道。泰州与常州作为扬子江城市群内中等发达区域，还有待进一步释放发展潜力。从跨江同城化发展目标出发，亟须构建常州、扬中、泰州、泰兴区域跨江同城化发展规划，在现有的泰州大桥的基础上，再新建高港到扬中城际轨道交通、泰兴经扬中到常州城际轨道交通、泰兴到常州大桥共计3条过江通道，以确保40公

里区间内，至少有 4 条快捷过江通道，从而推动扬子江城市群沿江中上游区域内北沿江与南沿江实现同城化交通网络与空间格局。通过建立跨江同城化示范区，打造一条以造船业、物流业、现代制造业、精细化工、生物医药、新材料为主体的城市新兴增长带。

3. 打造中游的锡（无锡）澄（江阴）靖（靖江）姜（姜堰）跨江城市带

无锡市和所属的江阴市是苏南发达城市经济体，江阴大桥虽然通车多年，但要带动靖江、姜堰及泰州、苏北盐城等，还未获得预期发展能力。江阴与靖江距离较近，需要加快这两个县级城市跨江同城一体化发展体制机制设计，建立跨江发展经济区、产业园以及产业规划一体化机制，建立两地过桥月票制度，在新长铁路与江阴大桥的上游，继续修建过江地铁交通隧道，形成"一桥一铁一隧"的立体化跨线交通为主体的两岸同城化发展新格局。以江阴和靖江的一体化发展为突破，加快无锡、江阴、靖江、姜堰等新型经济地理带的崛起，建立智能设备、物联网、新兴材料、环保材料、生物医药、特色农业等城际战略产业链，促进城市带内产业有机分工，形成一条极具产业活力的跨江城市带。

4. 打造下游的苏州、张家港、常熟、太仓、南通、如皋等构成的苏通特大型跨江城市带

苏州与南通两市是扬子江城市群的下游区间隔江相望的大城市，苏州及其县级市张家港市、常熟市、太仓市与南通的如皋市、南通市区、通州区、海门市隔江而望，江岸线超过 80 公里，按照每 10 公里设置一个过江通道的标准，目前仅有通锡大桥、苏通大桥和规划中的沿江高铁，还需补充至少 3 条至 5 条过江隧道或桥梁，实现从南通市港闸区、崇川区、通州区、海门市、启东市到张家港、常熟、太仓的城际轨道交通和公路交通的快速连接，真正实现苏通一体化，推动南通中心城市能级提升并带动苏北盐城地区的发展能力。通过优化跨江交通网络，形成更好的区域产业分工体系和发展格局，推动这一条特大城市发展带和深腹地城市经济带的

发展。

（二）聚焦"沿江一体化"，打造新型"次区域发展核"

做大做强区域发展核。扬子江城市群内沿长江南北两岸 16 个县级行政区，有的城镇化水平只是达到全省的平均水平。这些散点布局的县级行政区，占据空间面积较大，属于扬子江城市群的"次发展区域"，只有围绕沿江城市的一体化发展，加快培育后发优势，补齐短板，才能实现整体城市群更为合理的生产、生活和生态网络空间布局。

首先，运用"多规合一"手段，提升县级市区的集聚力。在扬子江城市群的总体发展规划中，应紧密纳入跨江城市带、跨江同城化、次区域同城化等规划，以"多规合一"为手段，积极提高 16 个沿江县级区市的要素配置水平，推动其往规模型或中等型以上城市发展，实现由小城市转型为中等城市或者大城市的新区、卫星城，最后与其地级市建成区实现一体化，以完全融入或无缝对接到 8 个中心城市的建成区中，真正构建起南北沿江城市带、南北跨江城市带的"双城市带"城镇网络体系，加快形成扬子江城市群的巨型都会连绵区。加密扬子江城市群过江通道，加快过江轨道交通建设，依托城市间的轨道交通与物流为主的公路交通，重在通勤化。必须加密扬子江城市群的跨江通道建设，由目前的 15 条，最终增加到 40 条以上，形成跨江公路大桥、高铁大桥、地铁隧道、公路隧道等多形态的过江通道，确保每一个沿江县级行政区都有 1 条到 2 条过江通道。这需要从省级政府层面，高位统筹，市县政府协同规划，通过城市空间、产业空间、城镇人口、基础设施、公共服务、生态环境等"多规合一"手段，发展壮大各县级行政区的城镇化集聚规模，提升各自新型城镇化水平。

其次，扩容苏南国家自主创新示范区。以培育区域发展动力为目标，将扬子江城市群打造成"中国制造 2025 示范城市群"。把苏南国家自主创新示范区，由原来的江南 5 市扩展为扬子江城市群整体 8 市。将《苏南现代化建设规划示范区》与《苏南国家自主创新示范区》两大国家级规划全面纳入扬子江城市群发展规划体系。将"中国制造2015"试点城市从苏南5市扩容到扬子江城市群8市。将目前苏南5市的国家级示范区规划政策，全面扩容到扬子江城市群8市，并借此带动"四大跨江城市带建设示范区"的升级发展。克服既有体制机制障碍，以三权分置改革为原则，以加快土地流转为手段，积极发展区域内的特色农业、家庭农场、现代农业、美丽乡村、特色小城镇建设，释放一体化发展的新红利。

再次，设立省级政府统筹的跨江城市带建设示范区。以跨江城市带为载体依托，规划建设具有国际竞争力的沿江城际特色产业园。在确立四条跨江城市带的战略规划基础上，建立以省级层面为主、联合地市相关机构协同工作的四大跨江城市带发展示范区管委会。在尊重现有规划的前提下，以跨江同城化作为示范区的空间定位，通过要素资源的优化配置，建立产业联动发展机制，引导央企、外企、省企、民企参与，打造跨江城市带建设示范区的特色产业园区，嵌入城际战略产业链，形成新的江苏四大沿江特色产业增长区。

（三）落实高水平的"放开"策略，以新型"区域增长核"促进长三角一体化发展

作为在长三角世界级城市群规划和"一带一路"对我国经济地理空间重组进程中亮相的"嵌套型城市群"，扬子江城市群在内部推进同城化和一体化发展的同时，还应进一步深化改革，实施大区域的"放开"策略，即与周边地区协同、联动发展，培育一批新型的"区域增长核"，促进江苏全域和长三角地区、长江经济带的转型升级与一体化发展。

1. 东南方向与上海无缝对接的"拥沪升级策略"

扬子江城市群的能级提升离不开全球城市上海的带动辐射。《上海2040战略》提出，在2020年基本建成国际经济、金融、贸易、航运中心的基础上，上海将着力提升在全球经济的功能引领性，成为具有全球影响力的创新中心，成为在全球资源配置领域具有重要话语权的国际中心城市。上海规划"半小时城际高铁都市圈"，包括上海、苏州、无锡、南通、嘉兴、湖州"1+5"的区域。其中江苏的苏州、无锡、南通都属于上海城际高铁都市圈的中心城市。因此，需要加快南通、苏州和无锡产业布局与城市生活要素资源的优化配置，提升对接上海城市资源扩散的能力，利用便捷的高铁、城际轨道交通、高速公路等与上海进行交通网络对接，建立同城化、一体化发展的试验区与示范区。比如推动"沪通创新科技园""沪苏一体化发展改革试验区""沪苏科教创新合作示范区"等项目实施。

2. 南部方向与宁杭生态经济带、环杭州湾城市群对接的"苏浙绿廊策略"

扬子江城市群与环杭州湾城市群内的浙北、杭嘉湖地区的联结发展也具有较好的条件。通过扬子江城市群的构建，可加快推动宁杭城市带与环太湖地区的联动发展与协同创新。建议以生态优先、产业提升、城市优化的原则，规划苏浙绿色城市发展带，形成长三角核心区的生态经济绿廊。建议设立苏浙产业合作示范区、生态旅游示范区，合作申报长三角国家森林公园、湿地公园项目。围绕西太湖的宜兴、长兴、湖州区域的西太湖湾区的合作发展，遵循保护太湖流域的原则，协同规划相关生态环保、休闲、养生、渔业产业规划，构建新型的跨省共建的生态绿色合作示范区。

3. 北部方向强化引领苏北地区发展的"省域带动策略"

建议把江苏全域作为一个整体的超级城市功能区来实施主体功能区的规划，实施扬子江城市群与江淮生态大走廊、淮河生态经济带两大战略衔接。利用苏北丰富的生态、农业、人口等资源优势，拓展产业分工链半径；依托未来更加密集的高铁网、高速公路乃至轻轨网络，实现与扬子江城市群的产业空间重组、优化，促进江苏沿海发展带、东陇海城镇带、洪泽湖城镇圈与扬子江城市群的联网、联动发展。

4. 西部方向与安徽和长江中游城市群的"西向联动策略"

在国家长江经济带战略的指导下，一是做好与皖江城市群和安徽东部地区的空间规划对接工作，突出南京特别是江北新区辐射作用，促进滁州、合肥、芜湖、马鞍山、铜陵等城市对扬子江城市群发展红利分享。二是重视与长江经济带中游地区的联手联动，与皖江城市群共抓大保护，提升沿江两岸的城镇化水平，共建转型升级示范的长江中下游城市连绵区，发挥扬子江城市群对整体长江经济带的辐射和带动作用。

国家的竞争主要是城市的竞争，城市的胜利是推动社会进步的重要路径。在中国新型城镇化继续纵深发展的时期，以新型城镇化引领中国经济增长已经成为国家共识。扬子江城市群的地域空间形态变迁与区域创新发展的路径，是新型城镇化在空间落点层面的创新设计，更是引领区域高质量发展的重要举措。从城市群发展的历史轨迹和经验分析，扬子江城市群的空间增长、经济增长、社会发展、文化繁荣、生态建设，可以站在长三角世界级城市群发展战略层面，不断构建区域次城市群的地域发展路径和特色竞争力。

（本章系江苏省社科基金重大项目"江苏沿江协同发展与扬子江城市群建设研究"成果之一，相关内容以"从'生产空间'到'空间生产'的城市群区域增长模式研究"为题，原载《南京社会科学》2018年第5期。执笔人：胡小武。）

第四章

扬子江城市群水环境保护与协同治理升级

摘要 扬子江城市群流域是江苏省经济最为发达的区域,同时也是重化工业的集聚地,突发水污染事件时有发生,导致扬子江城市群水环境的恶化。其治理的复杂性决定了不同城市之间必须进一步加强协同,才能有效推进扬子江城市群水环境的持续改善。近些年来,江苏省虽然针对该流域的污染问题出台了相应的政策,但在协同治理上仍存在着沿岸城市之间、各城市内部水污染治理体系与其他治理体系之间、扬子江城市群与长江中上游之间缺乏治理协同性,以及社会各界在水污染治理上参与度不高等问题。对此,在借鉴欧洲莱茵河、英国伦敦泰晤士河、日本以及浙江省水环境协同治理经验的基础上,设计提出了扬子江城市群沿岸城市、扬子江城市群与长江其他流域的水污染协同治理机制,以及水污染协同治理的公众参与机制。同时,针对目前水污染协同治理中存在的问题,提出要利用市场化机制推进扬子江城市群水污染协同治理,建立水污染物排污权交易市场,进一步完善上下游水污染生态补偿机制,加快水污染治理绿色金融的发展;加快水污染信息共享平台以及统一监测平台的建设;建立突发水污染事件的预警和应急处理机制、水污染治理的事后惩戒机制、跨区域部门联合执法机制等,加强沿江产业结构调整,提高水污染协同治理的监管水平;积极拓宽公众参与渠道,完善环境公益诉讼机制,加大对环保社会组织的政策及资金扶持力度，引导社会公众参与扬子江城市群的水污染治理等系统性的对策和建议。

扬子江城市群是江苏省进一步提高区域经济发展能级，提升综合竞争力，对接"一带一路"、长江经济带、长三角世界城市群建设等国家战略的重要举措。长江水是江苏省沿江八市生产、生活用水的主要来源，随着经济社会的快速发展，扬子江城市群流域也成为生态环境污染较为严重的区域，长江在江苏省由西向东流经的南京河段、镇扬河段、扬中河段、澄通河段以及河口段五个河段均为《长江流域综合规划（2012—2035）》确定的重点治理河段。在扬子江城市群的建设过程中，实现长江水环境的保护是其中之重中之重，要将水环境的保护以及水污染治理作为扬子江城市群建设中的重要内容之一，努力走出一条生态优先、绿色发展的新路子，真正使"黄金水道"产生"黄金效益"，通过长江水环境的保护和生态治理提升扬子江城市群的经济承载力和整体竞争力，将扬子江城市群打造成全国生态保护与经济集约化发展相互促进的先行示范区。

第一节 深化协同治理：扬子江水环境治理的现实选择

扬子江自西向东流经了南京、扬州、镇江、泰州、常州、无锡、苏州、南通等八市，总长432.5千米，是江苏省人口密度最高、经济活动强度最大的区域，也是长三角城市群北翼的核心，而且在整个长三角城市群中，扬子江城市群无论是经济规模、产业发展阶段、技术创新能力，还是企业实力、国际化水平等方面，均处于领先地位。这个区域用全省近一半的土地创造了全省80%左右的GDP，人均地区生产总值已突破10万元。长期以来，扬子江城市群流域既是支撑江苏省经济社会发展的黄金水道，也是长江水环境改善的重要区域，但是经济的快速发展，也带来了较为严重的水污染问题。

一 重化工业集聚造成大量水环境隐患

江苏省沿江地区化工企业较为集中。在沿江发展战略的推动下，重化工业成为发展的重点产业，大量的重点化工企业布局在长江沿岸，目前已拥有全世界100多家知名的化工企业，全省2/3重化工产能集聚在沿江两岸，沿江8市废水排放总量占到全省的74.44%。长江沿线分布着700多家化工企业，110多个化工码头，年过境危化品运输量超过2亿吨[1]。根据江苏省环境应急与事故调查中心2017年组织的以三大行业为主的环境风险源企业摸排结果，全省环境风险企业5000余家，其中沿江八市地区占比高达78.6%。长江沿岸现有涉及危险化学品的企业7000多家，环境风险企业面广量大，总数居全国第一[2]。目前，江苏省经省政府确认并已获得省环保厅环评批复的现有化工园区为58家。其中长江流域化工园区共38家，占全省总量的65.5%，沿江布设的化工园区有24个[3]。有机化工原料领域的乙烯产品，以及无机化学产品中的浓硝酸、氯碱产品等，是主要的化工污染物，对沿江水质造成了很大的污染。

二 人口密集带来生活污水排放增多

江苏扬子江沿岸是人口高度密集的区域。人口的高度密集可以增强区域对人才、产业、资源的吸引力，提高区域的经济辐射力，但是人口的高度密集也同时会带来生活污水的大量排放，给水环境造成极大的破坏，增加水污染治理的难度和压力。截至2017年年底，沿江八市的户籍人口数量为4244.17万人，占全省总人口的54.5%，就业人口3013.4万人，按照户籍人口测算的人口密度达

---

[1] https://mp.weixin.qq.com/s?__biz=MzA3MTU0NzEyMA%3D%3D&idx=1&mid=2650275486&sn=69f103d7edd1fcc618acba254eedc803.

[2] 江苏省环境保护厅、江苏省发展和改革委员会、江苏省水利厅：《关于印发江苏省长江经济带生态环境保护实施规划的通知》（苏环办〔2017〕372号）。

[3] 江苏省委办公厅、江苏省政府办公厅：《关于印发〈中央第三环境保护督察组江苏省环境保护督察反馈意见〉的通知》（苏办〔2016〕35号）。

到了979人/平方公里。如果按照《江苏省"十三五"水污染防治规划》的预期，2020年江苏省约新增585万城镇人口计算，那么扬子江沿岸地区的人口将增长约320万人，较2013年增加生活污水约3.6亿吨，需要增加污水处理能力约60万吨。

三 突发水污染事件造成严重安全隐患

除了沿岸的化工企业以及生活污水的大量排放，近些年不少突发的水污染事件也对扬子江沿岸的水环境造成了极大的危害。2012年2月，一艘韩国籍货轮由于船舱内部阀门损坏，部分货物（苯酚）通过该船的水下排放管泄漏进入长江水体，导致长江沿江4个市的8个水厂取水口附近挥发酚超标。2014年4月，常州市某硫酸有限公司在建设办公楼地面开挖时，有高浓度含砷污水渗出，该公司擅自将污水排入藻江河，造成通江河道藻江河砷浓度超标。2016年4月，位于长江沿岸的靖江市某仓储有限公司，有关人员在交换泵房管道焊接作业中，违规动火作业引发储罐爆燃，导致危化品泄漏进入长江。2017年7月，上海籍"天盛18"号货轮航行至常州某石化码头附近，失控撞击靠泊在码头装载邻二甲苯等待卸货的"双龙海"号货轮，"双龙海"船体倾侧造成码头坍塌并致使装卸管线撕裂发生燃烧，管线中原残留少量的粗苯等物质泄漏进入长江。而且扬子江两岸沿江八市还有众多的化工仓储码头，沿江八市30个港区共有113家危化品码头、仓储企业，270个危化品泊位，港口危化品吞吐量超1亿吨，作业品种120种。其中，原油、汽油、柴油等油类物质均超千万吨。纳入港口管理部门监管的危化品储罐1807个，其中重大危险源单元38个，涉及储罐1479个，总罐容703.3万立方米[①]。沿江两岸有如此之多的化工码头和储罐，再加上长江上游近些年水质持续下降，不但使扬子江段的水质逐渐恶化，而且也造成了很大的安全隐患。

---

① 赵志刚、王立:《长江（江苏段）环境风险防控体系建设》,《环境监控与预警》2018年第3期。

江苏省对长江流域的水污染高度重视,先后出台了《江苏省长江水污染防治条例》等文件,并对其中的内容进行了多次修改和完善,但是,水资源作为一种公共品,其具有的自然流动性特征,使长江水环境的污染成为一种跨区域的公共问题,而且也造成了监测和监管上的复杂。由于涉及多个行政区,而不同行政区之间存在利益之争,加上水污染的治理还会涉及产业布局、基础设施建设等多方面的问题,因此,在水污染的治理上存在长期性和反复性等情况。对此,沿线城市在"不搞大开发,共抓大保护"的刚性原则之下,必须加强不同城市间的协同治理,才能更加有效地解决长江的水污染情况逐渐恶化的现状。

协同治理是指政府、企业、社会组织以及公民等利益攸关者在公共事务问题处理中,在相互认同基础之上遵循适当的方式相互协调、协同合作,从而达成共识,实现最优治理效能和最大公共利益的集体行为[1]。在现实世界中,在不同的机制作用下,对于一些公共物品的使用会导致"公地悲剧"和"反公地悲剧"的出现。"公地悲剧"理论认为,当公共物品因为产权难以界定时,会因为拥有者过多,但没有人有权阻止他人使用,导致对资源的过度使用。如草场过度放牧、海洋过度捕捞等。"反公地悲剧"理论则认为,为了达到某种目的,当每个当事人都有权阻止其他人使用该资源或相互设置使用障碍,却没有人拥有有效的使用权时,则会导致资源的闲置和使用不足,造成浪费,从而发生"反公地悲剧"。"公地悲剧"和"反公地悲剧"的发生,虽然其本质上都反映了产权问题在公共物品使用上的重要性,但同时也说明了协同性在公共物品使用中的地位。由于产权界定不清,从而导致的过度使用或资源浪费,都是缺乏协同发展的表现。当然要想正确发挥协同的作用,就必须以产权的界定为出发点,在此基础上,形成协同发展的良好

---

[1] 黄静、张雪:《多元协同治理框架下的生态文明建设》,《宏观经济管理》2014年第11期。

基础。

扬子江城市群各个城市和地区之间的协同治理，不仅可以有效避免现有属地管理模式下各自为政的现象，协调相互之间的利益冲突，同时，还可以形成有效的集体行动，产生溢出效应，使各个城市和地区的各自行为在相互叠加和相互促进的过程中，产生更大的治理力度，产生 1+1>2 的治理效果。扬子江城市群在建设过程中，必须以水环境及污染的协同治理为出发点，设计扬子江城市群水环境保护和污染防治的有效举措，统一各个城市的规划、标准及行为，相互合作、相互促进，实现长江水环境的整体提升。

目前，在扬子江城市群的水污染协同治理过程中，存在着四个方面的协同问题，即各个城市之间在水污染治理上缺乏协同、各城市内部水污染治理体系与其他治理体系之间缺乏协同、扬子江城市群的水污染治理与上中游之间缺乏协同、社会各界在水污染治理上缺乏协同四大问题。

1. 沿岸城市之间在水污染治理上缺乏协同

当前扬子江城市群对于流域水资源的管理主要遵循属地化管理的原则。按照《中华人民共和国水法》第十三条对水资源管理的规定，县级以上政府对本辖区水资源开发、利用和保护负责。此外，《中华人民共和国环境保护法》第十六条规定："地方各级人民政府，应当对本辖区的环境质量负责，采取措施改善环境质量。"按照这一规定，在水污染的治理上一般采取的是属地化的治理原则，即"统一管理与分级、分部门管理相结合"的原则。江苏省出台的《江苏省长江水污染防治条例》《江苏省水污染防治工作方案》等文件，也是以属地化管理为基本原则而制定的。这一原则虽然明确了各城市和地区在本辖区内的水污染治理中的责任与义务，但是却割裂了流域的完整性和治理的一体性，这也是造成扬子江城市群水污染问题难以解决的一个重要原因。按照这一原则，扬子江城市群中的各个城市在水污染治理中就会仅仅从各自的管辖权出发、各自为政，相互之间缺乏沟通和协作，而且不同的地区出于各自利益的保护，在治理上会出现"搭便车"行为，还会导致流域水资源的过度开发和利用。而且当某一城市出现水污染情况时，其他城市则会互相推诿，使治理难以取得成效。

2. 各城市内部水污染治理体系与其他治理体系之间缺乏协同

水污染治理是一个系统性问题，需要产业布局、城市基础设施建设、科技创新、媒体宣传以及大众生活方式、个人素质提高等多方面的协同发展。正是由于涉及领域较多，因而在水污染的管理上存在多头管理、内部职能交叉的问题。在现有文件中，所涉及的部门除了环保厅等环境保护主管部门外，还包括如发改委、经信委、经贸、住建厅、水利、交通，以及海洋与渔业局、农业、林业等众多职能部门在内。在实际操作过程中，虽然每一个具体项目中明确了牵头部门，但由于各职能部门之间不存在上下级隶属关系，只能从业务上进行指导，因而牵头部门难以协调各职能部门的相关利益，各部门往往从自身的发展利益出发进行考虑，各自为政，难以形成治理的合力，在一些交叉的领域往往还会存在相互推诿的情况。这种多头管理的模式，一方面导致了治理方面的各行其是和低效，另一方面也造成了职能交叉的涉水职能部门在执法检查和处置中存在职能冲突，影响了政策的执行效果。

3. 扬子江城市群与长江中上游之间缺乏协同

与一般的河流不同，长江横跨中国东部、中部和西部三大经济区共计19个省、市、自治区，流域总面积180万平方公里。这样的自然条件决定了长江流域的水污染治理必然是一个多省、多地区共同协作的行为。但是在现行的管理原则下，长江流域的水污染治理成为各个省市的各自行为，扬子江城市群在进行长江水污染治理的过程中，与其他省市之间缺乏协作与沟通。各个地区出于自身发展的需要，为了谋求本地区发展利益的最大化，不惜牺牲其他地区的环境利益。尤其是在长江流域的中上游，由于发展阶段相对较低，为了加快地区发展，近些年新建了许多重化工业园区，如宜昌、万州、涪陵等化工园相继建成，再加上安庆、九江、武汉、岳阳等传统的石化工业园区集聚区，整个长江流域已经集聚了大量的石化工业园区。据统计，目前长江沿线共有化工园 62 个，生产企业约 2100 家，沿线化工产量约占全国的 46%[①]。虽然 2016 年出台的《长江经济带发展规划纲要》中明确指出了将长江的生态环境保护放在优先位置，但是一些地区为地方税收等利益所主导，仍会对本地的一些排污企业进行某种程度的保护，甚至在断面监管的指标上弄虚作假。由于扬子江城市群在水污染治理过程中，缺乏与长江流域其他地区，尤其是中上游地区的协同机制，必然造成监管和治理上的巨大困难。

4. 社会各界在水污染治理上参与度不高

扬子江城市群的水污染治理不仅需要政府部门的强力推进，同样需要社会各界的广泛参与，社会各界的协同治理是防治水污染的有效手段。但是由于存在着多方面的问题，使社会各界在水污染治理上的参与度不高，协同治理的力度不强。一是信息的不对称。目前在长江水污染的信息发布上，还缺乏及时透明的信息制度，而且水污染都发生在各个辖区的交界地区，再加上水污染具有一定的潜伏期，使得公众一般都是在发生了较为严重的污染情况后才能获知相关信息，这使得公众难以有效参与到水污染的协同治理中。二是技术的复杂性。水污染情况的检测和监管需要较为复杂的技术，一般的公众难以具备相关的技术条件，即使是一些民间成立的环保社会团体，往往也缺乏具备相关的专业知识和技术水平的人才，这也是公众难以参与水污染协同治理的一个重要原因。三是资金的短缺。水污染的有效监管需要资金的支持，尤其是对于民间的社会团体而言，他们是公众参与扬子江城市群水污染治理的重要渠道。但是目前政府的资金投入主要集中在政府部门，对这些社会团体缺乏资金扶持的机制和制度，导致这些机构大多只能从事一些初级的环

---

① 王海平：《重化产量占全国 46%，长江经济带急需转型》，《21 世纪经济报道》2016 年 1 月 18 日。

保活动，或者是进行一些事后的维权活动，影响了公众参与的有效性。

第二节　国内外水环境与流域协同治理的实践及启示

在国内外很多地区的发展过程中，都曾出现过严重的水污染问题。但是这些地区的治理实践均表明，水环境治理及其保护不是单一部门或单一地区能够实现的，只有采取跨地区、跨部门协同治理的方式，才能够较好地达到治理目标。

一　欧洲莱茵河流域水治理

莱茵河是欧洲的大河，河流总长1320公里，流经瑞士、德国、法国、比利时、荷兰、意大利、列支敦士登、卢森堡、奥地利等国，承担着航运、发电、供水、旅游等服务功能，流域面积18.5万平方公里，沿岸集聚了约1亿人口，是世界著名的人口和产业集聚区。第二次世界大战以后，由于沿岸国家和地区工业化进程加快，很多工业废物被排入河中，造成了严重的水体污染，仅在德国段就有约300家工厂把大量的酸、漂液、染料、铜、镉、汞、去污剂、杀虫剂等上千种污染物倾入河中。此外，河中轮船排出的废油、两岸居民倒入的污水、废渣以及农场的化肥、农药，使水质遭到严重的污染，据估计，河水中的各种有害物质达1000种以上[1]。严重的水体污染造成了大量水生物的死亡，尤其是鲑鱼和小型水生物，对莱茵河的生物谱系带来了极大的破坏性影响。鲑鱼曾是莱茵河的主要鱼类，在19世纪末20世纪初期的时候，仅在德国和荷兰每年就能抓获25万尾鲑鱼，1942年，在莱茵河捕到最后一条鲑鱼以后，这种鱼就再也没有被捕获过，到1950

---

[1] https://baike.so.com/doc/7044269-7267175.html.

年，鲑鱼在莱茵河已经绝迹①。莱茵河也因此被称为"欧洲的下水道"和"生态死亡河流"。

为了应对日益严重的水污染情况，莱茵河沿岸的瑞士、法国、德国，以及卢森堡、荷兰等几个国家于1950年7月11日成立了保护莱茵河国际委员会（ICBR），并很快发展成为全流域9个国家及欧盟代表共同参与的一个国际性水污染协调组织，并相继出台、签订了一系列防治化学物质排放、加大对莱茵河水环境治理的合作公约。1986年11月，瑞士巴塞尔附近的Sandoz化工厂仓库发生火灾，该仓库保存了30吨有毒化学物品，包括杀虫剂、除草剂和杀菌剂等剧毒化学物质，有约20吨左右的化学物质被冲到莱茵河里。同年，莱茵河上游储藏了1350吨剧毒化合物的山度士公司仓库着火。消防队在大约5个小时内扑灭了大火，用了几十万吨水来稀释剧毒物质，导致大量二硝基甲酚、丙硫磷和硫磷等剧毒化学物质被排放到河里，结果造成方圆400公里内的鸟在几周内全部死亡，河里的大部分鱼类也被毒死，肇事公司董事长连同河里的死鱼一起被抗议者扔进被污染的河里②。这一事件使ICBR的重要性被沿岸各国所认识。

1987年ICBR通过了"鲑鱼—2000计划"，提出了到2000年让鲑鱼重返莱茵河的目标。此后又相继出台了"莱茵河行动计划"等旨在整治莱茵河水环境的举措，签订协议要求各缔约国在各自的境内采取必要措施，对可能影响水质的污水排放，应事先征得排放许可或遵照限量排放的一般规定；逐步减少有害物质的排放量，甚至完全停止排放；遵守排放许可制度或限量排放的一般规定，排放时接受监测；通过管理尽量降低意外事件或事故引发的污染风险，并应在紧急情况下采取必要措施。如遇可能威胁莱茵河水质的意外事件或事故，根据由ICBR负责协调的预警和警报计划，应立即通知

---

① 朱永杰：《拯救莱茵河：河流治理的经典》，《中国绿色时报》2018年8月16日。
② 朱永杰：《拯救莱茵河：河流治理的经典》，《中国绿色时报》2018年8月16日。

ICBR 以及可能会受影响的缔约方。[①] 这些措施的出台促进了各国在莱茵河环境整治方面的相互协作：一是促使沿岸国家投入了数百亿美元建设污水处理厂等环保设施，用于整治水污染、恢复生态环境。二是建立良好的信息交流、水环境预警等协作机制，ICBR 设立了一套水污染计算机模型，用于预测莱茵河污染物排放可能造成的一些危害，帮助政府尽早采取应对措施，减少污染造成的损失。同时建立了定期的会议协商机制，增强各国在莱茵河环境整治上的沟通和交流。三是加强对沿岸污染性工厂的监督，各国在 ICBR 的督促下，定期对这些工厂的设备安全情况等进行检查，以防重大污染事件的发生。四是激发公众的参与热情，一批民间组织成为莱茵河水环境整治中的重要组成部分。同时，围绕莱茵河环境整治的要求，沿岸各国本着共同的目标，相互合作，成立了多个国际委员会，如莱茵河流域水文国际委员会、莱茵河流域自来水厂国际协会、莱茵河船运中央委员会、保护 Mosel 河和 Saar 河国际委员会等，这些委员会职责清晰、分工明确，共同进行莱茵河水环境的保护和整治。

二　英国伦敦泰晤士河的水环境治理

泰晤士河是英国的母亲河，流域全长 402 公里。19 世纪以来，随着工业革命的兴起和一些污染较大的重化工业的迅猛发展，以及河流两岸的人口激增，大量的工业和生活污水未经处理直接排入河中，沿岸垃圾随意堆放，使泰晤士河的水质和水环境急剧恶化。1858 年，伦敦发生"大恶臭"事件，促使英国政府开始着手治理河流污染，并采取了以下一些措施：

一是修建污水处理厂及配套管网。1852—1891 年间，英国重点进行城市污水排放系统及其配套管网的建设，总工程师约瑟夫·巴扎尔基特（Joseph Bazalgette）制定了一项全市污水排放规划，在伦

---

① 章轲：《鲑鱼—2000 计划：莱茵河流域管理成功案例》，《世界环境》2006 年第 2 期。

敦以东25公里处平行于泰晤士河修建两条长161公里的拦截式大型下水道，污水经市区污水排放管网及排水沟排入这两条下水道，再由下水道将污水送到位于泰晤士河感潮段排污口的污水仓库中，从而减轻了主城区的河流污染[①]。但是，这种方式只是将受到污染的水转移到了下游以及海洋中，并未进行相关的污水处理，因此，这一举措并不是可持续的。在经过不长的时间后，这一弊端开始显现，泰晤士河从排污口到入海口的25公里河段臭气熏天，飘满各种垃圾，由于河道淡水径流量小于涨潮时的内涌海水量，大量污水随潮水上溯，对伦敦城区的河道水质造成威胁。1878年，"爱丽丝公子"号游船沉没，造成约640人死亡，而经过调查发现，造成大部分人死亡的原因并不是溺水，而是受河水污染中毒而死[②]。正因为如此，19世纪末以来，伦敦市建设了数百座小型污水处理厂。1955年到1980年，流域污染物排污总量减少约90%，河水溶解氧浓度提升约10%[③]。

二是从地方分散管理升级为全流域综合管理。自1955年起，英国对泰晤士河流域的污水处理厂进行整合，伦敦原有的180个小型污水处理厂最终合并为十几座大型污水处理厂。1963年英国颁布了《水资源法》，成立了河流管理局，实施取用水许可制度，统一水资源配置。1973年《水资源法》修订后，英国把泰晤士河划分成10个区域，全流域200多个涉水管理单位合并成立泰晤士水务管理局，统一管理水处理、水产养殖、灌溉、畜牧、航运、防洪等工作，对各类排水和污水处理设施进行重新布局使其更趋合理，逐步实施全流域水资源水环境综合管理[④]。1989年，随着公共事业民

[①] 贾秀飞、叶鸿蔚：《泰晤士河与秦淮河水环境治理经验探析》，《环境保护科学》2015年第8期。

[②] 参见梅雪芹《"老父亲泰晤士"：一条河的污染与治理》，《经济—社会史评论》，生活·读书·新知三联书店2005年版。

[③] 《国外著名城市河道水环境综合整治的5个案例》，中华人民共和国生态环境部网站（网址：www.mee.gov.cn）。

[④] Charles A. R. Webster. Environmental Health Law [M]. London. Sweet & Maxwell. 1981.

营化改革，水务局转变为泰晤士河水务公司，承担供水、排水职能，不再承担防洪、排污和污染控制职能，政府建立了专业化的监管体系，负责财务、水质监管等，实现了经营者和监管者之间的分离①。

三是通过立法严格控制污染物排放。为了治理泰晤士河，英国制定了一系列法律、法规和治污标准，内容涉及水资源保护、污染源管控、水环境管理、水质监控等方面。20 世纪 60 年代初，政府对入河排污做出了严格规定，企业废水必须达标排放，或纳入城市污水处理管网。企业必须申请排污许可，并定期进行审核，未经许可不得排污，并通过定期检查，起诉、处罚违法违规排放等行为。此外，政府还利用科研机构，如英国地质调查局（BGS）和生态水文中心（CEH）等与全国环境保护机构进行合作，开展全流域多要素的水质监测，并经常进行生态净化，有效促进了泰晤士河流域水质的提升。

三 日本的水环境综合治理

与世界其他工业化国家的发展历程一样，日本在经历了经济的快速增长以后，到 20 世纪六七十年代日本的水污染情况也不断凸显，不仅局部地区的水环境污染情况严重，跨区域的水污染现象也逐步出现。1956 年，日本发生了严重的水俣病事件。这种病最初出现在日本熊本县水俣镇，得病的患者会由于脑中枢神经和末梢神经被侵害，出现口齿不清、步履蹒跚、面部痴呆、手足麻痹、感觉障碍、视觉丧失、震颤、手足变形，甚至精神失常等现象，最终死亡。这是日本最早发现的由于工业废水排放造成水污染而产生的公害病，并很快成为日本四大公害之一，自 1956 年 5 月 1 日首例"水俣病"患者被确诊后，在随后的五十年中，先后有 2265 人被确

---

① 《国外著名城市河道水环境综合整治的 5 个案例》，中华人民共和国生态环境部网站（网址：www.mee.gov.cn）。

诊（其中有 1573 人已病故），另外有 11540 人虽然未能获得医学认定，但因其身体或精神遭受到水俣病的影响获得了排污企业人均 260 万日元的一次性赔偿。

水俣病的发生，使日本深切地感受到环境保护的重要性。而且，随着日本经济的飞速发展，水污染出现了跨区域、复杂化、长期化的特点，为此，日本逐渐探索形成了适合本国国情的水污染协同治理体系，并取得了良好的成效。

一是制定完备的法律体系。日本的水环境保护法律体系较为完备，大致可分为 5 个层次：第一层次主要包括《环境基本法》；第二层次主要包括《水污染防治法》《水资源开发促进法》《水源地域对策特别措施法》《河川法》等综合性法律；第三层次包括建设计划、规划类法律，如《城市规划法》等；第四层次主要针对工业污染治理，如《关于在特定工厂建立公害防治组织的法律》《氮和磷水污染物排放总量减排中日合作项目》；第五层次是经济责任等其他相关法律，如《企业负担公害防治事业费法》等。尤其是根据污水处理的不同模式，日本还为城市和乡村分别制定了不同的适用法规，城市适用《下水道法》，乡村适用《净化槽法》《家畜排泄物排法》等[1]。

二是制定分散化多部门的管理体系。日本的水污染管理体系是典型的分散管理体系。中央政府中涉及流域治理工作的机构较多，在 2001 年 1 月政府机构大规模改革之前涉及 6 个部级机构（日本称为"省"）：环境厅、国土厅、厚生省、农林水产省、通商产业省、建设省（河川局和都市局）。改革之后，国土厅和建设省都被合并于国土交通省。其中，主要涉及流域综合治理的是国土交通省、环境省和农林水产省。国土交通省的具体职责包括制定综合性的流域水政策、流域设施的维护与管理、流域水体的利用与保护、污水设施的建设和管理，以及监督涉及流域水体开发、设施建设运

---

[1] 参见李中英《日本水污染综合治理的"五步曲"》，《浙江经济》2014 年第 5 期。

营、维护和管理涉水机构等。环境省的职责包括制定有关流域水环境保护的指导原则、政策和规划，进行流域污染检测，以及制定流域水环境质量标准等。农林水产省则主要负责保护流域周边的水源涵养林[1]。

三是制定协同合作的治理机制。日本分散化的多部门管理体系，决定了其在流域的治理上必然要加强部门之间的相互协作，通过各个相关部门既各司其职，又相互协作的治理分工，取得了良好的治理效果。

以琵琶湖的治理为例，琵琶湖位于日本京畿地区滋贺县中部，是日本第一大淡水湖[2]。20世纪60年代，琵琶湖的水质开始恶化，水污染情况日益严重。由于琵琶湖的重要性，日本在相关省厅设立了专门的琵琶湖管理机构，如日本国土交通省琵琶湖河川事务所、日本环境省国立环境研究所和生物多样性中心等。琵琶湖所在的滋贺县设有滋贺县琵琶湖环境部、琵琶湖、淀川水质保护机构等负责琵琶湖的保护管理。日本政府将琵琶湖流域分成7个小流域，按流域设立流域研究会，每个研究会选出一位协调人，负责组织居民、生产单位等代表参与综合规划的实施[3]。在治理过程中首先从城市生活污水处理入手，同时加大对城镇工业污染和农村面源污染的治理力度。在部门与部门之间、政府与公众之间相互协作的推动下，琵琶湖治理取得了良好的成效，已成为日本著名的旅游胜地之一。

四 浙江省水环境综合治理

浙江省水资源丰富，境内有大小河流8万多条，总长13万多公里，有钱塘江、苕溪、甬江、椒江、瓯江、飞云江、鳌江和运河

---

[1] 范兆轶、刘莉：《国外流域水环境综合治理经验及启示》，《环境与持续发展》2013年第1期。

[2] 贾更华：《琵琶湖治理的"五保体系"对太湖治理的启示》，《水利经济》2004年第3期。

[3] 王圣瑞、李贵宝：《国外湖泊水环境保护和治理对我国的启示》，《环境保护》2017年第10期。

等八大主要水系，此外，还有众多的独流入海和流入邻省的小流域，沿海平原河网众多。浙江省较早就认识到了水环境对全省发展以及人民生活幸福的重要性，为了改善全省的水环境状况，创新性地推出了一系列有效举措，在水环境的治理上已走在全国前列。

随着浙江省经济发展水平的不断提高，水污染的事件也时有发生。21世纪初期，浙江省发生了几起影响较大的水污染事件，2001年的"江浙边界沉船封航事件"和2005年的"东阳画水事件"造成了极大的社会影响，反映出当地居民对良好水环境的渴望。2013年，浙江省多地环保局长被邀请下河游泳，进一步体现了广大群众对水污染情况的不满。与此同时，2013年的"菲特"强台风引发的余姚等地严重洪涝灾害，以及平原水乡畜禽超负荷养殖等事件的发生，使浙江省进一步意识到，水环境的治理要多管齐下、协同治理，在"排涝水、治污水、保供水、防洪水、抓节水"上实现"五水共治"，才能够从根本上解决好浙江的水环境问题。为此，浙江省采取了一系列的协同治理举措：

一是通过推行河长制形成五级联动的治理体系。河长制最早由长兴县提出。2003年为推动城区河道治理，长兴县两办专门发文建立河长制，明确城区河长的各项职责。次年，长兴向乡村区域推广河长制。此后，杭、嘉、湖三地率先在全省探索实施河长制，并逐渐成为浙江省推进河道治理的重要举措。2013年11月，浙江省委、省政府印发了《关于全面实施"河长制"进一步加强水环境治理工作的意见》，开始在全省范围内推行"河长制"，以河长为责任人，建立了省、市、县、乡、村五级联动、覆盖全省的"河长制"体系，成为浙江省综合治水的关键性的制度抓手，将河长制落实情况纳入"五水共治"工作考核，作为党政领导干部考核评价的主要依据。有力地保障了各项治水工作的开展。

二是建立跨区域"五水共治"联动协作机制。2014年11月，浙江省出台了《关于加强跨行政区域联合治水的指导意见》，确立了"共治共赢、属地负责、预防为主"的原则，重点解决跨区域治水信息难共享、机制难对接、矛盾难协调、整治难联动等问题。《意见》中明确指出，各地成立由分管领导为区域协作召集人的领导机构，每季至少召开1次联席会议，沟通、解决联合治水中遇到的实际问题；建立"一河一档"，明确综合治理责任区域，对区域内发生的环境问题，实行同步治理，限期整改；在交界断面上下游三公里设立监测点，实行水环境联合监测，建立重大问题信息通报制度，每年开展河界突发事件应急联动演练；组建流域内上下游地区环境执法机构和队伍，每年开展至少4次联合执法等。该《意见》的出台有效促进了跨区域"五水共治"联动协作机制的建立，在全省范围内构建起以边界属地政府为主的上下游治水协调机制，形成了上下游、左右岸协同共治的格局，使跨区域河流水环境质量得到有效改善。

三是形成多元化的协同治理格局。浙江省在治水过程中，注重发挥多方力量，加快构建政府、市场、公众多元化"五水共治"市场化投资体系。在河长制分工任务中，村级河长除了要对责任水域进行日常巡查，督促落实责任水域日常保洁、护堤等工作外，还主要负责在村（居）民中开展水域保护的宣传教育。还鼓励组织或者聘请公民、法人或者其他组织开展水域巡查的协查工作，公民、法人或者其他组织有权就发现的水域问题或相关违法行为向该水域的河长投诉、举报。同时，浙江省还大力探索BOT、PPP运行模式，鼓励和引导民间资本更多地参与"五水共治"基础设施的建设运营，加快推行环境污染治理设施第三方运维，以及河道淤泥处置、农村生活污水处理长效运维。

四是加强多领域协同治理。浙江省在开展水污染治理的过程中，不仅强化涉水领域的治理力度，同时加强科技、产业等多方面的协同治理支撑。浙江省加强对治水关键技术、共性技术、适宜技术的研发、攻关，进一步加强对基层治水技术的需求对接和培训指导，强化精准服务，更好地发挥科技在水污染治理中的支撑作用。浙江省还建立了科技治水共享平台。将大数据、互联网+等现代信息技术应用到水污染的治理中，搭建起多功能的智慧治水大平台。同时，浙江省大力发展环保产业，积极推进环保先进适用技术市场化应用和成果转化，以环保装备产业化、环保产业示范园区创建、环境污染防治和环保服务业培育等重点工程为抓手，鼓励和扶持环保产业发展。多领域的协同合作，使浙江省的水污染治理取得了显著的成效。

五是加强多部门的协同监管。浙江省注重强化监管在水污染治理中的作用，尤其是将多部门的联合执法作为其中的重要手段。一方面，浙江省加强省委、省政府30个督查组的督查工作，加大督查力度；另一方面，充分发挥人大法律监督、政协民主监督、公众信访监督和媒体舆论监督的作用，形成推动齐抓共管的强大监管力量。浙江省实行了环保与公检法联动的工作方式，组织开展"五水共治+环境保护"专项督查行动，使督查执法工作常态化。多部门的协同监管，有效强化了水环境保护和污染治理的效果，提高了浙江省水环境保护的效果和质量。

第三节 扬子江城市群水污染协同治理机制及对策

一 扬子江城市群水污染协同治理机制设计

协同治理机制的建立应该包括三个层面的内容：一是省内各城市政府层面的，即在各城市之间形成协同治理的有效机制，促进扬子江城市群的各个城市在水污染治理上能够形成合力；二是在政府与公众层面，即充分发挥社会公众的作用，在政府与公众之间形成协同治理的良性机制；三是从长江的自然条件和水污染的现实情况出发，在扬子江城市群与其他区域之间形成协同治理的机制。

（一）借鉴"五水共治"模式建立沿岸城市水污染协同治理机制

借鉴浙江省"五水共治"的先进经验，成立省级层面的扬子江城市群水环境整治的工作领导小组，由省主要领导担任负责人，领导小组对扬子江城市群的水环境治理进行顶层设计，并发挥统筹规划、协调组织、管理监督、信息发布、争议仲裁及补偿等方面的职能，避免地方政府利益分割所造成的治理困境，统筹各相关部门利益，制定明确的整治目标、路径和计划安排，并通过法律、法规的设计为扬子江城市群的水环境的"八城共治"创造良好的制度环境，统一相关标准，制定补偿原则等。各个城市在领导小组的指导下开展协同治理工作，在各城市和地区设置相应的组织机构，按照领导小组制定的规划、目标等安排各自的治理工作，统筹产业发展、基础设施建设，以及生态补偿等制度建设，并采用统一的监管与监测标准，保证治理的公平和公正。同时，积极反馈治理中发现的问题和建议，促进协同治理工作的有效推进。

通过高层协同机制的建立，一方面有效克服治理中各城市各自为政的现有困境，在领导小组的指导下，充分调动各个城市的治理积极性，增强其治理责任感，同时减少相互之间的推诿和"搭便车"现象，形成各个城市之间的统筹协调。另一方面，形成地方政府与省级政府之间的信息下达和反馈机制，在这两者之间形成顺畅的协同治理通道，保证扬子江城市群水污染协同治理工作的顺利推进。

（二）建立扬子江城市群与长江其他流域的水污染协同治理机制

扬子江城市群的水环境治理除了自身的努力外，还应尽可能地与长江沿岸的其他省份和地区建立起协同治理的机制，更好地促进长江水质环境的改善。江苏可以在目前已经出台的《长江经济带发展规划纲要》的基础上，利用国家对长江水环境改善重视程度不断提高的契机，联合其他地区呼吁成立国家层面的长江水环境协同治理领导机构。由国家机构落实生态责任,负责对长江流域的治理目标、产业发展、基础设施建设、水污染监测以及污染补偿等制度进行统筹规划、安排和制定,建立统一标准,协调地方利益,避免各个地区之间的相互推诿和利益损害,减少基础设施建设的重复浪费,以及主动性不强等问题。

(三) 建立扬子江城市群水污染协同治理的公众参与机制

在政府层面协调治理的基础上,还应该充分发挥社会公众的舆论监督作用,形成政府与公众之间的协同治理机制。这其中要注重发挥三类群体的力量:一是热心环保的普通个体民众。他们是扬子江城市群水污染协同治理的社会基础,每一个社会公众的参与和治理积极性的提升,都可以极大地加强扬子江城市群水污染治理的力度。而且扬子江城市群经济发展阶段相对较高,大众的环保意识较强,在水环境治理中具有较高的参与热情。二是环保社会组织。这些社会组织集聚了一批热心环保的人士,其中不乏一些专业性人才,具有较强的组织性和针对性,在扬子江城市群的水环境协同治理中是不可或缺的重要力量。三是一些高校和研究机构。它们具有

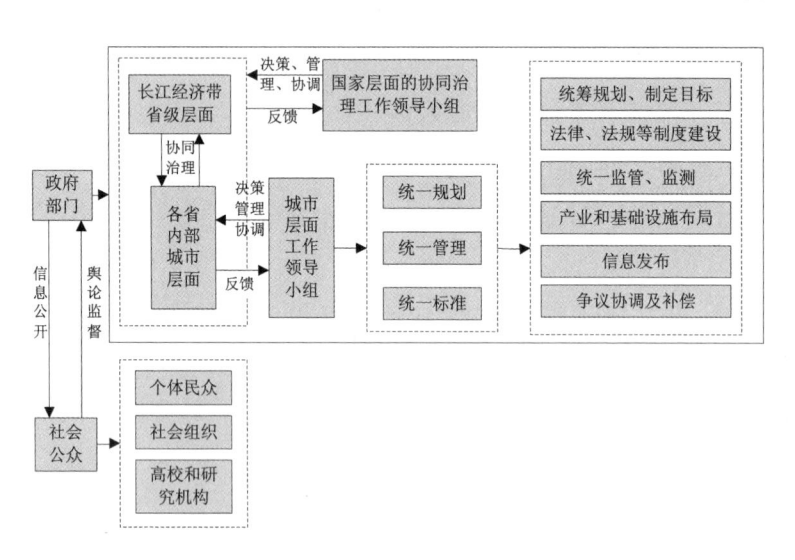

图4—1 扬子江城市群水污染协同治理机制图

较强的专业性和研究实力，在扬子江城市群的水环境治理中可以发挥多方面的作用，但是目前的参与积极性不高，需要政府的政策激励和引导。通过这三类群体的参与，对政府和企业加以监督，以保持生态治理的独立性、科学性和有效性。

二 促进扬子江城市群水污染协同治理的对策和建议

（一）利用市场化机制推进扬子江城市群水污染协同治理

第一，建立扬子江城市群水污染物排污权交易市场。开展排污权交易是利用市场化机制促进水污染治理的有效措施，这也是避免公共物品出现"公地悲剧"和"反公地悲剧"的根本。江苏省在2008年就启动了"太湖流域主要水污染物排污权有偿使用和交易"的试点工作，但是从实施效果上看并不是很理想，这一试点工作是在政府的统一领导下推进的，并不是真正意义上的市场机制的排污权交易，没有达到优化资源配置的最终目的。因此，在扬子江城市群的水污染治理中要充分借鉴"太湖流域主要水污染物排污权有偿使用和交易"试点工作的经验和教训，真正建立起基于市场机制的排污权交易制度。由省级扬子江城市群水环境治理领导工作小组负责制定本地区的排污权交易方案、企业筛选、指标制定以及排污权的分配、交易与审核、对参与交易的企业排污量的检测以及对超排企业的处罚等，同时负责解决排污权交易中出现的各种问题以及利益冲突和矛盾等。同时借鉴国外的先进经验，加强地方性立法建设，完善产权制度设计。此外，探索建立可交易的信用制度，对于企业在扬子江水环境治理上的投资以及一些有效做法等，可以计入其水环境治理的信用档案中，并将这一信用体系与其他信用体系进行对接，提高企业的资信水平，这一信用也可以用于交易，增强企业进行扬子江水环境治理的积极性和主动性。

第二，进一步完善扬子江上下游地区水污染生态补偿机制。从目前省内实行的生态补偿机制效果看，生态补偿的方式还较为单一，生态补偿标准对不同地区的实际经济发展水平及生态条件的考虑不够，同时生态补偿资金在使用时对补偿对象、补偿范围和种类的界定也都比较模糊，对不同污染情况下的补偿标准也缺乏分类，影响了生态补偿的实际效果。对此，要进一步完善和细化生态补偿的工作流程，设立多元化的补偿方式，在财政转移支付为主要形式的资金补偿方式以外，探索发展与资金等价的生产要素和生活要素为主要形式的实物补偿，或者相关的政策补偿等方式。对补偿资金使用进行项目化管理，细化重点工作，制订项目计划。对补偿标准的制定要进一步考虑多方面因素，下游城市因上游城市排污导致经济损失的，可以通过生态补偿机制获得相应的补偿，同时综合各个地区的实际情况，根据不同补偿载体的特点和损失的大小，针对不同的水污染情况设立"差别补偿标准"。与科研机构联合，利用更为科学的分析方法针对不同的污染程度作出较为精准的判别，从而更加合理、公平地弥补生态系统贡献者的环境保护成本。

第三，加快水污染治理绿色金融的发展。加快构建扬子江城市群的绿色金融体系，将扬子江城市群打造成全国绿色金融发展的先行示范区，制定支持绿色金融发展具体举措，促进水环境保护和治理与金融投资的有效融合，支持和鼓励金融机构加大对长江水污染治理项目的资金信贷支持力度，加强对水污染设施技术投入和改造项目的金融支持力度。激发金融机构发展绿色金融产品的积极性，在扬子江城市群率先开展绿色信贷统一标准的设计，可优先在水环境治理方面开展统一标准制定的探索工作，加大区域性立法的支持力度，及时对企业的环境信息进行公布。通过贴息、担保、再贷款、PPP（政府和社会资本合作）模式等办法，降低绿色金融融资成本，提高其收益。创新绿色金融产品，大力吸引境外投资者对绿色债券等进行投资，进一步引导投资进入绿色市场。江苏省政府可以率先设立绿色产业基金，选择有示范作用的绿色项目加以投资，引导社会资本的进入。

（二）加快水污染协同治理平台建设

第一，加快信息共享平台的建设。首先完善信息共享机制。要加快建立扬子江城市群水环境的数据库，实现八市间的信息数据共享。以现有的监测网点为基础，建立全流域的监测网络，定期进行抽样检测，并将数据录入到数据库中，及时公布和共享，减少治理的盲区。其次，搭建八市间的信息通报制度，及时就最新的治理情况进行沟通、加强协作，促进各城市之间的治理资源整合，共同维护流域的整体利益。再次，要加快建立扬子江城市群的水环境信息的社会公布机制，让公众及时、准确地掌握扬子江城市群的水环境情况，为社会大众及环保组织等进行监督、维权提供有效的数据资料，同时增强其监督的有效性和积极性。

第二，加快统一监测平台的建设。目前在水污染情况的监测上还不同程度地存在指标、标准不统一的问题，这在一定程度上影响了扬子江城市群水污染协同治理的有效性。建立统一的监测平台可以有效杜绝不同城市之间的指标矛盾和技术矛盾，提高治理的协同程度。对此，江苏省应联合相关研究机构，建立扬子江城市群的统一监测平台，统一监测的技术手段、监测指标和监测标准等，由各个城市统一执行，在进行监测时可由各城市的专业部门或委托公正的第三方机构来进行，以提高监测的科学性和公正性，从而避免相互之间的扯皮现象。同时还可以将制定的监测技术、指标和标准等与长江其他流域的省份及城市进行对接，尽可能使不同流域的监测数据更具科学性，提高长江水污染协同治理的有效性。

（三）提高水污染协同治理的监管水平

第一，建立突发水污染事件的预警和应急处理机制。扬子江城市群是江苏省经济最发达的地区，对全省的经济社会发展具有极为重要的影响。严重的水污染事件会对该地区的经济社会发展造成严重的影响，目前这一区域已经集聚了大量的污染性企业，再加上长江流域经常会有一些装载着腐蚀性、污染性物资的船舶通行，对扬子江城市群的水环境带来极大的隐患。因此，加快建立扬子江城市群的水污染应急处理机制十分重要而且迫切。一方面，要对沿江两岸的重点污染企业、重要流域段进行实时监控，在发生严重的水污染事件时及时地将情况对外通报，以便沿江各城市作好相应的处置措施，尽量减小水污染所带来的危害和损失。另一方面，在江苏省生活饮用水卫生应急处理预案的基础上，进一步扩宽应急处理的范围和领域，将扬子江流域发生的对生产、生活的严重水污染情况均纳入应急处理的范围之内，并将其纳入领导小组的重要工作内容中，在发生严重的水污染情况时，由领导小组及时协调沿江八市进行应急处置工作，减少不利影响。

第二，建立和完善扬子江流域水污染治理的事后惩戒机制。一方面要完善官员政绩考核体系，落实环境问责制。将扬子江流域的水污染治理纳入官员政绩考核指标中，构建合理的任期目标责任考核制度，在重大环境问题上落实领导干部问责制，在官员的晋升和年终考核方面实行"一票否决"制。另一方面，建立严格的企业事后惩戒机制，除加大惩处力度、追究法律责任外，还可将信用管理的理念和方法用于水污染治理的事后惩戒中，对于那些不合格的企业排污情况，将其记入企业的信用档案之中，并作为企业获取财政扶持、银行贷款等的重要资信依据。

第三，建立和完善八市跨区域部门联合执法机制。建立扬子江城市群跨区域的部门水污染联合执法机制。一方面由八市涉水职能部门组成联合检查组，同时借助专业性的研究机构和技术手段，由各个城市采用交叉检查的方法，对流域排污情况的各个环节进行检查，有利于尽快查出污染源头，对各个城市形成治污压力；另一方面对由于企业非法排污所导致的水污染事件，由联合执法组对污染事件进行评估，并确定惩处方案，确定对涉污企业的最终处理办法。

第四，加强扬子江城市群沿江产业结构调整。要进一步严格沿江两岸的产业转入环保门槛，以生态优先作为沿江产业布局的首要原则，严防高污染、高耗能的行业准入。对于目前已经存在的污染性企业，一方面要建立涉污名单，让这些企业的排污情况接受社会公众的监督，及时就其涉污情况在城市群内部进行通报；另一方面，还要建立起污染企业的有效退出机制，对于那些排污情况不达标的企业，要责令其在规定时间内进行整改，整改不合格的要下决心进行搬迁。此外，还要进一步推进沿江两岸产业的技术改造，利用政策倾斜，鼓励沿江两岸的企业使用高技术含量的设备，减少对水环境的破坏。

（四）积极引导社会公众参与扬子江城市群的水污染治理

第一，拓宽公众参与渠道。目前来看，公众参与扬子江城市群水环境治理的渠道还相对单一，只能通过政府部门设置的一些投诉电话等平台表达诉求，不仅很多诉求难以反映，而且解决的周期长，很多投诉到最后不了了之，难以落实，从而影响了公众参与的积极性和主动性。对此，政府部门仍要积极拓宽公众的参与渠道，政府还可以多搭建一些方便公众参与生态治理的平台，如重大环境政策的听证制度、民意调查制度等。同时在社区、农村等基层地区加强宣传工作，提高居民的环保理念，促进居民形成环保的生活方式。

第二，完善环境公益诉讼机制。目前一些社会组织进行环境维权工作已经开始在省内的一些城市兴起，这为扬子江城市群的水环境协同治理创造了良好的社会基础。但是这些社会组织也同样受制于取证难、信息掌握不及时等困境，使参与工作受到影响。对此，一方面还需要积极鼓励并规范社会组织的维权活动，拓宽公民维权渠道，保障公民能够通过法律手段来维护自身的权益，以促进扬子江城市群水环境治理工作的推进。另一方面，则要进一步完善相关法律法规等，加强信息披露等制度建设，帮助社会组织解决好取证难、信息掌握不及时等困境，为公民的环境维权创造良好的制度环境。

第三，加大对环保社会组织的政策及资金扶持。目前江苏省的环保社会组织正处于迅速发展的阶段，正在成为推动省内水环境治理的重要民间力量，但是这些社会组织在发展过程中普遍存在整体水平不高、影响力小、资金不足、专业化程度相对较低、组织形式还较为单一等问题。对此，政府应进一步减化审批手续，以积极的态度支持环保社会组织的发展，为其发展创造更为宽松的生存和发展空间。在积极引导的基础上，对从事环保的社会组织进行分类监管。注重发展更具专业性的环保社会组织，政府可以通过税收优惠和直接的财政拨款资助等方式对环保社会组织进行资金扶持，也可以考虑引入社会资本设立发展基金，在对环保社会组织进行分类管理的基础上，按照其所从事领域的专业程度及社会影响力的大小，分别进行不同程度的资金扶持，减少环保社会组织资金短缺的问题，使其能够为我国的环境保护发挥更大的作用。此外，还要加大信息公开的程度，减少社会组织获取水污染信息的难度，便于其开展环保活动。

（本章系江苏省社科基金重大项目"江苏沿江协同发展与扬子江城市群建设研究"成果之一。执笔人：黄南。）

第五章

高起点推动扬子江城市群协同创新发展

摘要 基于扬子江城市群协同创新发展的新机遇与新挑战，深入剖析了扬子江城市群协同创新的优势条件：具有良好的空间可达性；存在合理的技术梯度差；具有地域性文化融合度；具有较高的市场开放度等。指出了扬子江城市群协同创新发展存在的制约因素，包括科技创新产出与成果转化方面要加强协作；龙头城市的创新带动作用亟待强化；区域协同创新机制还需完善；区域协同创新层次仍有待提升等。采用空间自相关分析方法进而定量识别扬子江创新协同的空间状态，包括空间上是否存在显著的集聚特征以及随时间演化的趋势，认为扬子江城市群创新投入在空间上趋于集聚，而创新产出在空间上趋于扩散，创新活动的空间关联性逐渐降低。在此基础上，提出高起点推动扬子江城市群协同创新发展的策略路径：加强产业链与价值链一体化，形成产业部署上的协同；探索城市之间的科技创新与产业转型升级的多元化合作模式，加强重点产业关键技术领域协同创新等。推进创新平台合作共享，探索功能载体上的协同，包括提升南京引领扬子江城市群协同创新发展的能力；促进科技资源和平台共享，构建联合攻关、自主创新的科技协作平台；发挥市场主体的核心地位，营造开放融合的创新发展环境，推进服务体系协同。做好政策支持协同，推进服务体系协同等，形成制度体系协同。

随着"一带一路"建设、京津冀协同发展和长江经济带建设等一系列国家层面的区域发展战略的推进落实，区域间发展的协调性明显增强。而在新的时代背景下，应采用新的思路推进区域内部协调发展，在区域协同创新上发力。党的十九大提出要加强国家创新体系建设，加快建设创新型国家。区域创新是国家创新体系建设的区域延伸和重要组成部分。扬子江城市群处于长江经济带的下游区域，是江苏省科技创新资源密集、产业基础雄厚的区域，在新时代科技创新的大环境下，要通过区域系统内部产业链跨行政区域融合发展、价值链不同层次互动发展、创新链分工协作等关键环节的协同创新，统筹谋划，精准发力，增强区域协调发展的内生动力。通过区域间协同创新发展，促进城市之间科技创新资源的开放共享，不断优化配置区域科技资源，同时，充分发挥城市创新比较优势，降低科技创新的成本和风险，提高创新效率和水平。着力破除跨行政区域协同创新的制度障碍，构建区域协同创新体系，以创新带动一体化发展，真正实现区域均衡发展、共同可持续发展。

第一节 扬子江城市群协同创新的挑战与机遇

扬子江城市群的协同发展正面临新环境、新时代，从国际上看，创新竞争形势正在发生深刻变化，"虚拟化""网络化"和"异地化"特征越来越明显；从国内来看，中国的经济社会发展正在步入高质量发展的新时代。扬子江城市群的协同发展要适应国内外开放式创新的大趋势和区域高质量发展的新形势，这给传统创新组织模式和区域创新实践带来了一定的挑战，同时也创造了新的机遇。

一 全球竞争已经进入区域创新协同化发展阶段

从全球城市区域竞争来看，国家创新主导的趋势正在向区域创新引领转变。当前，全球正在步入新一轮科技创新竞争与产业变革机遇期，创新竞争、产业竞争成为国家与国家、区域与区域之间发展竞争的核心所在。在2016年5月30日召开的全国科技创新大会上，习近平总书记指出："世界主要国家都在寻找科技创新的突破口，抢占未来经济科技发展的先机。"全球创新竞争趋势已呈现明显的区域创新协同化特征，单个城市创新正在加速转向区域协同创新。从现实来看，以硅谷为核心的旧金山湾区、以东京为核心的东京都市圈等世界性的科技创新中心已突破了科技园区、城市甚至是区域的地理界限，呈现出与周边区域乃至跨国界的联动特征。

而从国家层面来看，创新驱动的重点已经开始向大区域联动创新转变。回顾我国创新的实践历程，由于区域间创新资源禀赋、经济社会发展水平及产业创新基础差异较大，同步创新、同时创新既不可能，也不现实。在发展早期，我国事实上采取了中心城市、重点区域率先创新突破，形成经验，再复制推广的创新路径，突出体现在北京、上海和深圳等一批创新资源密集的中心城市创新能力建设，中关村、张江等国家自主创新示范区以及各类国家级高新区、经济技术开发区建设等。随着全国创新发展能力的提升，区域间的创新合作已成为国家和区域创新实践的重大部署。2008年以来，国家致力于放大核心区域的创新辐射和带动效应，不断扩容国家级自主创新示范区、经济技术开发区，形成以核心区或者是首位城市为引领、区域联动创新的战略格局。截至目前，经批复的国家自主创新示范区17个，国家级高新区157个，经济技术开发区219个，遍布全国各省（区、市）。国家创新战略布局已突破单个城市创新的布局，正在加快向大区域联动创新、跨城市创新资源优化配置的方向转变。

二 新时代区域呈现高质量一体化发展的新趋势

中国经济社会发展已经进入一个新时代，区域一体化发展也应进入新的阶段。这个新阶段，我国经济发展已经告别低成本竞争、粗放型发展的历史阶段，微观生产要素成本上升、宏观供求格局深刻变化以及资源环境约束增大、经济发展结构性困境等深层次问题，要求区域一体化发展要转向实现高质量的发展的方向，使得一体化发展更加注重质量、效益和效率，以更强的国际竞争力和影响力，参与全球价值链和国际分工新体系。在这一新形势之下，扬子江城市群一体化发展的进程，要顺应经济新常态和客观趋势，加快推动经济发展实现质量变革、动力变革和效率变革，从单一的经济增长目标转向发展目标导向，从竞争性增长的一体化转向实现更高质量发展的一体化新阶段。

而创新协同发展正在成为区域高质量一体化发展的新动能和新路径，其最大的特点就是区域发展的重点方向正逐步由区域产业转移向区域协同创新转化。扬子江城市群的协同发展与产业对接协作的重心不是一般性的产业转移、产业合作，更核心的在于多地之间的协同创新，实现产业的融合互动发展。产业转移与企业往来始终是区域之间经济合作的核心所在。从当前国内区域产业协作的实践来看，合作模式和路径也在发生变化，传统的合作模式和路径随着区域间产业转移协作的推进，形成了较为紧密的产业链分工协作、上下游配套关系；而在目前的形势之下，在政府推动的高科技园区规划建设、产业市场主体自发集聚双重作用下，区域之间以高科技园区为载体，以新兴产业为内容的区域协同创新的现象越来越普遍，仅上海与江苏、浙江、安徽等中部地区共建的高科技产业园就多达200多个。早在2007年深圳与香港就签订了"深港创新圈"合作协议，在产学研基地建设、发展新型研发机构、科研人才培养、青年创新创业等领域开展了务实合作，截至2018年，香港著名高校在深圳设立创新载体44个、科研机构72家，累计承担国家和省、市科技项目1300多项，"深港创新圈"取得实质性进展。粤港澳大湾区致力于打造具有全球影响力的国际科技创新中心。广东在推出33项政策用于大幅提升原始创新能力之后，又继续推出针对激励企业创新动力等12个方面的系列政策。广州明确提出深度参与建设广深港澳科技创新走廊，佛山提出要围绕装备制造、机器人及智能装备等打造千亿级产业集群,深圳则提出打造"粤港澳大湾区合作示范区"、建设粤港澳青年创业区。粤港澳三地通过制度创新,突破人才、资金等创新要素流动的制约瓶颈,构建起跨区域、跨制度的开放协同创新体系。G60科创走廊从1.0版本到"沪苏浙皖"3.0版本,致力于打破行政区域限制,促进科创要素自由流动,成立近三年来,重大科创设备和产品相继诞生,众多百亿级项目纷纷在此落地,2018年工信部赛迪研究院评选出全国先进制造业十大集群,G60科创走廊的综合指数居于首位,成为打造长三角高质量一体化发展的重要引擎。从新时期国家对区域协同的要求看,协同创新已成为区域协同的重中之重。打破不同区域之间在创新资源要素流动上的体制机制障碍,建立开放型的科技创新体系已是大势所趋。

第二节 扬子江城市群协同创新发展的优势分析

区域内不同城市间协同创新的本质是依托创新要素的城际共享与跨城市流动,对不同城市的生产曲线和创新体系产生影响,从而使新的技术和知识内化于区域经济增长过程。区域协同创新具有明显的空间溢出特征,更加强调"异地化"和"嵌入性"的概念,但也并不是任何两个或者是多个城市和区域之间都能发生区际间的嵌入与协同创新,需要一定的启动条件。

一 扬子江城市群具有良好的空间可达性

空间距离上的临近性和空间可达性是区域协同创新的重要条件,包括区际空间距离、交通通达性、可扩展空间大小、资源易得性及与终端市场的距离等。

从地理范围看,扬子江城市群囊括了长江江苏段的南岸5市、北岸3市,处在长江经济带中下游、长三角北翼,8个城市互相联结，区际空间距离短，交通运输条件好，不论是区际空间距离还是交通通达性都具有很强的可达性。对创新要素流动来说，要素传输的可达性很强，创新要素的流动具有明确的方向性和可达性，创新资源可以实现区间共享与合理分工，城市之间构建协同创新网络体系的成本较低，能够保证高效实现创新要素从起始区域流向接收区域。对企业创新主体来说，异地创新资源可获得性越强，可扩展空间也就越大，与创新链上下游产业、企业的距离越近，实现协同创新的可能性就越大。扬子江城市群打破了江苏江南、江北的传统地域观，是江苏构建的新战略载体，是参与全球竞争和分工的新兴地域单元，也是实施省域重点功能区战略、促进区域协调发展的一个重要考量，以此承担参与未来国际竞争、引领区域协调发展的历史使命，从整体上加快转型升级步伐，提升发展层次和水平。

二 扬子江城市群内部存在合理的技术梯度差

技术创新是区域经济增长的引擎，后发区域可以吸收先进区域的技术溢出效应，从而实现技术进步与经济发展。对区域协同创新的多个城市而言，城市与城市之间要存在一个合理范围内的技术梯度差，过大则容易产生技术吸收上的断层和落差，后发区域不具备承接或吸收新技术、新知识的基本技术条件，降低创新协同效应；过小则会使得区域之间学习和模仿空间不足，呈现竞争而非共同进步的关系，很难出现真正意义上的协同行为。

扬子江城市群之间存在合理的经济规模、产业和技术创新的梯度差。扬子江城市群占到江苏约50%的面积，汇集了省域最为丰富的经济、科教、人文等要素资源，也贡献了全省约80%的经济总量。南京代表了国际化和省会城市的资源和力量，是扬子江城市群的核心驱动点和首位城市；相比南京，苏州虽然不承担区域行政中心的功能，但经济体量大、经济总量居于首位且开放程度高，在扬子江城市群中应给予突出位置；而地理位置上扬子江城市群整体接轨上海，南通是最前沿。可见扬子江城市群内部可以划分为"宁镇扬泰"城市群、"苏锡常通"三个小板块,其首位城市分别是苏州(苏锡常)、南京(宁镇扬)和南通(快速崛起的苏中板块),不仅是这三个板块之间,8个城市之间,产品结构、技术结构、需求结构和规模结构都存在一定的差异性,形成了一定的梯度特征。

三 扬子江城市群具有地域性文化融合度

作为一种开放性的创新活动,跨区域协同创新的形成和发展离不开地域性文化、制度、习俗等外部社会环境的孕育。诸多地区的发展实践表明,跨区域协同创新成效较好的地区,往往存在共同的文化传统、行为规则和价值观念,协同创新效应较为突出。扬子江城市群,虽然从江苏省地域范围内来看,被划分为苏南和苏中两个板块,文化上也有吴中文化和秦淮文化的区分,但是从全国地域范围来看,扬子江城市群地缘相接、地域一体、文化一脉,具有相似的文化底蕴和思维习惯,对彼此的文化理念和文化传统比较容易接受,有利于城市之间建立信任感和合作愿望。也正是这种文化环境,能够使扬子江城市群的协同创新成员间建立一种以信任和承诺为基础的创新网络关系,降低创新合作成本,进而形成稳定的跨区域创新协作关系。

四 扬子江城市群具有较高的市场开放度

一个市场开放、政策包容性强的"非正式"的区域协作制度环境,将会不断促进本区域从外区域吸引更多的创新资源集聚,促进区域协同创新网络形成。因此,对于进行协同创新活动的多个城市而言,只有都具有符合市场化规则的制度体系和面向外部开放的市场环境,才能够提供真正有利于创新合作的有力保障。

扬子江城市群8个城市的经济发展、产业聚集是在改革不断深化、政府权力下放、政府间合作日益加强、市场联系日益紧密的情况下发展起来的,在扬子江城市群内部,显性的行政分隔壁垒在日益减少,经济上依存度很高。但是,各市的市场开放程度差异较大，而且政府之间的隐形壁垒依然存在。要进一步打破分割壁垒，完善城市群协调机制，更大程度发挥市场机制作用，推动持续降低制度性交易成本，实现高效率的互联互通，形成一个设施共联、产业共创、市场共享的统一的大市场，以一个高度协同、具有自身特色的次级城市群，更好地对接、参与、支撑长三角世界级城市群建设。

当然，扬子江城市群区域协同创新发展，内部各市的发展基础与创新资源是存在差距的，必须通盘考虑，发展各自优势，形成创新合力。

江苏省创新资源丰富，作为江苏经济发展的核心区域，以南京为龙头的沿江八市拥有普通高等院校110余所、两院院士90多人、国家重点实验室26家、国家创新型城市8个，集中了江苏省79.5%的高校、82.9%的大学生、83.7%的高校毕业生，重点实验室和工程技术研究中心的数量分别占江苏省的88.4%和84.7%。2017年，各类专业技术人员数量为66.76万人，占到全省的62.38%，其中卫生技术人员数量占到了全省的70.49%，其次是工程技术人员，占到了全省的68.72%，科学研究人员占全省的比例为65.31%。从科学技术的支出情况来看，2016年，沿江八市科学技术支出占财政支出的平均比例为4.43%，沿江八市科学技术支出为179.3亿元，占到全省的80.5%。

南京作为扬子江城市群的龙头城市，创新资源优势更为突出，目前拥有高等院校53所，其中985高校2所，211高校8所，入选"双一流"建设的高校和学科数量仅次于北京和上海。省级以上重点实验室91家，每万人在校大学生数、研究生数居全国城市前列。截至2018年末，在宁中国科学院院士、中国工程院院士分别为45名和36名，两院院士合计81名。《2018中国创新城市评价报告》显示，南京创新总指数排名全国第4位，仅次于北京、深圳和上海。首都科技发展战略研究院发布的中国创新城市TOP10排名和"中国城市创业孵化指数2018"中，南京分列第5位、第6位。总体来看，沿江八市高校和研发机构分布密集，科教人才资源丰富，为吸纳集聚创新资源，突破核心技术，促进区域协同创新发展奠定了良好的基础。

在科技创新产出与成果转化方面，也要加强协作，优势互补。江苏区域创新能力连续8年位居全国第一，是我国创新活力最强、创新成果最多、创新氛围最浓的省份之一，沿江八市创新产出成果更为突出。无论是专利数量、高新技术产业发展情况，还是科技研发机构的数量，沿江八市都表现出了绝对的优势。2017年，沿江八市专利申请受理量和授权量分别为427602件和188568件，占江苏省的83.2%和83.1%，其中，发明专利的授权量更是占到了全省的88.4%。2017年，沿江八市高新技术产业产值达到54531.48亿元，占江苏省的80.4%。江苏省十分注重提升创业服务平台的能力，涌现出一批特色鲜明的科技创业载体。从国家备案的众创空间数量来看，截至2018年，江苏省有170家，而沿江八市就占到了155家，占全省的91.1%，可以说，沿江八市是江苏省创新发展的核心区。

江苏一直注重科技成果的转化，一批重大技术和战略产品位居国际前沿。根据国家技术预测调查显示，我国15.1%的领跑技术分布在江苏，其在纳米、超级计算、生命科学、太阳能光伏、物联网等领域的一批重大技术和战略产品位居国际前沿。围绕南京、苏州的沿江八市是江苏产业科技创新的引领区。江苏省科学技术发展战略研究院和江苏省科学技术情报研究所发布的《2017年江苏省创新型企业100强》中，沿江八市有87个，占到总数的87%，其中南京以19家企业排在第一位，苏州以17家企业排在第二位。如南京的亚信科技致力于大数据与人工智能技术与电信、金融与政府等行业的应用实践；苏州的亨通集团获得《2017年中国电子信息行业创新能力五十强企业》的第14位；苏州信达生物制药有限公司建立起一条拥有12个高质量新药的优质产品链，2个品种获得国家"重大新药创制"专项支持，实现了我国制造高端生物药出口"零突破";常州的天合光能有限公司的光伏组件、系统解决方案全球领先,实现了光伏产业链的垂直一体化整合,先后13次打破世界纪录。诸多创新领跑者成为江苏产业科技创新的重要名片。

沿江八市作为江苏创新能力体现的核心区,创新产出成果不断涌现,创新水平不断提升,离不开创新生态环境的打造。南京明确提出创新驱动发展"121"战略,即建设具有全球影响力的创新名城,打造综合性科学中心和科技产业创新中心,着力构建一流创新生态体系。通过实施"两落地一融合"等十项工程,以创新驱动实现产业转型升级。2018年上半年累计有133家新型研发机构落地,新增科技型企业1.3万家,有4家科技企业上市。苏州出台了《市政府关于构建一流创新生态建设创新创业名城的若干政策措施的通知[2018]62号》,政策围绕培育更多更强创新型企业、抢占先导产业创新制高点、持续深化科技金融有机融合、全面厚植创新创业人才优势、加速科技研发和成果转化、推动开放创新迈上新台阶、加快形成创新创业孵化新格局、营造更加优良的创新创业氛围等几个方面提出了切实可行的对策措施。无锡也出台了《关于深入实施创新驱动核心战略加快建设科技创新高地的若干政策措施》的通知,提出要培育壮大创新型企业集群、抢占新经济技术创新制高点、加速科技成果转移转化、支持重大创新平台建设、推动科技企业孵化载体提质增效、加强国际科技创新合作、促进科技服务业健康发展、健全科技金融支撑体系、完善科技创新体制机制、营造创新创业良好环境等十项目标任务。常州出台了《关于支持科技创新的政策意见》,从提升企业自主创新能力、加强产学研结合、推进高新技术成果转化、鼓励引进消化吸收再创新、支持科技创业、加强政府科技投入、加大政府采购力度、优化科技投融资环境、加强知识产权的创造、运用和保护、加强人才队伍建设等方面提出了十项40个任务。创新政策的密集出台,体现了沿江八市对于科技创新的重视,也为扬子江城市群的协同创新提供了良好的政策保障。

当然，对当前制约扬子江城市群协同创新的相关因素，也必须高度重视，拿出切实的改进政策。首先是要正视创新资源的非均衡性。创新资源的集聚度是协同创新的基础，从扬子江城市群内部来看，八个城市无论是创新投入还是创新产出方面都表现出显著差异。高层次的科技人才是城市创新禀赋的重要方面，从资源禀赋以及专业技术人员的数量来看，2017年，苏州最多，有13.96万人，其次是南京，拥有专业技术人员10.45万人，最少的镇江只有4.74万人，只有苏州的33.95%，南京的45.36%，创新人才集聚的空间差距明显。从创新平台载体建设来看，2018年，南京新增科技部门备案众创空间64家，累计达到282家，其中国家级备案53家，全省排名第一，而最少的泰州只有2家，与南京、苏州等城市差距甚远。创新产出方面，八个城市的差距依然显著。2017年，苏州的专利授权量最高，有53200件，是排名第二的南京的1.7倍，而最少的泰州只有9849件，是苏州的18.5%，南京的30.7%。无论是从创新人才、创新平台建设，还是创新产出指标来看，扬子江城市群内部的差距都比较明显。

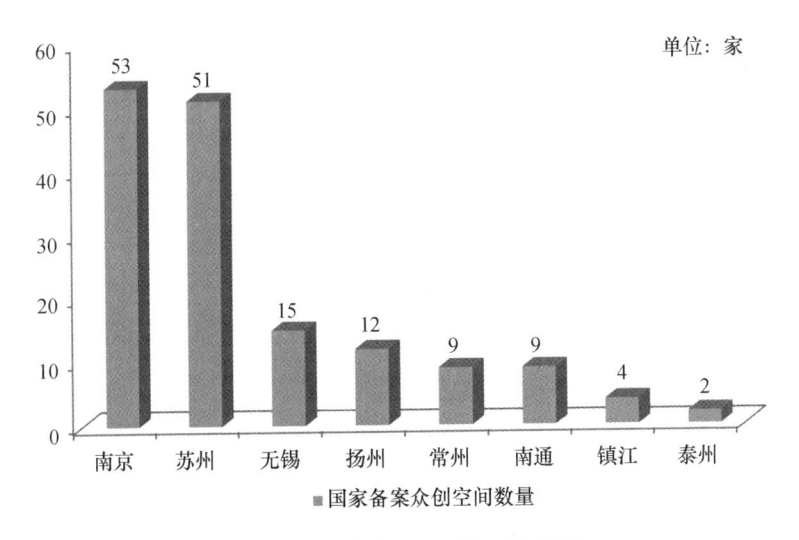

图5—1 国家备案创新空间比较图

◆ 扬子江城市群与区域一体化战略研究

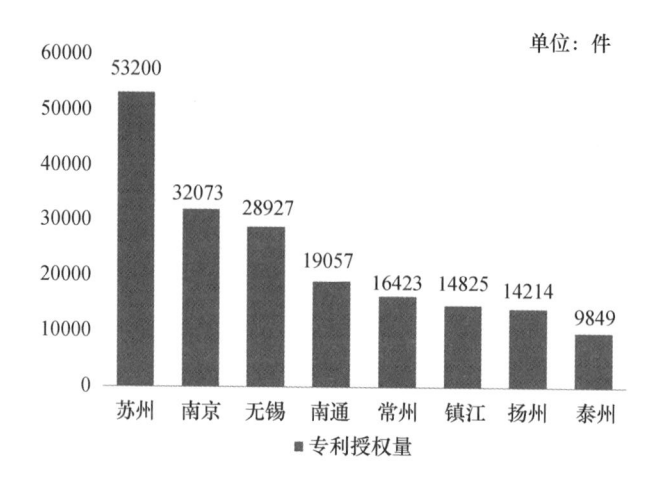

图 5—2 专利授权量数量比较

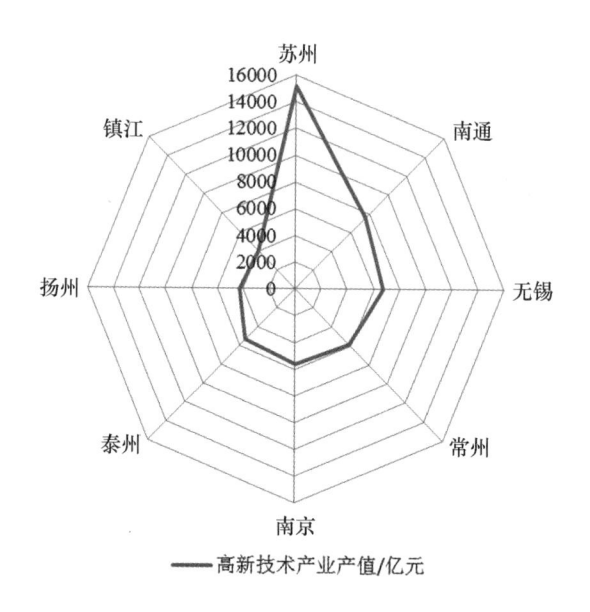

图 5—3 高新技术产业产值比较

其次,龙头城市的创新带动作用亟待强化。城市群需要有 1—2 个核心城市引领,没有核心城市引领的城市群只能被看成是空间集聚的一群城市。南京位于扬子江的起点,是唯一横跨扬子江南北的城市,是长三角地区唯一的特大城市,龙头作用比较突出,引领扬

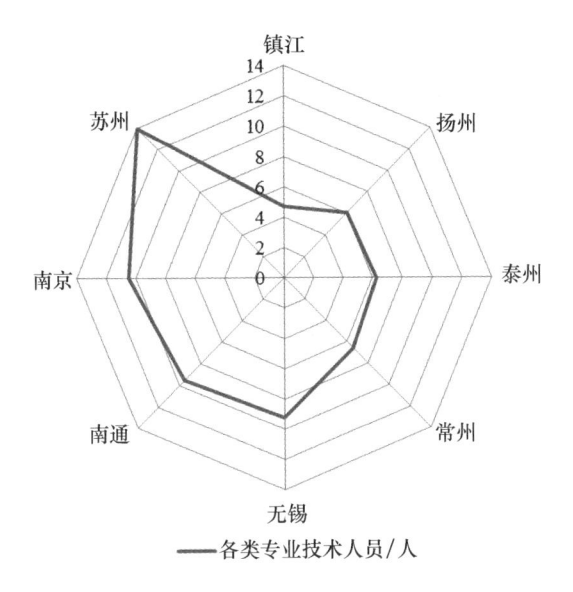

图5—4　各类专业技术人员比较

子江城市群发展的重任南京必须担当。但目前来看，南京与沿江城市尚未形成集群效应，创新优势没有充分转化，对城市群的带动作用有待提升，从全省范围来看，南京的首位度也明显不足，尤其在创新方面提升空间还比较大，科技成果转化率不高，科技和产业对接不畅，国家重大科技基础设施偏少，与南京的科教资源优势和省会城市地位很不相称。南京重大科技平台的数量不够多，与北京、上海、合肥等城市相比，在国家级重大科技创新平台方面存在较大的差距。南京新兴产业引领作用不够强，2017年，南京高新技术产业产值为5606.94亿元，占全省的比例为8.26%，在省内只排在第五位，低于苏州（15158.14亿元，22.34%）、南通（7564.33亿元，11.15%）、无锡（6716.35亿元，9.90%）和常州（5902.00亿元，8.70%），是排名最高的苏州的37%。南京创新产出优势不明显，2017年南京的专利授权量是32073件，在GDP过万亿城市中排在第10位，是排名第一的北京（107000）的30%，深圳（94000）的34%，上海（70464）的46%，苏州（53223）的60%。未来扬子江城市群要建设全球产业创新高地，意味着急需强化创新的动力源作用，布局建设一批具有全球引领性的高端创新创业载体，争创一批国家级产业创新中心，建设成为全球产业技术创新网络的重要节点、创新成果的转化应用中心和高新技术产业培育的重要策源地，龙头城市应该成为促进全球价值链发展的总部地区，目前南京的差距还比较大。

再者，区域协同创新机制还需完善。

区域协同创新需要不同主体围绕创新目标，共同协作，配合协作。依据国际区域协同创新经验，不仅需要协同创新理念的培养，更需要协同创新主体的培育、协同组织机构的建立和协同治理机制的完善。目前，在扬子江城市群内部，各创新主体之间尚未形成良性互动的创新发展格局，区域协同创新机制亟待建立。各城市都出台了一系列创新体系建设的规划和政策，如南京提出创新驱动发展"121"战略、苏州围绕"创新四问"战略命题，提出产业升级和科技创新等十二项三年行动计划等，但从扬子江城市群的角度，由于不同城市各自为政，缺少城市群层面一体化的区域协同创新发展战略，以及跨区域的协同创新联盟、协同创新中心等推进机构。2012年，江苏省在全国率先启动实施省级高校协同创新计划，致力于高校与企业、科研院所等共建校企研发机构，但从已有的签约项目来看，南京大学、东南大学、苏州大学等高校的合作机构更多限于本市内部，与城市群内部其他城市的联系较少。创新系统机制的不完善影响了城市之间创新要素的自由流动和优化配置，导致科技创新平台难以实现开放共享，利益共享与风险共担机制不健全，创新资源整合力度不够等问题，制约了区域整体创新效率的提升。

再次，区域协同创新层次仍有待提升。区域协同创新发展的主要模式包括共建园区基地、共建合作平台等，从扬子江城市群内部来看，目前以共建园区基地为主，如苏州与南通两市跨江联合打造的苏通园区，力争将苏通园区建设成为苏州工业园区的升级之作；苏州昆山高新技术产业开发区与泰州姜堰经济开发区合作成立的"昆山高新区姜堰工业园"的建设成果也在不断显现。尤其是江苏在全省推出"南北共建园区"的重大举措以来，共建园区品牌效应不断凸显，项目投资规模不断扩大，以新的利益共享模式推动南北产业合作，促进区域协调发展。从共建平台方面来看，苏州、南京、扬州、泰州等城市均与中国科学院院地共建了中科院苏州纳米技术与纳米仿生研究所、中科院南京高新技术研发与产业化中心、中科院扬州应用技术研发与产业化中心、中科院泰州应用技术研发与产业化中心等研究所和平台型科技成果转移转化中心，但扬子江城市群内部的创新平台建设较少。整体来看，区域内部更趋于共建产业园区，投资产业项目，而长期的、技术层面的创新合作还有待增加。未来应该加快专业型知识创新和技术创新平台建设，聚焦各自的创新资源优势，以技术服务促进产学研合作、科技成果转化和产业规模化，在科技资源开放共享、科技成果转移转化、科技研发中心共建等方面取得一批标志性成果。

第三节　扬子江城市群协同创新空间的演变特征

空间计量经济学基于区域非均衡发展理论认为，一个地区的某种经济地理行为与邻近地区的同一经济行为是相关的，空间数据具有依赖性和异质性特征。即可以通过空间自相关的显著性检验来识别创新在空间上是否存在显著的集聚特征以及随时间演化的趋势。空间自相关分析 ESDA（Exploratory Spatial Data Analysis）是一系列空间分析方法和技术的集合，通过对事物或现象空间分布格局的描述与可视化探究空间集聚和空间异常，核心是度量事物或现象之间空间关联或者依赖程度。ESDA 包括全局空间自相关（Global Moran's I）和局部空间自相关（Local Moran's I）。通过全局和局部空间自相关统计量的估计与检验，定量分析扬子江城市群创新活动的全局或局部在空间上的差异变化。

全局空间自相关用来表示扬子江城市群创新活动的空间自相关

强度，本研究采用最常用的 Moran's I 系数来度量，Moran's I 的取值范围为 [-1, 1]，当 I>0 时为正相关，表示某区域的创新活动与周边地区存在显著的空间相关性，即集聚水平较高；当 I<0 时为负相关，表示创新活动在空间上趋于分散；当 I=0 时，表示随机分布。局部空间自相关探究每个单元的空间自相关性质，在本研究中用 Moran 散点图来表示。

基于创新投入和创新产出两个方面来考察扬子江城市群内部创新活动的空间相关性。创新投入的核心是创新人才的集聚，创新人才是创新能力提升的重要基础。其中，创新人才以各类专业技术人员为表征。创新产出是评价核心指标，尤其是技术创新是创新能力提升的重要驱动力，通过技术新知识的产生与流动，不断提高企业的技术创新能力，从而影响到城市的综合技术创新能力，以专利授权量为表征。

一　创新投入在空间上趋于集聚

根据各类专业技术人员的基尼系数结果来看，2013 年以来，基尼系数一直处于增长的状态，说明创新人才投入方面呈现出集聚发展的态势。在新一轮人才争夺战中，随着北上广深一线城市的生活压力和成本增加，产业和人口的外溢效应显现，南京、苏州等新一线城市迎来了人才集聚水平的不断提升。根据"2016 年城市海归人才流入流出比 TOP10"，南京和苏州分别位列第二位和第四位。创新人才的快速增加与各地推出的大力度引才政策密切相关，根据《南京市"十三五"人才发展规划》，"十二五"期间，南京市人才资源总量达 220.73 万人，人才贡献率达 46%，高端人才集聚度和区域人才竞争力位居江苏省辖市首位，"十三五"要构筑有国际影响和独特优势的产业科技人才高地。苏州市继"姑苏人才计划"之后，于 2016 年 9 月推出《关于进一步推进人才优先发展的若干措施》（简称"苏州人才新政 40 条"），在人才使用和管理机制方面都有很大突破。

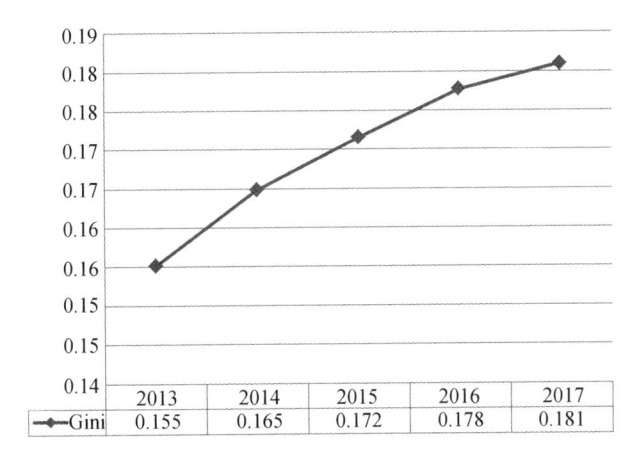

	2013	2014	2015	2016	2017
Gini	0.155	0.165	0.172	0.178	0.181

图5—5　各类专业技术人才的基尼系数变化

二　创新产出在空间上趋于扩散

根据专利授权量的基尼系数结果，2010年以来扬子江城市群的创新活动的基尼系数整体呈现趋于下降的趋势，2011年最高达到0.486，后面一直在持续降低，最低是2016年，达到0.272，说明扬子江城市群创新产出的空间差异在逐渐缩小，各城市之间的创新产出趋于相对均衡。

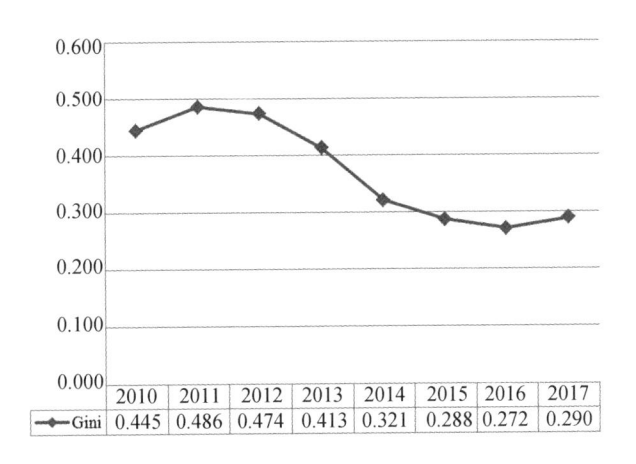

	2010	2011	2012	2013	2014	2015	2016	2017
Gini	0.445	0.486	0.474	0.413	0.321	0.288	0.272	0.290

图5—6　扬子江城市群创新产出的基尼系数变化

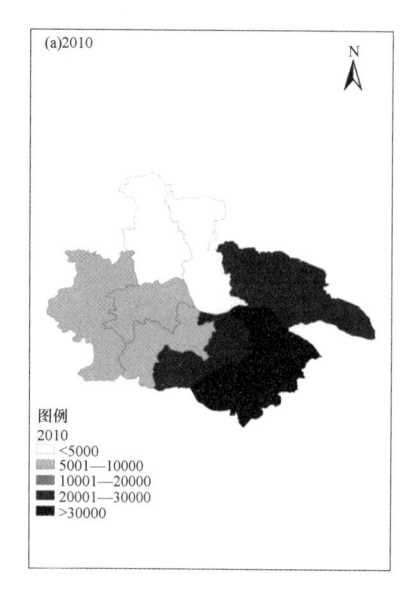

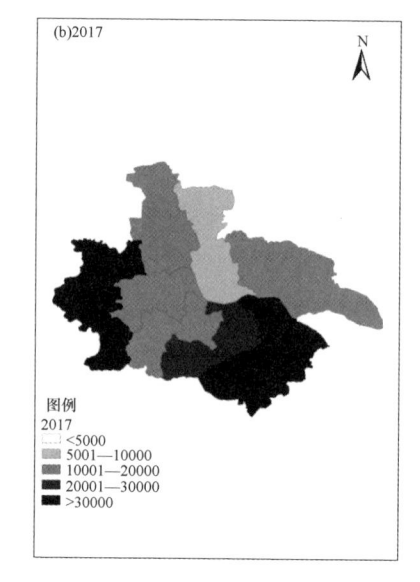

图5—7 专利授权量的空间比较

根据2010年和2017年的专利授权量的空间分布来看，2010年的创新产出受上海的"溢出效应"影响明显，呈现出了随着离上海的距离增加，由东向西创新产出逐渐降低的发展趋势。从扬子江城市群内部来看，南岸地区的创新产出明显高于北岸，尤其是苏南地区的创新优势明显。到了2017年，创新产出的扩散效应开始增加，尤其是南京的创新资源优势不断得以释放，创新引领作用逐渐凸显。

三 创新活动的空间关联性逐渐降低

空间基尼系数仅反映了创新活动的地理集中程度，没有更好地解释创新产出在空间上的相关性，可以通过空间自相关的显著性检验来识别创新产出随着时间的演化在空间上是否存在显著的集聚特征。根据2010—2017年沿江八市创新产出的空间自相关Moran's I计算结果和变化趋势，可以发现，扬子江城市群的区域创新产出在空间上的相关性在逐渐降低，2010—2014年Moran's I在持续降低，到2014年和2017年甚至表现出了负相关。可以发现，创新活动产出的空间分布在 2010—2017 年期间呈现为一种扩散的发展趋势。

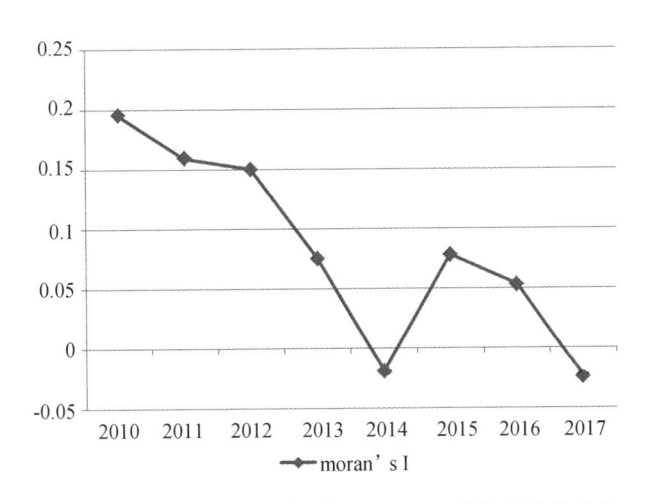

图 5—8　区域专利申请受理数 Moran's I 数值及变化趋势

区域创新产出的总体空间差异有可能掩盖局部空间上差异的变化，因此需要进行区域创新产出的空间关联局域指标 LISA 分析，探讨其局部特征。选取 2010 年和 2017 年两个时段扬子江城市群专利授权量空间 Moran's I 散点分布图来看，2010 年和 2017 年的差距十分显著。2010 年，八个城市基本都落在了第一和第三象限，具体

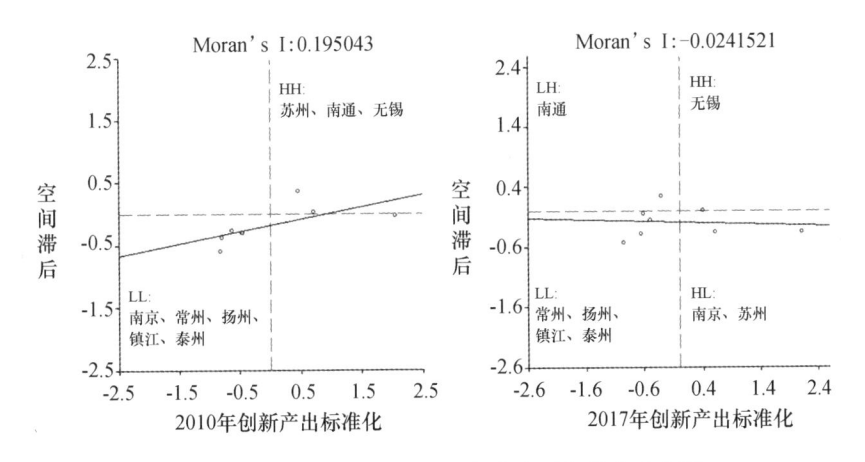

图 5—9　2010 年和 2017 年创新产出局部散点分布图

表现为较高创新产出的地区相对地趋于和较高创新产出的区域相临近，较低创新产出的地区相对地趋于和较低创新产出的地区相邻的空间结构。而到了2017年，Moran's I为负值，八个城市创新产出呈现出空间的负相关，从某种程度上可以认为扬子江城市群内部创新产出在地理空间的相互依赖性在逐渐降低。

第四节　高起点推动扬子江城市群协同创新发展的路径

区域协同创新是一种高效的创新，是以技术创新带动区域创新资源整合、促进区域创新效率提升的综合性创新。这不仅是区域合作、区域创新体系的理论演进，也是新时期突破行政区划刚性约束、实现区域均衡协调发展的内在要求。在实践过程中，必须要转变理念和思路，寻找新的突破点，找准跨区域协同创新的关键环节和路径，精准发力，高起点、系统化推动扬子江城市群协同创新共同体建设。

一　加强产业链与价值链一体化，形成产业部署上的协同

产业创新是科技进步的永恒主题，在区域协同创新的过程中，产业既是出发点，也是落脚点。基于价值链一体化的产业一体化是跨区域协同创新的重要路径和实践目标。对处于不同发展阶段的多城市而言，协同创新的核心是做好产业协同部署，特别是面向未来发展的产业方向，要超前谋划其相关配套，真正实现创新链的相互支撑、价值链的融合互动，放大协同创新网络的外部正向效应，共同培育整体区域的产业增量、创新增量。推动扬子江城市群的创新合作及产业转型升级，不是简单的产业转移，也不是寻求低成本发展空间，而是在推动产学研相结合的基础上，不仅要注重产业方向上的协同，更要关注产业链的配套性、价值链的耦合性，产生真正

意义的协同行为。

第一，提升扬子江城市群的首位城市南京的科技综合实力和全球竞争力，充分发挥南京在扬子江城市群协同发展中的产业创新核心引领带动作用和首位功能。在产业集聚、疏解、辐射等方面并重，筛选南京产业链中利润较高但又与其他城市竞争性较小的科技创新成果在南京本地进行产业化，推动高精尖技术本地产业化，推动南京的制造业以及整个产业链向高端化发展，提高南京参与世界产业竞争的能力。

第二，发挥扬子江城市群其他沿江城市的生态、空间优势，加强常规技术在扬子江城市群中后发城市及全国的产业化落地能力，探索城市之间的科技创新与产业转型升级的多元化合作模式，共建产业园区，延伸科技产业链条，形成科技创新成果的梯度转移，不同梯度城市需要根据实际情况提前谋划，细分产业领域和技术方向，划定重点发展的核心环节和链条，提高与高位阶城市之间的匹配度，缩小协同创新的位势差，真正对接和融入区域协同创新体系，推动扬子江城市群科技创新及产业发展在产业链条不同方向的分工与合作，实现整个区域经济差异化转型发展。

第三，在重点产业关键技术领域开展协同创新，围绕扬子江城市群优势产业等进行联合攻关，培育壮大发展新动能，共同加大产业前沿及关键共性技术研发投入，建设国家级产业创新中心、技术创新中心及技术创新联盟，加快突破核心基础芯片、智能制造装备和关键零部件的核心技术，在电子信息、高端装备、生物医药、汽车等领域形成世界级产业集群。重点围绕战略性新兴产业及亟待优化升级的传统产业构建相应研发中心、基地等，加强科技创新对相关产业的技术服务及指导作用，打造扬子江城市群创新孵化、加工制造、配套服务的完整产业链条。

二　推进创新平台合作共享，探索功能载体上的协同

区域协同创新是以实现区域协同发展为目的，突破发展壁垒，

推动要素和结构的新组合，形成区域发展新格局。就目前的情况来看，在短时间内，扬子江城市群内部的相关制度、体制框架、行政管理和边界壁垒还难以突破。因而，推进创新平台合作共享、实现科技资源、创新平台的高度共享，不仅是扬子江城市群创新协同发展的基本框架，更是实现扬子江城市群创新协作发展的较为可行的路径。

第一，发挥国家级江北新区的创新示范带动作用，提升南京引领扬子江城市群协同创新发展的能力，有效带动城市群整体创新发展。依托南京的高校、科研院所的资源优势，在南京周边城市建立科技创新孵化器和产业化基地，为整个扬子江城市群的科技产业化提供有利条件，以科技成果转化服务、协同创新平台建设等为主抓手，引导扬子江城市群各地企业、高校、科研院所加深产学研合作，优化科技创新环境，吸引更多的人才、资金、技术等要素集聚，打造要素流动洼地。

第二，促进科技资源共享，推动扬子江城市群科技创新重点实验室、大型科技创新研发设备、科技服务平台等科技资源共享，加强国家重点实验室、科技创新研究基地等的开放共享，相互开放国家级及省级重点科技创新实验室、科技创新中心、中试基地、孵化基地等，推动各类科研机构、院所等的互动合作，为相关科研院所及企业等开展孵化、中试、转化、产业化及技术交易等服务。

第三，构建联合攻关、自主创新的科技协作平台，实现科研院所、高校与各个城市之间的无缝隙合作，打造扬子江城市群创新孵化、加工制造、配套服务的完整产业链条，推动各市的科技创新合作，提高科技资源使用效率。围绕基础研究、关键共性、国际前沿等技术合作方向，创新合作机制；搭建资金、人才、信息等科技创新资源的共享平台，加快科学技术交易平台、科技金融、信息咨询、数据共享、人才流动等方面的对接，加强各个城市的科技创新成果在城市群区域内的产业化能力，通过科技创新能力较强、经济较发达城市的科技创新资源的辐射带动，实现城市群内部人才、空间、资金、技术等要素的优势互补。

第四，发挥市场主体——企业的核心地位，按照产业分工协作模式，通过跨市设立生产基地、分公司、研发机构，嵌入到当地的生产和创新网络，以产业链分工、价值链协作为依托逐渐集聚发展，形成实体产业载体和创新空间，如共建产业园、大学科技园区与成果转化基地等。在新信息网络技术条件下，特别是随着大数据、云计算、物联网和移动互联网的发展，企业的产业创新活动空间应适应"开放化、网络化、虚拟化"的特征，改变过去以实体机构开展协同创新的观念，结合自身的创新基础和资源优势，以创新服务、创业孵化、市场拓展为导向，积极吸引创新主体设立云中心、虚拟网络平台、开放共享平台等虚拟载体，提升自身在更大范围区域创新网络中的功能地位，建立与发达城市创新网络的有效对接，最终实现区域间的资源协同、要素协同和创新协同。

三 营造开放融合的创新发展环境，推进服务体系上的协同

从跨区域协同创新的形成条件看，开放性、融合性的环境对创新合作行为具有正向的激励和引导作用，同时，从影响创新主体跨区域合作的选址因素看，"成本第一"的标准越来越弱化，更多的是从综合运营的角度出发，更加注重区域的整体环境品质和服务配套水平，追求持续稳定的创新创业良性生态。

第一，做好政策支持的协同。扬子江城市群在推动和实现区域协同创新的过程中，各城市要转变过去的竞争思维，把服务提升和环境营造作为塑造大区域优势的出发点，尽可能减少政策的差异性，提升服务的协同性，共同构建开放融合的创新环境。发达地区或城市争取扩大部分政策的适用范围，后发地区和城市积极开展政策的延续和对接，创造开放性的创新氛围。

第二，形成区域协同联动效应。要以基础设施互联互通、产业发展协调融合、公共服务共建共享、生态环境共保共治、市场体系统一开放等为重点，在更大范围内整合发展资源、集聚生产要素，

形成区域一体化发展的联动效应。

第三，全面推进服务体系协同。做好创新服务的协同，包括信息、技术转移、知识产权、科技金融和双创孵化等专业服务资源的共建共享，也包括跨城市技术创新联盟、孵化联盟等功能性协同服务平台建设，构建扬子江城市群协同创新服务体系。

四　突破体制机制障碍，强化制度体系协同

构建扬子江城市群协同创新机制，确保扬子江城市群区域内部实现有序、协调、互补、互促发展，追求市域间分工协作、差距收敛的动态平衡，最终实现扬子江城市群融合发展。

第一，加快扬子江城市群协同创新共赢的前提是完善顶层设计，区域发展战略规划是建立和完善城市群协调发展机制的重要手段之一，尽快推动扬子江城市群区域发展规划的制定和完善，增强规划对各市协同创新的指导作用，将协同创新合作相关协议及各市的意向落到实处，较为完善的规划体系和适时调整的综合性规划法案，能够成为城市群管理与发展问题的规章和依据，并且能够保证城市群发展的时代特性和区域发展属性。同时也要在发展总体规划的框架下，细化人才发展规划、科技资源整合规划等方面的高层次规划，对扬子江城市群科技合作原则、合作方向、科技攻关、园区共建等进行统一协调，将科技优势转化为产业优势，共同打造扬子江城市群协同创新共同体。

第二，完善科技资源对接机制，成立扬子江城市群创新发展协调委员会，设置创新联席会议制度，主要负责沿江城市群创新发展相关规划、创新成果中试、创新成果产业化、跨市域园区协调建设、跨市域利益及税收分成以及相关法律法规制定等方面的工作。设立专门的科技需求调研小组，通过定期实地调研和协调，研究科技重大需求，明确扬子江城市群各市的科技基础及创新需求。围绕各市产业发展需求部署创新发展方向，定期进行重大科学技术的联合攻关，推动科技创新与产业发展的对接，切实解决产业发展与科

技创新脱离问题，消除二者之间的协同障碍，带动扬子江城市群整体发展水平提升。

第三，开展跨区域科技合作利益共享试点，建立跨区域的基于产业链条的利益共享机制，针对跨市域的科技创新产业化及产业转移，采用逐年税收递减的分成机制，跨区域的共建重大项目、共建园区、产业化等在5年内实行利益分成，而后逐年减少，提高跨市域创新协作的积极性。

第四，深入探索多元协同模式、培育协同创新理念、建立协同创新机构，在领导决策机制、门槛和标准设置、内生激励机制、投资融资机制、风险分担机制等层面形成有活力、可持续的协同创新机制体系，实现各个城市之间的合作由过去零敲碎打、"被动式"合作、以项目为基础的"政产学研"合作关系向建立更长期合作关系、规范化、制度化的创新融合体系转变，加快形成创新集聚效应和示范作用。

第五，考虑到扬子江城市群是沿长江形成的区域发展联盟，在推进协同发展共同体的过程中，应更加关注大家共同依存而生的长江的生态保护，构建扬子江城市群生态共建机制，在大气污染联防联控、区域水流域治理、生态资源红线管控等方面形成联动态势，形成生态环境协同治理的机制体制，以健全跨域生态补偿的长效机制、生态环境治理的市场化机制、生态文明建设的政绩考核与责任追究机制为重点任务，在八市协同发展共同体的框架之下构建区域统一的资源环境管理制度和共建共保共育的生态安全体系。

五　推动人才资源高效流动，形成"人"的协同

创新发展的根源来自于"人"，特别是具有新技术、新思维、新理念并掌握国际前沿技术的科学家、创新团队和复合型人才，他们对创新活动的过程及创新合作开展具有决定性作用。可以说，跨区域协同创新基点是"人"的高效流动，而区域间"人"的流动困境，则制约着区域间合作的层次和能级。

第一，加强区域人才协同创新顶层设计。深入调研区域人才交流合作方面的主要问题，围绕人才协同创新的重点领域和关键环节，在知识产权保护、人才资格互认、人才招聘、成果认定等方面，出台加强区域人才队伍建设的政策措施，为区域人才流动创造条件。建立完善扬子江城市群人才工作联席会议制度，针对区域内重大人才交流工作和事项定期协商。

第二，建立开放协作的人才互动交流协作体系。扬子江城市群重点要围绕不同类型人才跨城市创新创业的差异性需求，针对顶尖人才解决好制度保障问题，推动职称、待遇和成果认定等方面的重大改革，让更多的人才资源能够自由流动和配置，提高人的创造性和创新力；针对一般性创新人才解决好一体化发展服务问题，建立区域间人才互动交流与联合培养机制，形成开放协作的人才发展体系。最终，释放"人"的创新效能，实现城市之间"无极限""内涵式"与"可持续"创新合作发展。

第三，完善人才创新平台共用共享机制。搭建人才交流协作平台，打破各地区人才流动的信息"孤岛"，降低人才对话障碍，提高人才交流合作管理效率。推动沿江八市的众创空间、创业孵化基地等优质创新创业平台互联互通，促进各地区优质技术平台信息共享。建立标准统一、开放共享的产权交易市场，完善人才科技成果转化服务体系。

参考文献

陈晓东：《改革开放40年技术引进对产业升级创新的历史变迁》，《南京社会科学》2019年第1期。

陈智国：《新理念新思路推动跨区域协同创新》，《中国国情国力》2018年第5期。

樊春良：《新科技革命和产业变革趋势下中国科技强国建设之路》，《科技导报》2018年第21期。

江小涓：《高度联通社会中的资源重组与服务业增长》，《经济研究》2017 年第 3 期。

李国平：《加快构建京津冀区域协同创新体系》，《区域经济评论》2016 年第 2 期。

李京文、李剑玲：《京津冀协同创新发展比较研究》，《经济与管理》2015 年第 8 期。

李晓华：《信息技术推动下的分散式创新及其治理》，《财经问题研究》2016 年第 11 期。

王志宝、孙铁山、李国平：《区域协同创新研究进展与展望》，《软科学》2013 年第 4 期。

魏后凯、白玫：《中国企业迁移的特征、决定因素及发展趋势》，《发展研究》2009 年第 10 期。

易信：《新一轮科技革命和产业变革对经济增长的影响研究》，《宏观经济研究》2018 年第 11 期。

尹喆、周密：《京津冀区域协同创新发展的路径研究》，《现代管理科学》2016 年第 5 期。

赵昌文等：《工业化后期的中国经济增长新动力》，《中国工业经济》2015 年第 6 期。

周灿、曾刚、宓泽锋、鲜果：《区域创新网络模式研究——以长三角城市群为例》，《地理科学进展》2017 年第 7 期。

周及真：《企业创新行为模式研究——基于江苏省 82896 家企业调查数据的分析》，《上海经济研究》2018 年第 12 期。

（本章系江苏省社科基金重大项目"江苏沿江协同发展与扬子江城市群建设研究"成果之一。执笔人：吴海瑾、王聪。）

第六章

长三角一体化发展与江苏区域战略提升

摘要 在长三角一体化国家战略的统领下,江苏要与上海、浙江、安徽在空间功能协同、产业规划布局、交通体系建设、生态环境共建等方面,实现一体化的对接;在省域空间要通过加快打造高效交通体系、高效整合公共服务资源、以更高层次的对外开放和打造一流营商环境的措施,以系统的自主可控的创新驱动,来提升省域发展质量和区域能级,当好高质量发展的示范。建议在空间战略布局上,以苏锡常都市圈等高上海为牵引,规划建设长三角一体化苏沪浙先行示范区;以强化省会城市南京首位度为抓手,集聚国际国内顶级创新要素来提升区域辐射带动力;加快构建沿江八市+淮安、盐城部分区域的大扬子江城市群格局,实现苏南苏中跨江融合发展的重点突破,打造新形态的长三角跨江城市群;以大运河文化带建设为契机,推进淮河生态经济带与江淮生态大走廊联动,打造江苏生态经济发展示范区和大运河生态城镇群;以建设淮海经济区中心城市为契机,促进徐州、宿迁和连云港融合,打造新亚欧大陆桥国际经济走廊,更好服务于新形势下的"一带一路"建设。

长三角一体化上升为国家战略,江苏要站在国家战略层面和全球价值链上,立足区域一体化的高要求,进一步解放思想,率先行动,在空间规划、交通网络、产业布局、创新体系营造等方面,展现新的担当和使命,协力建设长三角世界级城市群,整体提升区域的发展能级，持续强化创新力和竞争力，当好高质量发展、现代化建设的领头示范。

第一节　长三角一体化发展：共识、行动与国家战略

长三角地区是我国经济最具活力、开放程度最高、创新能力最强的地区，是我国现代化进程的先行区。习近平主席在2018年11月5日上海进博会上的主旨演讲中宣布："支持长江三角洲区域一体化发展并上升为国家战略"，标志着长三角区域一体化发展进入新时期。回顾长三角区域合作和一体化的发展脉络和历史进程，主要包括这样几个阶段：

一　长三角区域合作和机制形成的探索阶段

长三角地区从2003年上海、江苏和浙江签署经济合作协议，达成共识，提出要以上海为"龙头"，苏浙为"两翼"共同推进长三角经济一体化。2008年安徽应邀首次参加，三省一市轮流举办会谈形成机制。2008年9月，国务院印发《关于进一步推进长江三角洲地区改革开放和经济社会发展的指导意见》（国发〔2008〕30号）。2010年6月，国家发改委印发《长江三角洲地区区域规划》，规划范围包括上海和江浙两省，规划期为2009—2015年，明确了长江三角洲地区发展的战略定位，提出以上海为核心的"一核九带"空间格局。2014年5月习近平总书记在上海考察时强调，要继续完善长三角地区合作协调机制，努力促进长三角地区率先发展、一体化发展。2016年5月，国务院批复《长江三角洲城市群发展规划》，包含26个城市（上海1个、江苏9个、浙江8个、安徽8个），首次在国家级层面规划中将安徽纳入，制定了包含苏锡常都市圈、南京都市圈、杭州都市圈、宁波都市圈以及合肥都市圈等多个空间组团，强调了上海、南京、杭州和合肥多点带动，目标

是培育更高水平的经济增长极。

二 长三角一体化发展行动提速阶段

2018年年初,由上海、浙江、江苏、安徽三省一市联合组建的长三角区域合作办公室在上海正式挂牌成立。2018年6月,长三角地区主要领导座谈会在上海召开,会议审议通过《长三角地区一体化发展三年行动计划(2018—2020)》,进一步明确了长三角一体化发展的任务书、时间表和路线图。"三年行动计划"指出,到2020年,长三角地区要基本形成世界级城市群框架,建成枢纽型、功能性、网络化的基础设施体系,基本形成创新引领的区域产业体系和协同创新体系,绿色美丽长三角建设取得重大进展,区域公共服务供给便利化程度明显提升。与以往的一体化规划不同,"三年行动计划"将合作的领域具体划分为12个专题,聚焦交通互联互通、能源互济互保、产业协同创新、信息网络高速泛在、环境整治联防联控、公共服务普惠便利、市场开放有序等7个重点领域,形成了一批项目化、可实施的工作任务,长三角一体化正持续向纵深推进,统筹协调更加有力,合作机制更加完善,政策措施更加有效,谋划也更加长远。长三角地区各省市在务实合作的基础上各扬所长,将有利于整体推动长三角城市群更高质量一体化发展。从更加宏观的视野看,"一带一路"和长江经济带战略的实施,为长三角城市群充分发挥区位优势和开放优势,更高层次更高水平参与国际合作和竞争带来了新空间。实施长三角一体化战略行动,也有利于推动其在"一带一路"和长江经济带发展中充分发挥其引领作用。

三 长三角区域一体化发展上升为国家战略

长三角区位优势突出,自然禀赋优良,综合经济实力强,城镇体系完备,拥有1座超大城市、1座特大城市、13座大城市、9座中等城市和42座小城市,是世界七大城市群之一。在原来的长江经济带发展规划中,长三角地区本来只是作为长江经济带的下游重要组成部分，以及"一带一路"与长江经济带的重要交汇点，肩负着加快形成国际竞争新优势、促进区域协调发展、提高城镇化质量的重要使命。2018年4月，习近平总书记在武汉主持召开深入推动长江经济带发展座谈会时指出，要优化长江经济带城市群布局，坚持大中小结合、东中西联动，依托长三角、长江中游、成渝这三大城市群带动长江经济带发展。2018年11月5日，习近平主席在上海进博会上的主旨演讲中宣布："支持长江三角洲区域一体化发展并上升为国家战略"，这表明长三角地区一体化发展，将与"一带一路""京津冀协同发展""长江经济带"与"粤港澳大湾区"一起，全面上升为新时代的国家区域发展大战略，共同承担起落实新发展理念、构建现代化经济体系、推进更高起点的深化改革和高层次对外开放、完善中国改革开放空间布局的历史使命，为全国的高质量发展起到引领示范作用，如期实现建设世界级城市群的目标。把原来作为长江经济带战略重要组成部分的长三角一体化发展，上升为新的国家战略，不仅是构建长三角世界城市群的重要保障，也是提升长三角地区高质量发展、带动长江经济带整体发展的战略需要。

第二节　长三角一体化发展的江苏作为与示范引领

江苏是长三角世界级城市群的北翼腹地，是长三角一体化行动的关键区域。从长三角城市和区域协作，到《长三角地区一体化发展三年行动计划》印发，江苏作为长三角地区经济大省、科教大省和开放前沿地区，从省级层面，强化"一盘棋"思维，以城市之间的协同而非竞争来积极对接龙头上海，显现出高质量发展示范引领的应有担当，始终是江苏的务实之举。

一 江苏推进区域协调发展的阶段性特征

从改革开放近四十年的进程和趋势来审视,新型城镇化、城市群形态主导的江苏区域发展,目前已经进入第三个发展阶段,或者称是3.0版本。1983年的江苏全域实施市管县,形成了11个(后来分设泰州、宿迁,增加到13个)市级的行政区,这是第一阶段;20世纪初规划的苏锡常、南京和徐州三大都市圈,可以说是第二个发展阶段;进入"十三五"、特别是省十三届党代会后,江苏打破苏南、苏中、苏北的界限,突出区域融合发展、城市集群发展,从扬子江城市群规划的提出,到全省"1+3"功能区的确定,则是进入了第三个发展阶段,或者称之为江苏区域发展的3.0版本。在第三个阶段中,从国家战略层面和长江经济带、长三角区域的大坐标中,江苏根据习近平总书记的要求和国家战略的需要,在区域发展战略方面不断进行新的探索。

二 江苏"1+3"重点功能区战略的形成

2014年12月,习近平总书记在江苏考察时明确指出,江苏处于丝绸之路经济带和21世纪海上丝绸之路的交汇点上,要按照统一规划和部署,主动参与"一带一路"建设,放大向东开放优势,做好向西开放文章,拓展对内对外开放新空间。2016年5月,国家发改委发布《长江三角洲城市群发展规划》,明确提出长三角地区建设成世界级城市群的目标。为了更好地对接世界级城市群的建设,2016年9月,时任江苏省委主要领导提出规划建设"扬子江城市群"的战略构想。2016年11月,江苏省第十三次党代会提出,"在更高层次统筹区域发展"。2017年5月,在《江苏省主体功能区规划》基础上,江苏正式提出"1+3"重点功能区战略:"1"即扬子江城市群,"3"包括沿海经济带、江淮生态经济区和淮海经济区中心城市,旨在打破传统的苏南、苏中、苏北三大板块的地理分界和行政壁垒,从行政区经济转向功能区经济,推动各区域之间分工协作、优势互补、特色发展。

三 江苏推动长三角一体行动的新部署

2018年6月，在长三角三省一市主要领导座谈会之后，江苏认真落实，扎实推进，明确提出要遵照习近平总书记关于长三角地区一体化发展的重要指示精神，以及《长三角地区一体化发展三年行动计划（2018—2020年）》和《长三角地区合作近期工作要点》的具体要求，近来在基础设施一体化、政策扩散一体化、区域市场一体化、社会治理一体化、公共服务一体化等方面加强与上海、浙江与安徽的对接，把自己能做的事更加积极有效地做起来、做到位，努力在推动长三角地区更高质量一体化发展中走在前列。要着眼于现实基础，江苏要扬实体经济之长，加快建设自主可控的现代产业体系；着眼于未来空间，江苏要扬通江达海之长，全面建设现代化综合交通运输体系；着眼于内部优化，江苏要扬协调发展之长，率先构建省域一体化发展的新格局。在区域发展方面，省委强调指出，习近平总书记明确要求江苏"做好区域互补、跨江融合、南北联动大文章"，放到长三角一体化的大背景下来考量，江苏已经到了推动内部一体化发展甚至融合发展的时候。这当中，苏南地区一体化程度比较高，特别是苏锡常地区形成了连绵150公里的都市区，以南京为中心的宁镇扬一体化也取得了积极进展。此外，以淮安、宿迁和里下河地区为依托的江淮生态经济区，以连云港、盐城、南通三市共同构建的沿海经济带，以及将徐州作为淮海经济区中心城市来打造，也都有必要从一体化的高度进行前瞻性谋划。因此，要在一些条件比较成熟的地方率先推动跨地区的融合，以局部的一体化促进更大范围的一体化，为整个长三角的一体化发展作出积极探索。

2018年7月，江苏省委十三届四次全会进一步强调在更高层次上推进区域一体化进程：将区域一体化作为实施"1+3"重点功能区战略的重要内容，努力形成区域发展新格局。省级层面加强政策引导，努力实现相关地区共用一张蓝图、共建一个发展体系、共享一套公共服务。支持宁镇扬、苏锡常等有条件的区域率先突破。更加扎实推进"一带一路"交汇点建设，全力支持连云港、徐州等节点城市建设，更高水平推进国际产能合作，构筑我省对外开放新优势。目前，围绕长三角世界级城市群的龙头城市上海，江苏在推进苏锡常都市圈整体对接上海、南通以空间资源整合全面融入上海等方面，用具体的行动展现了这种积极担当。

2018年11月，江苏省人大常委会通过"关于支持和保障长三角地区更高质量一体化发展的决定"：凝心聚力支持和保障长江三角洲区域一体化发展的国家战略顺利实施，充分认识长三角地区更高质量一体化发展对服务全国改革发展大局、提升江苏核心竞争力的重要意义，全面贯彻新发展理念，推进制度创新，按照"上海进一步发挥龙头带动作用，苏浙皖各扬其长"的推进路径，与上海、浙江、安徽两省一市紧密协作，共同把长三角地区建设成为我国发展强劲活跃的增长极、全球资源配置的亚太门户、具有全球竞争力的世界级城市群，为推动长三角地区更高质量一体化发展、更好引领长江经济带建设、更好服务国家发展大局做出江苏贡献。省及设区市人民政府制定的经济社会发展规划，应当主动与上海、浙江、安徽两省一市对接，着力构建分工合理、各具特色的空间布局，提升长三角地区城市群整体竞争力。研究探索建设长三角一体化发展示范区，发挥辐射和联动作用。围绕加快建设自主可控的现代产业体系、全面建设互联互通的现代综合交通运输体系、率先构建省域一体化发展的新格局等，积极推动跨行政区融合发展。积极推动长三角地区建立统一的市场标准体系，营造规则统一开放、标准互认、要素自由流动的市场环境，全面清除行政壁垒，及时修改或者废止有碍市场统一的有关规定，共同打造长三角地区更优营商环境。

2018年12月，江苏省委要求全省上下，要深刻认识长三角区域一体化发展上升为国家战略的重大意义，准确把握中央对长三角区域一体化的战略定位和实践要求,奋力抢抓重大机遇,在融入一体化、服务一体化、推动一体化中,扛起江苏责任、拿出江苏作为、做出江苏贡献。要争改革开放之先,增协调发展之优,扬实体经济之长,补交通体系之短,抓紧推进我省参与长三角一体化发展最重要、最紧迫的事情,在基础设施一体化、政策扩散一体化、区域市场一体化、社会治理一体化、公共服务一体化等方面加强系统研究,把自己能做的事更加积极有效地做起来、做到位,努力在推动长三角地区更高质量一体化发展中走在前列。具体策略为统筹推进区域协调发展,认真研究江苏融入长三角区域一体化发展的目标定位和实现路径,务实推进宁镇扬、苏锡常一体化,大力推动长江两岸跨江融合,放大扬子江城市群在区域发展中的整体竞争优势,提高南京首位度,支持徐州淮海经济区中心城市建设,加快江淮生态大走廊、江南文化和大运河文化带、沿海经济带建设。

第三节 长三角一体化国家战略:江苏的新机遇新担当

近年来,在新发展理念和高质量发展的要求下,长三角发展的协同性在不断增强,从城市协作开始,不断地凝聚共识,上升为三省一市的共同战略举措。特别是2018年6月长三角地区主要领导座谈会通过《三年行动计划》,各地推动一体化的步伐进一步加快。2018年11月,三省一市人大分别通过支持和保障长三角高质量一体化发展的决定,在法律层面为一体化发展提供保障。谋划新形势下江苏如何融入长三角高质量一体化发展,必须从国家战略出发,加强区域协同,进一步把握和对接上海、浙江、安徽等地的战略布局和重大举措,积极寻求和优化江苏的应对、对接和发展之策。

(一)上海:着力推动"1+7"大都市圈空间协同

上海,一直在长三角一体化进程中和高质量发展中发挥强龙头作用。但由于上海本身只有6300多平方公里,经济体量与江苏、浙江的经济总量相比，也不占优势，因此，以上海为中心，构建包括相邻江苏的苏州、无锡以及浙江嘉兴、湖州等城市在内的上海大都市圈，以大都市圈来统领长三角世界级城市群的建设，从而进一步彰显自身的全球城市、世界城市的能级地位，一直是上海的战略追求。2016 年，国家长三角世界级城市群规划出台后，上海为改变行政区域空间局促问题，打造世界城市、全球城市，发挥"四个中心"的作用，加快谋划以上海为圆心的上海大都市区、都市圈。党的十九大之后，《上海市城市总体规划（2017—2035 年)》率先发布：上海将主动融入长三角区域协同发展，与江苏、浙江共同构建上海大都市圈。当前正加紧制定的《上海大都市圈空间协同规划》，是在国家发改委指导下，由上海与江苏、浙江三地规划部门协作推进的，初步拟定的范围包括上海，江苏的苏州、无锡、南通，浙江的嘉兴、宁波、舟山、湖州，构成"1＋7"的大都市圈格局，陆域面积 4.9 万平方公里，常住人口约 6500 万人。2018 年 12 月，上海市人民政府专门向江苏、浙江两省政府发函，商请共同成立上海大都市圈空间协同规划编制领导小组，就加强区域协同、深化专题合作、统一市场建设、创新合作机制等方面进行磋商、对接，从长三角区域、上海大都市圈、邻沪地区三个层面来系统推进规划协同工作。这表明，上海真正从国家战略的高度，积极承担起新的担当与使命，在长三角一体化行动中，以上海服务来扩展自身的影响，共同推进长三角地区的高质量发展。就江苏来说，则会对苏锡常一体化发展形成挤压和分解效应。

（二）浙江：着力推动大湾区、大花园、大通道、大都市区建设

统筹推进大湾区、大花园、大通道和大都市区建设，是浙江省第十四次党代会和省十三届人大一次会议做出的重大决策和战略部署，是浙江省推进"两个高水平"建设的大平台，也是浙江省推动高质量发展的主战场。其中，大湾区是现代化浙江的空间特征，总目标是"绿色智慧、和谐美丽的现代化世界级大湾区"，突出对接上海、聚焦杭甬一体化发展、强化创新驱动、要素集聚和高端产业发展，体现高质量、竞争力、现代化的目标导向，构筑"一港、两极、三廊、四新区"的空间格局，"一港"：高水平建设中国（浙江）自由贸易试验区，争创自由贸易港；"两极"：增强杭州、宁波两大都市区辐射带动作用，带动环杭州湾经济区创新发展、开放发展、联动发展；"三廊"：以高新区、高教园、科技城为依托，加快建设杭州城西科创大走廊、宁波甬江科创大走廊、嘉兴G60科创大走廊；"四新区"：谋划打造杭州江东新区、宁波前湾新区、绍兴滨海新区、湖州南太湖新区。大花园建设范围是全省，核心区是衢州市、丽水市，形成"一户一处景、一村一幅画、一镇一天地、一域一风光"的全域大美格局，建设现代版的富春山居图。大通道建设，到2022年，浙江省率先基本实现交通运输现代化，基本建成省域、市域、城区"三个1小时"交通圈，省交通网络通达率、综合枢纽一体化服务功能、运输服务质量效率和物流信息化水平全面提升，海陆空多元立体、无缝对接、安全便捷、绿色智能的现代综合交通运输体系加快建成。大都市区建设是浙江省区域经济和城市化进入新发展阶段的高级功能形态，是大湾区的主引擎、大花园的主支撑、大通道的主枢纽。大都市区建设以推动共建长三角世界级城市群为龙头、以推进杭甬（杭州宁波）一体化发展为主轴、全力建设杭州、宁波、温州、金华—义乌四大都市区，加快集聚高端要素、高端产业，增强中心城市综合服务能力，带动周边县区、特色小城市、卫星城镇的一体化发展。关于杭州都市区的范围，根据长江三角洲城市群发展规划，包括杭州、嘉兴、湖州、绍兴四市。2018年10月，浙江省衢州市、安徽省黄山市正式加入杭州都市圈合作发展协调会，至此，杭州都市圈由一省四市扩容为杭州、湖州、嘉兴、绍兴、衢州、黄山二省六市，正式进入3.0时代。杭州都市区扩容后，多层级、复合型一体化发展的趋势明显，使近年来南京一直在呼吁并推动的宁宣黄发展带的可能性大大降低，并对南京一直谋划的宁杭生态经济发展带产生一定的影响。

（三）安徽：打造水清岸绿产业优的美丽长江经济带

安徽在长三角成员中属于后来者，但态度积极、行动更快，不仅全力支持上海发挥龙头带动和中流砥柱作用，还宣布携手苏浙、立足省情、扬皖所长，以打造水清岸绿产业优的美丽长江（安徽）经济带，共同推动长三角更高质量的一体化发展，走出一条符合中央要求、体现安徽特色的高质量发展新路子。一是当好长三角科技创新策源地，以G60创新带新辟与浙江、上海联通的创新通道，重点聚焦信息、能源、健康、环境等领域的合作，打造服务全域的战略科技力量，集中突破一批核心技术、关键技术，以高能级平台支撑高质量创新。二是当好长三角生态绿色后花园，把山水林田湖草作为一个生命共同体，全力打好污染防治攻坚战，加强生态环境联防联控，共同构建长三角地区生态安全屏障。三是当好长三角产业发展生力军，打造长三角有机安全的"大粮仓""大菜园""大厨房"，做大做强先进制造业集群，统筹推进"三重一创"特别是24个战略性新兴产业基地建设，全面提升产业分工协作含金量和附加值。四是当好长三角对接"一带一路"西大门，发挥联南接北、左右逢源的区位优势，争当击楫中流改革先锋，努力成为长三角对接"一带一路"、联通长江经济带中上游的开放门户。五是当好长三角能源供给大通道，强化"皖煤东运""皖电东送""西气东输"，提升区域互济互保能力。与此同时，围绕打造长三角区域合作协调机制"升级版"，努力做到"四个对接"：在重大战略上一体对接，在发展规划上等高对接，在合作项目上深度对接，在体制机制上无缝对接。

（四）沪浙皖推进一体化行动对江苏区域发展的启示

第一，推动长三角高质量一体化发展，必须顺势而变，加强省域层面大战略的强力引领。无论是上海的"1+7"大都市圈，还是浙江的大湾区建设，还是一市三省共同推动的G60科创走廊建设，都是促进区域发展格局重组、动能跃升的大手笔。为了改变江苏苏南、苏中、苏北区域发展不均衡的格局，2017年，江苏着力推动

"1+3"重点功能区,特别是扬子江城市群和沿海经济带,都是长三角高质量一体化发展的重要组成部分和重点区域,江淮生态经济区和淮海经济区中心城市,则是突显江苏特色、在淮河生态经济带和一带一路等大战略中促进江苏区域协调发展的战略之举。建议江苏在结合长三角高质量一体化发展的最新要求进行优化的基础上,更大力度地深入推进"1+3"重点功能区建设行动,纳入江苏高质量发展的战略行动和评价考核体系中。

第二,推动长三角高质量一体化发展,必须优化环境,发挥市场对资源要素配置的能力。一体化是一把双刃剑,一方面,如果江苏的营商环境不断优化,创新生态良好,有助于集聚优质资源推动江苏高质量的发展;否则,由于在一体化的过程中行政壁垒在不断地被打破,江苏发展的优质资源可能会大幅地流失,特别是在上海推动大都市圈建设和浙江推动大湾区建设、更多地由上海和安徽主导的G60科创走廊建设的背景下,如果江苏不能更好地尊重市场规律,更好地发挥市场的作用,江苏的南京周边和江苏中北部区域的发展优势就难以体现出来。

第三,推动长三角高质量一体化发展,必须主动协同,在服务长三角大局中放大自身优势。要加强与上海的联系。作为世界全球城市、世界卓越城市的定位,上海的空间发展战略是全方位的,其带动辐射的空间呈现倒"K"字形,向东是面向太平洋,重点推动国际化,向南辐射宁波、舟山,向西南辐射嘉兴、杭州,向西辐射苏州、无锡等沪宁沿线,向北辐射南通、盐城等地。不断加密上海与江苏在北线南通、西线沪宁的联系,特别是苏州、无锡在传统合作的基础上拓展路径、放大优势,南通、盐城要更加积极主动地承接,进一步锚定江苏对接上海的战略优势。要加强与浙江的联系,继续推进宁杭生态经济带,促进南京都市圈与杭州都市圈的对接。要以G60科创走廊为依托,在科技创新上更好地对接上海的同时,增强与浙江的互动,特别是增强苏州在环太湖地区的影响力和带动力,与无锡、湖州等地共建环太湖生态创新圈。要加强与安徽的联系。安徽从泛长三角到长三角成员,不再强调中部省份,我们要充分看到安徽的科技先发优势可能带来的经济迅速发展的后发优势。在拆分巢湖、做大合肥之后,合肥等高南京发展,国家科学中心的获批,已经在某些发面超越南京。长三角,从一主两副变成三副中心。长三角规划的合肥都市圈,把原来南京都市圈中两个安徽城市切走,组成合肥都市圈,以合肥带领芜湖、马鞍山等沿江城市,共同加入长三角。产业转移,轨道交通先行,要以交通对接引领滁州、马鞍山等地的产业与南京对接,南京都市圈对接,轨道交通规划。在安徽南部,要充分关注皖南与杭州的绿色对接,徽州与杭州高铁带来的新融合,在宁杭和宁宣黄线等方向进一步加大对接力度。

第四节　长三角区域一体化国家战略：江苏发展的新机遇新担当

长三角区域一体化发展上升为国家战略,将给三省一市带来共有的发展大机遇,但就地处长三角核心区域和关键腹地的江苏来说,则可以发挥自身的整体优势,来获得更多的发展新机遇。特别是在空间一体、交通对接、产业融合以及各种要素资源的优化配置上,会出现先导效应,并为原有的多重国家战略的实施,提供更高的平台、更大的空间、更好的示范引领,从而加快提升江苏区域发展的整体能级,强化内生动力和协同效应,率先成为长三角一体化建设的示范区,为长三角城市群成为我国现代化的先行区、示范区,全面提升国际化水平,提供多元的动力系统支持。在长三角区域一体化发展国家大战略下,江苏区域发展要把握机遇、超前谋划,在推动更高质量一体化中走在前列、率先突破,充分体现江苏区域发展的新担当、新作为、新贡献。

一 对标高质量发展的要求，引领区域空间规划一体化

在推进长三角一体化行动中，作为"龙头"上海的地位进一步巩固，承担的责任更大，必须积极作为。但上海自身也认为，在其6300多平方公里的地域空间内，未来是无法支撑起"世界级城市群龙头"的发展重任的。世界级城市群的龙头城市，比如纽约、东京、伦敦、巴黎等，辐射区域基本都在数万平方公里，当前的经济总量是上海的2—3倍。以上海为龙头，将上海的腹地和辐射空间，扩展至长三角地区，则能破解空间较小、产业布局问题，江苏是上海在长三角地区的核心区，苏锡常和南通已经形成了接受上海辐射、要素外溢的空间形态与市场机制，过去行政上的壁垒会进一步被打破，特别是新的上海大都市圈的规划，将苏州、无锡与南通三个城市纳入，将会对苏锡常都市圈、南通及江苏沿海发展带强化一体化效应。在交通网络、能源供给、产业协同、信息网络、环境整治、公共服务、市场开放等方面，真正破除行政边界，实现先行突破，同城化、一体化发展带来的成效将更为显著。

在推进长三角一体化进程中，上海和江苏、浙江相邻地区的一体化发展，已经化为具体的行动。在新的长三角一体化发展的国家战略中，江苏和浙江的临沪地区，必须在更高层面上实施对接一体化行动，展示融合发展的示范效应。对江苏来说，苏锡常以及南通等地区站位更高、在集聚度、空间产出上，对标上海，通过空间传导、产业升级、基础设施建设来对接上海，从而最大化的承接中高端资源的输出，加快自身的"腾笼换鸟"，着力构建分工合理、各具特色的空间布局，以提升长三角城市群核心区域的竞争力、创新力。目前，沪苏浙正在联合编制《上海大都市圈空间协同规划》，提出交通一体化、生态环境共保共治、市政基础设施统筹、绿色网络、蓝网纵横、文化魅力域旅游提升、产业协调发展、合作机制保障与创新等八大系统行动，增强上海大都市圈空间协同。此前，围绕融入上海都市圈，苏州提出"建设环太湖世界级湖区"，无锡提

出"太湖长江发展轴和沿湖生态发展环",南通提出建设上海"北大门""北翼门户城市"等,都是对接上海的策略之举与务实行动,是进一步解放思想、实现高质量发展的新路径。

二 优化产业空间布局,持续提升区域发展竞争力

城市群的发展,必须要有核心都市圈为中心区域,这是工业革命以来世界级城市群演进的基本规律。长三角世界城市群的地位确立,必须依靠上海大都市圈的支撑。当江苏的苏锡常都市圈的苏州和无锡以及南通纳入到上海都市圈的空间规划之后,江苏自身的区域发展高地在哪里,自主可控的产业体系边界在哪里?这决定了江苏要重新谋划自身的城镇空间布局和产业空间布局,持续提升区域竞争力。

因此,必须建设江苏省域扬子江城市群"强龙头",增强南京作为区域中心的集聚辐射能力,促进区域内大中小城市和小城镇协调发展,协同构建"链接全球,区域协同"的南京都市圈。提升南京首位度,交通要先行,要依托高铁和高速公路网络布局优化,推动江苏发展由平面化"多中心"结构,向"省会南京主中心枢纽"的交通网络结构转变,省域的交通网络从过去的"井"字方格网,向以南京为中心的"米"字形放射结构升级,建成环形放射状铁路枢纽格局,进一步凸显南京铁路枢纽辐射中心功能。高速铁路形成"米"字形八向放射格局,特别是规划宁淮、宁宣城际铁路,构成鲁苏皖赣闽铁路新通道,可以彻底扭转南京铁路枢纽向东北往环渤海方向和向南往黄山、福建方向路径不畅的局面。要进一步扩大南京作为高铁枢纽的辐射集聚范围,增强南京高铁枢纽与周边城市铁路枢纽(上海虹桥站、杭州东站、合肥南站)的竞争力。同时,在既有的南京站、南京南站两大主站格局下,规划建设南京北站,成为江北新区重要的枢纽门户;将宁宣、宁扬、宁马城际铁路正线引入禄口国际机场设站,打造空铁联运枢纽门户。此举将进一步增强南京作为区域中心城市的集聚力和向心力,发挥南京的资源集聚能

力和辐射引领功能，引领扬子江城市群和南京都市圈在长三角城市群中的北部战略支点功能。

在扬子江城市群的长三角的空间范围内，提升南京的能级地位，还可进一步放大南京江海联运的海港功能，发挥其在长江经济带的集聚辐射力。可重点推进宁镇扬港口一体化整合，加强南京港与江苏省沿江沿海港口的联动发展，明确功能定位，避免恶性竞争；大力发展江海联运、水铁联运、水陆联运，放大政策叠加、资源整合、功能集成及港产城联动效应。建设扬子江城市群的龙头城市，南京还必须提升空港枢纽在长三角城市群中的能级，凸显禄口机场在长三角机场群中的合理功能和清晰市场定位，着力开放培养区域航空市场，拓展空港枢纽区各类运输覆盖范围，优化机场地面集疏运功能，提升机场客货运服务品质和效率。

三　推动多重国家战略的空间落地，强化各板块发展合力

江苏是"一带一路"、长江经济带和长三角一体化三大国家战略的叠加区，自身又有"1+3"主体功能区，如何处理协调好多重发展战略的空间协同，一直考量着地方的发展智慧。以长三角一体化的最高"令牌"，来统筹空间、交通、产业、生态、公共服务等方面的规划和行动，不仅可以为各地提供制度化保障，也有利于江苏大区域内的协同发展，解决好扬子江沿江城市群与沿海经济带、淮海经济区与东陇海区域以及江淮生态经济区的空间统筹发展，全方位"嵌套"、融入长三角一体化大空间。而大运河文化带、淮河生态经济带等国家级战略，则可以为江苏南北联动提升发展质量、东西贯通扩展绿色发展空间，提供新的多向支撑，形成更大的合力。

确实，多重国家战略与自身的区域发展战略的叠加交汇，使江苏省域空间承载了多个层级的压力，如何让压力转变为动力，并把动力形成创新发展、协同奋进的合力，就成为区域高质量发展的重要课题。从现实条件来看，在长三角一体化的进程中，按照"上海

进一步发挥龙头带动作用"的大方向,江苏必须把主动对接上海、强化沪宁通道,尤其是实现环沪地区的融合发展作为首要任务。"上海2035"规划提出构建以高速铁路、城际铁路和高速公路为骨干、多种方式综合支撑的区域城际交通网络,重点提升沪宁、沪杭、沿江、沪通、沪湖、沿湾、沪甬7条区域综合运输走廊的服务效率、能级和安全可靠性。其中,沪宁线廊道组织以客运(商务)、货运为联系重点,以高铁、城际、普铁、高速公路、公路构成主要交通方式。继续强化沪宁通道的作用,可以促进苏锡常都市圈"空间一体化、主轴同城化",高位、整体对接长三角龙头、世界级城市上海。

城市群的核心纽带是由产业体系、产业集群构成的价值链条。在空间一体化的进程中,产业链、创新链和价值链要协同构建,在长三角一体化发展的要求下,地方出台的竞争性产业引导政策,要跳出自身行政区,最大化尊重市场要素的配置规律,展现协同发展的共识与实际行动。围绕党的十九大报告提出的"培育若干世界级先进制造业集群"目标,长三角可加快在汽车、集成电路、人工智能、智慧城市等重点领域的布局,苏锡常都市圈加快对接上海的过程中,可结合"上海2035"规划、苏南自主创新示范区的政策引导,在新的空间结构体系和产业结构中,推动实现资源互补、协作共赢,促进形成高效合理的产业分工体系。在《长三角城市群发展规划》中,苏州被定位为Ⅰ型大城市,无锡、常州被定位为Ⅱ型大城市。在苏锡常都市圈中,苏州需要激活都市圈核心城市的引擎功能,更多地发挥紧靠上海制造业大区松江、生态资源优势区青浦及汽车产业优势区嘉定的优势,通过更深层次地对接上海,全面接轨上海新一轮发展规划,主动对接上海全球城市建设,积极构建上海国际金融中心和贸易中心延伸基地、上海国际航运中心和经济中心配套基地、上海科技创新中心技术转移基地等,提升参与全球产业链的深度和水平。

现阶段长三角地区的经济发展水平和城镇化率水平,已经全面进入城市群和都市圈时代，需要新动力、新机制，苏南、苏中地区的融合发展时机已经成熟，现有和规划建设的高铁、城际轨道、地铁、轻轨等构成的快速通勤出行网络，将使沿江地区形成"半日工作圈""一日生活圈"。在长三角一体化的空间、交通、产业、生态等政策引导下，苏锡常都市圈还可以加快跨江发展，促进江苏南北空间一体化融合。江苏南沿江及沪宁线主导的苏南五市面积2.81万平方公里，人口3300多万；北沿江的苏中三市面积2.04万平方公里，人口1640万。沿江南北空间的深度融合，近5000万人口的深度流动，一体化发展将培育出长三角城市群中最大最优的增长区，并将带动江苏区域发展能级的整体提升。现阶段，苏南、苏中在经济发展上形成的梯度格局，也为两大板块联动发展，共同构建一体化、开放型、网络化的跨江城市群，提供了较好的基础条件。

四 构筑区域创新网络，持续提升省域创新力

长三角一体化国家大战略，有助于充分发挥市场机制在区域资源配置中的决定性作用，清除各种显性和隐性的壁垒，在多带互动、多点联动的区域创新网络中，持续提升省域创新力。

围绕高质量发展的新要求，江苏的全面深化改革进入深水区，产业升级、城市转型、区域协同进入新阶段。就整个省域来说，依托"1+3"主体功能区，在产业空间布局、要素配置体系上，加快南北携手、多带互动、多点联动，将会释放新一轮发展的活力，持续提升区域的创新能力。江苏的区域创新力在连续8年保持全国第一位后，已经被广东超越，在省份排名中下降到第二位。在新一轮区域竞争中，江苏如何在与浙江、广东构成的"第一方阵"中，保持核心竞争优势，确实面临巨大的挑战。在长三角一体化战略下，江苏的实体经济底子厚，产业门类齐全，市场化的资源配置需求会更强，政府的作为也就更大。应该参照浙江、上海的服务企业的做法，在营商环境的打造上出新招、实招，全面系统推进"不见面审批"，发挥集成改革效应，打造长三角地区的营商环境最好的区域，

在打造新产业高地中培育创新高地，在培育创新高地中打造创新高峰，让创新高地、创新高峰形成有机联动的网络，不断涌现出具有行业竞争力的创新主体，从而形成生生不息的创新集群、释放出源源不断的创新能力。

当前，长三角一体化，无论就区域还是省域来说，推进一体化市场体系建设实属首要任务。要共同打造长三角更优营商环境，就必须破除制约区域间要素流动的体制机制障碍，建设规则相同、标准互认、要素自由流通的统一市场，推动政务协同、监管协同、服务协同，从而最大限度地降低区域交易成本、促进区域资源自由流动、提高资源配置效率。《长江三角洲城市群发展规划》提出，到2020年，城市群一体化发展的体制机制更加健全，阻碍生产要素自由流动的行政壁垒和体制机制障碍基本消除，统一市场基本形成。为此，要改变行政壁垒带来的各自为政、条块分割、内耗、低效的现象，共同推进长三角营商环境的一体化。要在近年来"不见面审批"改革及"互联网＋政务服务"和"3550"改革带来的营商环境持续改善的基础上，持续对标世界银行的营商环境标准，补足短板、深化改革，严格落实负面清单管理制度，通过制度创新为深化区域内分工和错位发展创造更加良好的条件。

同时，要在都市圈、城市群的范围内加快构建与国际通行规则相适应的投资、贸易制度，共建一批开放性的合作平台，在更大范围内推动资源整合、一体化共享。要充分发挥长三角地区主要领导座谈会决策议事功能，强化联席会议协调功能，完善长三角区域合作办公室工作机制，做好产业引导和产业政策信息公开公平"落地"，全面有效整合市场和企业的资源，务实推动区域一体化的市场化运作。通过建设产权交易共同市场，提高金融市场一体化程度，建立土地高效配置机制，推动要素市场一体化建设；通过设立长三角地区一体化发展投资基金，建立地区间横向生态保护补偿机制，建立合理的税收利益共享和征管协调机制，健全成本共担利益共享机制。省内的苏通、苏宿工业园的成功，其政策与制度安排可放大到南通、盐城与上海共建的合作园区。目前，在党的十九大确定的新一轮区域发展方略的引导下，跨行政区共建园区、智慧新城都在积极探索中，浙江台州与上海松江共建产业园；在粤港澳大湾区内，深圳汕头产业园已经取得了积极的进展，香港也在惠州建立了智慧新城。这些探索，都可为江苏进一步加大跨省合作的力度，提供实践的启示。在长三角一体化的大战略下，江苏可围绕以上海虹桥为中心的江浙沪三地交界的核心区域，共建区域一体化高质量发展示范区，通过设施协作共享、人才资源互认共享、社会保障互联互通等公共服务的一体化建设，构建长三角高质量一体化的区域创新生态系统。

长三角一体化，可有效推进高层次人才的自由流动。高层次人才是江苏赢得竞争主动与优势的第一资源，是江苏实现"六个高质量"发展的刚需和标配。江苏要完善高层次人才集聚的顶层设计，形成与高质量发展要求相适应的人才制度体系，构建从引进来、用起来到留下来的"政策链"，点燃高质量发展的"人才引擎"，努力实现由"跟跑者"到"领跑者"的转换。人才引进要有全球视野，实行精准识别、精准引进、精准使用，构建区域性人才高地。建立高层次人才集聚模型，放大人才引进的"青藤效应"，推动遍布在世界各地的江苏籍高层次人才回苏创业。打造人才枢纽，壮大人才经济，实现人才链与产业链，创新链和价值链的深度对接和有效融合。加强人才领域的"放管服"改革，发挥政府、市场和用人主体作用，营造集聚高层次人才的政策环境，增强江苏各类城市吸引人才的"黏性"，打造具有高度凝聚力和吸附力的创新中心和强磁场。

第五节　践行长三角一体化发展的江苏区域战略提升行动

长三角一体化上升为国家战略，是长三角三省一市的共同机遇，同时也将对长三角内部的发展进行格局重构和优势重塑，包括长三角的经济重心、产业重心和资源流动集聚的方向都会发生相应的变化。在长三角一体化国家战略的实施中，无论是处于"一带一路"交汇点、长江经济带"龙头""龙颈"位置，还是作为一流世界级城市群的核心区域，江苏都主动抓住这个重大机遇，在抢抓新机遇中开辟新路径、激发新动能，进一步优化区域发展战略，实现发展的增量、战略的叠加、优势的重塑，实现新时代的高质量发展。

按照长三角世界级城市群建设的目标，在长三角一体化国家战略的统领下，江苏近期应在对接长三角一体化三年行动计划中，进一步提高站位，明确定位，承担使命，通过加快打造高效交通体系、加快整合公共服务资源、更高层次的对外开放和营造一流的营商环境，以系统的创新驱动来提升省域发展战略。在空间战略布局上，要以苏锡常都市圈等高上海为牵引，把强化省会城市南京首位度为重要依托，将镇江句容、常州溧阳、扬州仪征以及淮安盱眙划入南京代管。构建沿江八市+淮安、盐城部分区域的大扬子江城市群格局。要顺应要素流动的规律，实现跨江融合发展的重点突破，将苏锡常打造成带动北沿江发展的跨江城市群；南通要抢抓上海第三机场规划机遇，积极申报国家级"江海新区"，主动策应上海北向跨江发展，加快融入上海步伐，并带动盐城的部分地域从上海"飞地"变为直接辐射带动区。要以大运河文化带建设为契机，推进淮河生态经济区与江淮生态大走廊联动，打造江苏生态经济发展示范区和大运河生态城镇群；以建设淮海经济区中心城市为契机，促进徐州、宿迁和连云港的融合，强健中国东部地区的"发展之腰"，打造新亚欧大陆桥国际经济走廊，并直接服务于新背景下的"一带一路"建设。

一 以苏锡常一体化高质量发展，等高融合上海大都市圈

把握世界级城市群、大都市圈的发展规律，以苏锡常"一轴两带"网络化空间"等高"对接上海。在城市群、都市圈时代，区

域能级重要表现在：经济体量与发展质量，交通网络及枢纽效用，科技创新资源的集聚能力，全息特征的开放度，对大企业总部及创业人才的吸引力等。从长三角世界级城市群的空间层级体系来看，江苏的区域能级提升，必须以主动对接龙头城市上海为前提，通过进一步优化"1+3"主体功能区，推进苏锡常都市圈高位对接上海、融合发展，把苏锡常都市圈打造成为跨江城市群，增强对苏中苏北地区的辐射带动作用。

（一）以沪宁主轴为依托，加快苏锡常三市主城融合，提升高端创新资源、现代服务业的空间聚合能力

由沪宁主轴串起的苏锡常主城区，三市经济总量超过上海：苏州1.7万亿元，无锡过1万亿元，常州6700亿元，加起来明显超过上海的3万亿元。苏州与上海之间、三市主城之间形成了都市连绵区，是服务业发展的集聚区，汇集了大批企业总部、研发及营销管理总部，生活服务品质高，高端创新资源的集聚能力强，已经具备了"空间一体化、主轴同城化"的物理空间条件，在长三角地区形成多中心托起的都市圈，整体对接龙头城市上海。三市的经济发展，正在实现从规模到质量的转变。三市产业布局具有共同特征：沪宁轴的主城区为现代服务业，沿江为重化工业转型，沿太湖的生态休闲经济，都面临经济发展、转型创新、高质量提升的瓶颈。三市在一些主导产业如智能制造、生物医药、物联网、区块链、金融科技、文旅产业、健康休闲等具备了在一体化空间里实施产业融合、重组并购的条件。

江苏产业的传统化色彩浓厚，必须在转型升级上下功夫，在提升核心竞争力、增强自主可控能力上做文章。苏锡常都市圈的主城空间，应围绕创新型企业集群培育，深入实施创新型领军企业培育行动计划和高新技术企业培育"小升高"计划，培育科技"小巨人"企业、"瞪羚"企业和"独角兽企业"。要把生产性服务业作为主攻方向，既做好面向本地企业的"江苏服务"，也提升面向国际市场的"全球服务"。

（二）以南沿江高铁建设为契机，加快县域产业升级与服务能力提升，构建南沿江产业转型升级示范带

作为长江经济带综合立体交通走廊的重要组成部分，沪宁通道的第二条城际铁路南沿江城际铁路，将为长三角一体化发展和建设长三角世界级城市群提供重大基础设施保障，同时与京沪高铁、沪宁城际铁路、北沿江高铁等共同构成龙头城市上海向西辐射的重要通道。2018年10月，南沿江城际铁路开工，线路自京沪高铁南京南站引出，向东经句容市、金坛区、武进区、江阴市、张家港市、常熟市，终至在建的沪通铁路（上海—南通）太仓站。由此，沿线的句容、金坛、江阴、张家港、常熟、太仓等地将进入高铁时代，融入沪宁1小时高铁圈。

建议以此南沿江高铁建设为契机，高水平谋划南沿江产业转型升级带，要加快县域产业升级与服务能力提升。从太仓、常熟、张家港、江阴、常州新北区等，把这些县级市、开发区，对照地级市的产业水平和服务能级，加快县域产业升级与服务能力提升，推动南沿江产业转型升级带加速升级，并在未来逐步等高沪宁线的发展能级。

（三）主动对接"大虹桥特区"和G60科创走廊，打造沿太湖绿色创新增长带

长三角一体化上升为国家战略，其核心区的中心点、增长点是上海的虹桥地区。大虹桥商务区的崛起，可以弥补上海原来只重浦东对外的发展格局。苏锡常一体化进程中必须考虑进一步对接上海虹桥地区，放大G60科创走廊效应，探索与上海、浙江共建长三角一体化沪苏浙大虹桥融合发展示范区的可行性，促进苏州及沿太湖地区整体对接大虹桥。2018年6月，上海市政府与华为签署战略协议，规划在青浦淀山湖板块建设新的研发中心。淀山湖，被称为东方的日内瓦湖，面积60多平方公里，与江苏的昆山、吴江接壤。上海在这里引入华为研发中心，发出了长三角一体化中上海主动融入的信号。这对苏锡常而言是一个重大利好，江苏谋划新一轮的区

域发展战略,与上海在产业、空间、绿色发展、政策配套等全方位的对接上,可以依托大虹桥地区,与浙江嘉兴、湖州共同打造环太湖创新生态圈。

在长三角一体化的大战略中,上海为了突破空间发展的瓶颈,正在谋划以虹桥商务区86平方公里为核心区的"大虹桥特区",这个特区的空间扩张指向,重点是向西延伸至太湖,未来将上海青浦区、江苏苏州的吴江区、昆山市以及浙江省湖州市南浔区、嘉兴市嘉善县等整体或部分纳入,面积将达到2000—3000平方公里,使之成为长三角一体化的合作示范区。打造沪苏沿太湖绿色创新增长带,可以虹桥为原点,向西扩展到吴江以及苏州高新区,然后再到无锡,构成了一条滨湖创新带。这一创新带的空间布局与创新资源集聚引导,可以放大G60科创走廊的效应,承接虹桥的现代服务业带动;沿线吴江的汾湖高新区、吴江苏州湾及吴中开发区、苏州高新区、无锡新吴区、太湖山水度假区、马山、常州太湖湾等,构建一个串起苏锡常的滨湖生态经济带和创新通道,未来通过锡常湖底隧道连通宜兴,可与浙江湖州连接,形成长三角环太湖创新生态圈。

在这个生态绿色托起的创新廊道内,吴江、吴中、昆山等地需充分发挥"近水楼台"的优势,加快承接上海虹桥、松江G60科创走廊、张江的创新资源溢出,推动产业转型、腾笼换鸟,承接上海溢出的高端产业和优质项目,以"产业同圈"延伸产业链、提升价值链,构建起长三角一体化发展深度融合的示范区。建议三地成立"大虹桥特区"区域治理协调机构,负责组织领导、统筹规划、政策研究、综合协调和宏观管理,在区域统计上实行GDP统一核算,财政收入按基数比例分成,从而保证各自的应得利益。

二 扩容"扬子江城市群",强化南京"创新策源地"功能

通过扩容"扬子江城市群",可以进一步强化南京"创新策源地"的功能,使之成为长三角世界级城市群的战略支点,保障整个

江苏在长三角区域空间发展中的持续优势。

（一）以创新首位度提升南京的中心性和江苏省会城市的首位度

南京都市圈的主体宁镇扬地区，是长江经济带国家战略起着承东启西的一个关键门户，也是扬子江城市群发展的一个关键结点，目前从空间上面来讲，南京虽然作为江苏省的省会城市，但是地理区域偏向一边，对苏中、苏北地区的辐射和带动作用不是很明显，中心职能地位有待进一步提升。正如杭州强则浙江强，南京强则江苏强。做强做大南京，一方面需要南京自身努力成为全球更具影响力的龙头城市，同时需要打破南京、镇江和扬州三市的物理界限，推动宁镇扬一体化发展、合力打造大南京都市区。这既是南京提高自身发展能级的迫切需要，也是镇江和扬州在更高层面上参与区域竞争的必然选择。

与合肥杭州等省会城市比，南京由于地处江苏省的西南边缘，在全国高铁网的框架形成之后，原来交通枢纽地位有相对下降的趋势，特别是在以省会城市为中心建立辐射全省的交通体系方面，南京更是明显滞后。南京本身是一个交通枢纽，但空港的影响力太弱，禄口机场加省内其他一共九个机场的吞吐量不及杭州萧山机场。因为机场交通是高端旅游出行，对运输方式非常敏感，对舒适性、可靠性要求比较高，禄口机场与周边城市镇江、扬州的快速通道没有衔接起来，综合交通不够便捷，禄口机场自身容量也有限，造成大量的客源流失到上海、杭州等地。

因此，做大做强南京都市圈，提高首位度，推进宁镇扬淮一体化建设，共建南京都市圈，建设扬子江城市群强龙头，可解决南京的空间拓展制约。建议省级层面在继续推进宁镇扬一体化的基础上，适度调整三市行政区域。同时把淮安纳入南京都市圈扩展区，通过宁镇扬淮一体化，加速推动原来苏中地区的扬州和苏北的淮安主城与盱眙融入南京都市圈，增强其在长三角城市群中的副中心城市功能，平衡杭州都市圈的快速放大和崛起。同时，继续加大南京与周边地区安徽的滁州、马鞍山、宣城和芜湖等地的合作，加快建设宁杭第二通道，超前谋划宁宣黄轴带，建设米字型高铁中心，共建大南京都市区，以更大的视野和魄力推动南京都市圈的发展。

要加快建设好南京江北新区，以国家级江北新区的辐射力，特别是创新资源的集聚力，带动省域创新力提升。立足南京江北新区"长江经济带对外开放合作重要平台"的战略定位，坚持紧紧围绕打造具有全球影响力的创新名城目标和"六化"同步的要求，充分发挥改革的突破性和先导性作用，突出枢纽型经济和开放型经济建设，打造江海联动、铁水联运、对接国内外的综合性开放平台，培育具有国际竞争力的产业集群，推动扬子江城市群协同发展，促进长三角城市群与长江中上游地区协同合作，将江北新区建设成为长江经济带重要的区域发展极和支撑点，构建江苏全方位对外开放新格局。

（二）推进苏锡常都市圈跨江发展，带动泰州等"江苏发展的中部支点"崛起

无论是雄安新区的建立，确立京津冀一体化新战略支点，还是粤港澳大湾区，进一步强化澳门的定位，促进珠海、中山和江门等地的发展，以及浙江坚持让嘉兴先行，支持其全面对接上海，并大力支持台州湾区经济发展试验区建设，都表明了在巨型发展区和生长中的超级城市群，对于新的战略节点、新的中心、次中心培育的重要性。江苏沿江区域一体化，必须正视中部谷地的问题，要通过放大扬子江城市群的空间，促进以泰州为支点的沿江和江苏中部区域的崛起。

建设跨江城市群，江苏要尽快改变除南京外无跨江城市的局面。建议选取发展后劲较足、在苏锡常都市圈中处于中间位置的无锡与泰州，在江阴与靖江十多年合作的基础上，建设跨江融合发展试验区，把苏锡常都市圈打造成为跨江城市群，增强对苏中苏北地区的辐射带动作用。泰州处于江苏境内长江倒"V"字形的顶点上，与苏州和南京的直线距离分别在140、120公里左右，泰州港核心港区作为长江中下游地区重要的深水良港和长江海港，处在长江AB级航道的分界点，也表明这里正好是分割点，可以把这个分割点打造成为"江苏发展的中部支点"，扬子江城市群中部缝隙的焊接点，具有成为扬子江城市群顶点的潜在条件，为扬子江城市群成为长三角北翼核心区和国际开放重要门户增加战略支点，提供更强动力。

（三）加大谋划宁杭生态经济带和宁宣黄发展轴力度，增强江苏在南向上与浙江和安徽的对接，提升扬子江城市群的开放性

当前，长三角区域发展总体格局正在发生变化，特别是长三角南翼的格局在发生着重大变化。一方面，由于G60科创走廊经苏州、湖州、宣城等城市延伸到合肥，在长三角南翼隆起科技创新高地；另一方面，随着杭黄高铁的开通和杭州都市圈扩容到衢州和黄山，长江经济带和长三角的南翼文化旅游的色彩更浓，横向联系更加紧密，羽翼更加"丰满"。当前，沪（上海）杭（杭州）黄（黄山）轴带的发展已相对成熟，初步形成了国际旅游品牌线路，而宁（南京）宣（宣城）黄（黄山）方向的发展则相对滞后。有关统计数据显示，目前南京入境游客接待数仅为杭州的1/6、黄山的1/3；以黄山为目的地的国际游客选择周边连带旅游城市时，南京仅排在第7位；从杭州方向进入黄山的国际游客数是南京方向的6倍以上。由于江苏南向的联系本来就相对较弱，特别是南京作为交通枢纽的南向辐射不足，需要重点谋划在长三角一体化的大背景下，如何增强江苏南向的联系，放大扬子江城市群的开放辐射优势和溢出效应。

因此，建议在加强省级层面统筹的基础上，一方面，把在西南方向上加强与宣城、黄山合作提上议事日程，共同加快建设宁宣黄成长带，最终在长三角南翼地区形成以创新经济和生态旅游为特色的"宁杭黄"生态经济圈。另一方面，支持南京在东南方向大力开展与杭州的合作，推进宁杭生态经济带谋划建设，打造长三角南翼的"绿脊",重点打造四个"示范带"。一是打造绿色发展示范带。在完善以宁杭通道为轴带的区域综合交通网络的同时,沿着水运、公路、铁路等交通干线一体规划建设"宁杭生态走廊",形成串联宁杭生态经济发展带的绿道网络。前期可联合浙江在溧阳、宜兴、长兴之间规划建设"苏浙国家级森林公园",由相关地方政府共同投资,一体化保护利用、开发建设。待安徽加入宁杭生态经济发展带后,可吸纳宣城的郎溪县、广德县加入进来,共同规划建设"苏浙皖国家级森林公园"。二是构建环太湖创新联盟,打造长三角绿色创新示范带。充分利用宁杭沿线地区的国家级、省级创新平台,结合宁杭沿线地区已有基础的特色产业,切实提升宁杭沿线地区高新技术产业集群的创新能力。加强与杭州、湖州、上海等地合作,支持环太湖流域的高校、科研院所、企业、地方政府等组建创新联盟,整合环太湖地区创新资源,集聚创新人才,增强创新政策和制度设计的统筹性、协调性。瞄准沪宁、沪杭线先进制造产业开展科技创新,为其提供科技创新服务配套,逐步形成与沪宁、沪杭发展带相呼应的宁杭创新带。三是依托生态宜居优势,打造长三角绿色城镇示范带。宁杭沿线地区拥有一批极具发展潜力的中小城市和众多各具特色的小镇,要充分利用宁杭沿线地区优越的自然环境,规划建设"国家全域旅游示范区",把宁杭沿线地区的景点串联起来发展"风景经济",提升中小城市的生态品质。利用溧阳、宜兴的优质山水资源,发展养老养生健康产业,发展休闲度假旅游、都市农业、观光农业,建设面向长三角乃至全国的养老养生基地。做大做强带有江南文化标识的历史经典产业和文化产业,挖掘宜兴紫砂等具有浓厚江南文化标识的资源,借助现代设计和传播手段加以改良、提升、创新,在历史经典产业资源的"复活"中焕发城市的文化生命力,增强宁杭城市带的区域识别度。四是对标国际潮流,打造"人居三"可持续发展城市示范带。"人居三"通过的《新城市议程》为未来 20 年的城市发展提供了重要指引。宁杭生态经济发展带具有打造"人居三"示范区的潜力。要着力构建可持续的生产模式和经济体系，推广可持续的消费方式和生活方式；探索可持续利用土地和自然资源的体系，保护生态系统、生物多样性；研究可持续地利用文化遗产的途径，保护传统文化、知识、技艺，突出其在城市发展中的作用；完善可持续的基础设施和基本公共服务体系，让城乡居民普惠、均等享受城市发展进步的果实。

（四）把握沿海发展带北向扩展机遇，打造新型沪苏产业转移示范区

前瞻把握好长三角沿海发展带北向扩展的新机遇，在南通、盐城打造方阵式新型沪苏产业转移示范区。

1. 加快南通与上海的一体化发展，逐步实现和上海跨江同城化。

上海作为长三角世界级城市的龙头。必须以打造"全球城市"为己任，发挥在全球城市体系中具有战略节点的功能，体现出对全球经济文化的控制力与影响力，成为跨国公司和国际机构集中地、世界主要的金融中心和贸易中心、区域级的交通信息枢纽、国际文化的交流中心。但就目前来看，在500强跨国企业总部，特别是金融行业的聚集度方面，上海与伦敦、巴黎等全球城市相比仍有较大差距。上海要提升城市能级，自身的空间制约必须打破，在地理空间上向北发展，未来的腹地更大。因此，上海向北跨江发展，将南通纳入整体的空间规划、立体交通体系和产业空间，在长三角一体化的大战略中，是一种理性的选择。

地处长三角城市群北翼核心区、扬子江城市群重要节点位置的南通，其战略地位、带动功能、辐射作用得到全方位的认知、发现和实施，2016年11月，从时任省委书记李强将其定位为上海北大门，到2017年5月省委省政府批复的《南通建设上海大都市北翼门户城市总体方案》，很清晰地看出江苏在省级层面对南通未来寄予的厚望。伴随着轨道交通、通勤化交通体系的日益完善，以城市群、都市区为依托的巨型发展区，突出的特征是网络化、多中心的空间形态，将成为未来区域一体化的主导形态。从未来10年到20年的发展趋势来看，南通将会融入上海大都市区，成为其副中心区域。因此，要积极推动南通融入上海，抓住上海第三机场选址，积极谋划建设南通"江海新区"，形成上海—南通（海门—通州）跨江发展轴带。

2. 以沿海高铁为轴，超前布局江苏沿海发展带的先进产业园区、飞地特区。

随着沿海高铁的通车，江苏沿海经济带将成为长三角一体化的新增长区。从全省的产业布局来看，沿海的产业园将成为沿江和苏南重化产业最适应的空间。从当前宝武集团将南京梅山特钢整体迁入盐城滨海港区就可以看出重产业转移的趋势。未来的江苏沿海地带，将是钢铁化工先进制造区和现代海洋经济为主导的服务业集聚区。依托沿高铁盐城到上海段即将通车、盐城融入上海1小时都市圈的新优势，探索飞地经济—飞地园区—飞地城市的新路径。可在盐城大丰拥有300多平方公里上海飞地的基础上，规划800—1000平方公里的沪盐智慧园区，放大沪苏大丰产业联动集聚区的效应，进一步密切盐城与上海的联系，承接上海产业资源、创新资源与人力资源的溢出。借鉴深汕特别合作区建设十年成为深圳第十一个区的经验，争取相关政策，扩大飞地的合作领域，提高能级，增强对周边的辐射带动效应。

3. 促进扬子江城市群、沿海发展带与江淮生态经济区域的空间融合，超前谋划通泰盐都市圈。

建议泰州加强与盐城特别是东台等地的联系，通过东台带动泰州融入沿海。借助沿海高铁贯通的机遇，加强南通、连云港和盐城等沿海港口建设，加强南通、盐城和泰州之间的合作联动，打造长江北岸对接上海的通泰盐都市圈，积极谋划对接海上丝绸之路以及冰上丝绸之路，以规模优势更好地对接上海。

三 推进徐州徐宿连一体化，构建新亚欧大陆桥国际经济走廊

（一）进一步为淮海经济区中心城市徐州"赋能"

在江苏"1+3"功能区中，徐州是淮海经济区的CBD，在淮海经济区城市群处于龙头地位。国务院批复同意国家发改委制定的《淮河生态经济带发展规划》，在规划的"北部淮海经济区"部分，明确提出要"着力提升徐州区域中心城市辐射带动能力，发挥连云港新亚欧大陆桥经济走廊东方起点和陆海交汇枢纽作用，推动淮海经济区协同发展"。作为淮海经济区中心城市，徐州的规划和建设，已经按照省会城市的标准来实施，要构建以徐州为中心的"1小时经济圈"，大力推进淮海经济区交通基础设施互联互通，让周边不同行政区域的市县资源朝徐州聚集，才能使之成为名副其实的中心，而不仅仅是自我规划的中心。

因此，在长三角一体化的大战略下，徐州要强化在江苏的区域中心城市的地位，加大与南京都市圈、苏锡常都市圈的产业、服务资源的整合，同时在高端服务业方面有效承接上海的输出，立足京沪线聚集整合创新资源。目前，徐州正开展2049空间战略规划研究，必须突出功能区概念、打破行政区界线，按照把整个淮海经济区作为徐州辐射范围和集聚对象的要求，进一步调整优化城市空间布局，在江苏省域和长三角一体化的大空间里来进行产业、交通、公共服务等方面的规划布局，以全面提升产业支撑力、城市承载力、发展竞争力和辐射带动力。

（二）实质性推进徐宿连一体化，加快打造新亚欧大陆桥国际经济走廊

在长三角一体化大战略下，以淮海经济区中心城市建设为契机，促进徐宿连联动，有助于加快打造新亚欧大陆桥国际经济走廊。2016年年底以来，随着中原城市群、关中平原城市群和兰西城市群等国家层面规划的出台，江苏的沿陇海地区正在成为国家政策和战略的洼地。由于行政区的阻隔，徐州建设淮海经济区中心城市

缺乏支撑。淮海经济区中心城市，孤掌难鸣，连云港建设自由贸易港，却缺乏腹地支撑有些力不从心。宿迁的生态经济战略，在城市群发展的大背景下难以找到位置。在此背景下，需要推动徐宿连三市协同发展，增强区域竞争力和徐州对淮海经济区周边城市的带动力。要进一步优化徐州观音机场、连云港机场的功能，加快徐连、徐宿盐和合新（青岛—连云港—新沂—宿迁—合肥—新沂）高铁建设步伐，强化区域间的通勤化交通，共同打造以徐州为引领的淮海经济区中心地带。

同时，徐连宿要加快转型步伐，在产业布局与主导产业上，与陇海线北侧鲁南经济带三市（经济总量8964亿元，其中临沂4345亿元、枣庄2316亿元、日照2003亿元），形成错位发展。参与结构升级，避免同质化竞争。要强化徐州城市的中心性，放大医疗教育等方面的优势，争取建立自主创新示范区，甚至像郑州一样，谋划陆上自由港。打造中国东部地区的发展之腰，在中国之腰、华夏之腰中发挥牵引和龙头作用，增强与沿陇海线分布的中原城市群、关中平原城市群、兰州西宁城市群形成互动，与郑州大都市区、西安大都市圈等发展形成战略平衡之势，共同强化对新亚欧大陆桥国际经济走廊的战略支撑。

四　高标准建设大运河城镇带，促进南北绿色协同发展

从省级层面进行协调，按照江苏高水平建设大运河文化带的部署，通过促进大运河城镇带与江淮生态经济区的绿色发展，加快打造江苏标志性的生态经济示范区。

（一）推进江苏新一轮综合交通运输体系建设，实行江淮生态大走廊与大运河文化带的新坐标轴联动

高度重视大运河文化带建设给江苏纵向中轴发展带来的重大影响。大运河轴带，既是文化带，也是生态经济带，是江苏发展的南北轴和西部生态屏障，打造为江苏参与国家重大战略的重要标识，成为江苏的地理中轴，生态经济标识示范区，水韵江苏建设的标杆

区域、经济高质量与生态环境高质量相得益彰的示范区域。在横向中轴上，以淮河生态经济带建设上升为国家战略为契机，在建设三带一区的过程中发挥示范作用。一是流域生态文明建设示范带。把淮河流域江苏段建设成为天蓝地绿水清、人与自然和谐共生的绿色发展带，为全国大河流域生态文明建设积累新经验、探索新路径。二是特色产业创新发展带。着力培育新技术、新产业、新业态、新模式，推动产业跨界融合发展和军民融合发展，促进新旧动能转换和产业转型升级。三是新型城镇化示范带。增强淮安等区域中心城市综合带动能力，促进大中小城市、特色小镇和美丽乡村协调发展，积极推进新型城镇化综合试点，实现产、城、人、文融合发展，探索宜居宜业、城乡统筹发展的新模式新路径。四是中东部合作发展先行区。发挥淮河水道纽带作用，加快构建全方位、多层次、宽领域的开放合作新格局，形成联动中东部、协调南北方的开放型经济带。

（二）在一体化的空间体系里促进大运河城镇群的绿色空间互动，全力培育新的绿色发展增长极

大运河轴带是江苏发展的南北轴和西部生态屏障，打造为江苏参与国家重大战略的重要标识。要在一体化的空间体系里促进大运河城镇群的绿色空间互动，全力培育新的绿色发展增长极。除了巩固放大扬州、淮安的运河名城效应之外，通过大运河文化带建设、培育沿线的县级市和重要城镇的能级，如徐州的邳州、窑湾，淮安的洪泽、泗阳，扬州的高邮、宝应等。按照空间一体化、绿色主导、生态发展、高质量的要求，成为水上、陆路、高铁、高速公路网以及健身绿道连接起来的集绿色、生态、文化旅游、休闲健身等，形成东部的绿色、创新、文化旅游融合、文明程度高的新型城市群，以此破解江苏南北发展的等级梯度问题，带动南北及全域的均衡发展。

参考文献

陈雯:《长三角一体化的发展脉络与未来走向》,《群众》2018年第12期。

陈智国:《新理念新思路推动跨区域协同创新》,《中国国情国力》2018年第5期。

储东涛:《六大国家战略与江苏经济发展升级版》,《唯实》2015年第2期。

冯德连:《长三角一体化发展的安徽战略》,《安徽日报》2018年10月16日第7版。

高长春:《长三角区域创新网络协同治理思路和对策》,《科学发展》2018年第9期。

顾松年:《从"苏锡常"看"长三角":都市圈的组建该怎样做好"圈"的文章》,《现代经济探讨》2004年第5期。

郭继:《上海与长三角一体化发展历史回顾》,《党政论坛》2018年第12期。

洪银兴、王振、曾刚、滕堂伟、李湛、王晓娟、郁鸿胜、李娜、张彦:《长三角一体化新趋势》,《上海经济》2018年第3期。

李程骅:《长三角城市群格局中的"扬子江城市群"构建策略》,《江海学刊》2016年第6期。

李程骅:《构建一体化发展的扬子江城市群》,《新华日报》2016年12月2日第14期。

李程骅:《建立更加有效的区域协调发展新机制》,《光明日报》2018年2月23日。

李程骅:《中国城市转型研究》,人民出版社2013年版。

李程骅等:《中国城市群发展的新方略与动能再造》,《南京社会科学》2018年第5期。

李京文、李剑玲:《京津冀协同创新发展比较研究》,《经济与管理》2015年第8期。

李侃桢：《开启长三角更高质量的一体化发展新征程》，《群众》2018年第15期。

李芸、战炤磊：《新时代区域高质量协调发展的新格局与新路径——以江苏为例》，《南京社会科学》2018年第12期。

刘德海、刘西忠：《改革开放以来江苏区域发展的历史进程与经验启示》，《现代经济探讨》2018年第12期。

刘志彪：《推进长三角更高质量一体化发展路径》，《浙江日报》2018年11月23日第5版。

刘志彪等：《长三角一体化发展的示范价值和动力机制》，《改革》2018年第12期。

吕永刚：《江苏新兴产业融入长三角分工体系：新态势与新思路》，《唯实》2016年第2期。

罗江：《长三角一体化发展中安徽"融"机制的建构》，《安徽行政学院学报》2018年第4期。

马汉武、姚相宜：《宁镇扬同城化对南京在长三角城市群的地位的影响》，《城市问题》2017年第11期。

权衡：《长三角高质量一体化发展发挥上海的龙头带动作用》，《上海城市管理》2018年第4期。

沈杨、李泽灏：《专家谈如何促进长三角综合交通一体化、更高质量服务国家战略》，《城市轨道交通研究》2018年第21卷第12期。

吴海瑾：《在发展枢纽经济中培育新动能》，《群众》2018年第15期。

徐康宁：《重构江苏区域功能布局的战略思考》，《新华日报》2017年8月16日第12版。

张国云：《长三角更高质量一体化发展的几个问题》，《中国发展观察》2018年第12期。

章寿荣：《发达地区推进区域现代化的模式与路径——以江苏为例》，《现代经济探讨》2018年第6期。

浙江大学区域与城市发展研究中心课题组、陈建军：《策应上海　联合江苏　赢得未来——"十二五"浙江省在长三角一体化中的地位、作用和对策研究》，《中国城市经济》2010年第2期。

（本章内容为2018年江苏省政府决策咨询研究重点课题"长三角一体化行动与江苏区域战略提升研究"成果。主持人：李程骅；课题组成员：刘西忠、吴海瑾、金雯等。）

第七章

省域主体功能区格局塑造与空间高质量治理

摘要 近年来，随着区域协调发展战略的不断推进，发展单元也逐渐从单一的行政区向功能区、行政区并重转变，主体功能区由规划层面上升到战略和制度层面。国家主体功能区作为一项长期性的制度安排，先后经历了规划、战略和制度三种形态，在中国特色国家治理空间中发挥重要作用。江苏"1+3"重点功能区战略实施，其中，"1"即扬子江城市群，"3"包括沿海经济带、江淮生态经济区和淮海经济区中心城市（徐州），突出水系在功能区战略中的标识作用，突出县域在功能区战略实施中的主体地位，突出功能区内部及之间的合作，突出轴带引领作用，突出各功能区之间及其与国家战略的对接，形成江苏区域协调发展的新布局，为全国省域主体功能区有效实施提供了有益探索。统筹推进主体功能区制度精准落地和空间治理现代化能力提升，需要完善规划制度体系和组织推进、政策支撑、空间治理与考核评价机制。近年来，我国的城市化正在从简单"造城运动"转向城市集群发展，东部省份大力实施省域一体化战略，广东着力打造五个都市圈，科学制定广州、深圳、珠江口西岸、汕潮揭、湛茂都市圈发展规划，构建协同发展机制，山东：着力推进省会、胶东、鲁南三大经济圈区域一体化发展，江苏、浙江、山东等大力培育发展现代化都市圈，成为省域空间治理现代化的新视角。2019年5月，中央建立国土空间规划体系并监督实施,将主体功能区规划、土地利用规划、城乡规划等空间规划融合为统一的国土空间规划,实现"多规合一"。从主体功能区规划到国土空间规划的转变,标志着省域空间治理现代化的科学性和整体性得到进一步提升。

近年来,随着区域协调发展战略的不断推进,发展单元也逐渐从单一的行政区向功能区、行政区并重转变,主体功能区由规划层面上升到战略和制度层面,促进了我国区域发展布局的优化、格局的重塑以及空间治理体系和能力的现代化,成为顺应新时代、解决新矛盾、开辟新征程的重要实现路径。

第一节 主体功能区制度的形成与发展

区域布局是一个地方发展理念和思路的集中反映,也是发展内涵和水平的直观体现。按行政区划来配置资源,好处是能够充分调动各地的主观能动性,但客观上会形成壁垒。推动行政区向功能区转变,则是要打破这种壁垒,发挥"1+1>2"的效应。

一 主体功能区制度形成的时代背景与理论实践依据

(一)由行政区为主到功能区为主,是新时代增强发展协调性和可持续性的必然选择

行政区经济的本质是竞争,功能区经济的核心是协同。新时代区域发展,不应是单纯追求各地区经济差距缩小,而应当以主体功能区战略为主构建区域政策体系,形成区域协调发展机制,促进整体经济效益的可持续提升。功能区战略,是经济社会发展到一定程度的必然结果,有利于促进经济发展动力重塑和动能跃升,实现由粗放的资源型发展向精致的集约型发展,由高速度增长转向高质量发展的战略转换。特别是高铁+、互联网+,打破了地理和时空界限,为空间融合和重组提供了便利条件。从以行政区为主到以功能区为主,有利于各地校准发展定位、聚集发展重点,有利于打破行政壁垒、在更大的范围内实现资源的统筹优化配置,实现差异发展、特色发展、协调发展、融合发展。

(二)主体功能区制度的形成,是区域发展理论不断深化的结果

传统的区域发展理论,为主体功能区制度的形成奠定了基础。在区域分工理论体系中,亚当·斯密、李嘉图、赫克歇尔—俄林从不同的角度对直接生产条件进行比较,分别建立了绝对成本理论、比较成本理论、要素禀赋理论。小岛清提出的协议性分工理论认为,两个区域之间要素禀赋相似,不存在比较优势的情况下,区域分工仍然能够发生,其主要原因是在产品生产中存在规模经济,只是这种区域分工不会自动实现,需要双方通过协议来实现。在社会经济空间组织构架的研究方面,法国学者提出了增长极模式、德国规划界提出了发展轴模式,我国学者陆大道提出了"点—轴系统"模式,这些模式都不同程度地体现了社会经济空间组织的有效形式,在生产力布局、城镇体系规划、解决区域空间结构疏密方面已有很好的应用[1]。从空间资源优化配置的研究视角看,主体功能区对区域发展理论的创新就是空间资源价值的新拓展,空间功能互补性的新发现,以及在此基础上对空间结构极化规律的认识,重构区域协调发展的空间秩序[2]。

(三)以功能分区促进区域协调发展,国外有比较成熟的经验可以借鉴

从国外的情况来看,一些发达国家自20世纪50年代以来,先后实行了类似主体功能区的规划,即根据不同区域的资源环境承载能力、现有开发密度和发展潜力等,按区域分工和协调发展的原则划定具有不同主体功能的区域,实行不同的发展战略和政策,取得

---

[1] 杜黎明:《推进形成主体功能区研究》,博士学位论文,四川大学,2007年。
[2] 姜安印:《主体功能区:区域发展理论新境界和实践新格局》,《开发研究》2007年第2期。

了明显成效。美国以县级行政区为基本空间单元,依托行政区划体系,根据各地经济社会发展状况对全国经济区划实行动态调整,形成区域经济地区组合、经济地区和成分经济地区三个层级,并建立对应的区域政策框架。日本在 1962 年第一次制订全国性的综合开发计划,将全国分成过密地区、整治地区和开发地区三种不同类型,并分别实施差异性政策。1998 年修订的《日本全国综合开发计划》更侧重如何有效利用现有资源,保护自然环境,采用"定居圈"开发方式控制大城市的发展速度。荷兰将国土空间分为基础层、网络层和空间物态层三个层次,其中基础层指的是水体、土壤、生物群落等,网络层是指所有可见和不可见的基础设施,空间物态层是指人类所产生的空间形态,是社会经济发展的具体模式。此外,巴西将全国划为五个基本的规划类型区:疏散发展地区、控制膨胀地区、积极发展地区、待开发(移民)区和生态保护区[①]。

二 国家主体功能区制度的形成过程

在当代中国社会治理中,空间治理是重要的。所谓空间治理就是将国家空间按照人民生活、社会生产和生态环境的需要,将人、财、物、信息等进行空间上的适当安排,使得民众具有良好的生活品质,社会生产高效进行,生态环境保持良好的状态。国家主体功能区作为一项长期性的制度安排,其最直接的意义和价值就是对国土空间进行规制治理,突出生态建设,已经成为中国特色国家治理空间思想的重要组成部分[②]。

我国主体功能区的形成,先后经历了规划、战略和制度三种形态[③]。一是规划制定层面。主体功能区的构想最早是在 2002 年《关

[①] 袁朱:《国外有关主体功能区划分及其分类政策的研究与启示》,《中国发展观察》2007 年第 2 期。

[②] 强乃社:《习近平国家空间治理思想发微》,《湖南工业大学学报》(社会科学版)2018 年第 1 期。

[③] 孙久文、傅娟:《主体功能区的制度设计与任务匹配》,《重庆社会科学》2013 年第 12 期。

于规划体制改革若干问题的意见》，旨在增强规划的空间指导和约束功能。国家"十一五"规划纲要，在第五篇"促进区域协调发展"中，设立推进形成主体功能区专章，分别提出优化开发、重点开发、限制开发和禁止开发四类主体功能区的发展方向及分类管理的区域政策。2007年7月，国务院发布了《关于编制主体功能区规划的意见》，2007年10月，党的十七大报告提出"加强国土规划，按照形成主体功能区的要求，完善区域政策，调整经济布局"。2010年12月，国务院以国发〔2010〕46号文形式，出台《全国主体功能区规划》，对我国的国土空间进行了主体功能区划分：按开发方式，分为优化开发区域、重点开发区域、限制开发区域和禁止开发区域；按开发内容，分为城市化地区、农产品主产区和重点生态功能区；按层级，分为国家和省级两个层面。二是战略推进层面。2011年3月，国家"十二五"规划纲要，在第五篇"优化格局促进区域协调发展和城镇化健康发展"中，设立"实施主体功能区战略"专章，提出要优化国土空间开发格局，实施分类管理的区域政策，实行各有侧重的绩效评价，建立健全衔接协调机制。2012年11月，党的十八大报告明确提出优化国土空间开发格局，就是要加快实施主体功能区战略，推动各地区严格按照主体功能定位发展，构建科学合理的城市化格局、农业发展格局、生态安全格局。至此，主体功能区规划正式升格为主体功能区战略。三是制度完善层面。2016年3月，国家"十三五"规划纲要，在第十篇"加快改善生态环境"中，设立"加快建设主体功能区"专章，提出推动主体功能区布局基本形成、健全主体功能区配套政策体系、建立空间治理体系。党的十八届三中全会通过的《中共中央关于全面深化改革若干重大问题的决定》明确提出，"坚定不移实施主体功能区制度，建立国土空间开发保护制度，严格按照主体功能区定位推动发展，建立国家公园体制"。2017年8月，中央深改组第三十八次会议审议通过的《关于完善主体功能区战略和制度的若干意见》指出，"建设主体功能区是我国经济发展和生态环境保护的大战略。

完善主体功能区战略和制度,要发挥主体功能区作为国土空间开发保护基础制度作用,推动主体功能区战略格局在市县层面精准落地,健全不同主体功能区差异化协同发展长效机制,加快体制改革和法治建设,为优化国土空间开发保护格局、创新国家空间发展模式夯实基础"。2017年10月,党的十九大报告提出,"生态文明制度体系加快形成,主体功能区制度逐步健全,国家公园体制试点积极推进","构建国土空间开发保护制度,完善主体功能区配套政策,建立以国家公园为主体的自然保护地体系"。

从规划、战略和制度三种形态演变的过程中我们可以发现,随着主体功能区的地位上升,其生态保护属性和约束性质更加鲜明。国土是生态文明建设的空间载体,强化主体功能定位,优化国土空间开发格局,完善主体功能区制度,是推进我国生态文明建设的重要举措。

三 国家主体功能区制度的省域实施

在国家主体功能区规划颁布后,全国各省市陆续出台省级层面的主体功能区规划。在按照开发方式细述各类区域的同时,按照开发内容,确立了区域发展的整体布局。现仅以北京、广东、江苏和京津冀地区为例。

《北京市主体功能区规划》,将北京划分为首都功能核心区、城市功能拓展区、城市发展新区、生态涵养发展区四类功能区域和禁止开发区域。2017年9月,北京城市总体规划(2016—2035年)出台,提出构建"一核一主一副、两轴多点一区"的城市空间结构,其中一核:首都功能核心区,一主:中心城区,一副:北京城市副中心,两轴:中轴线及其延长线、长安街及其延长线,多点:5个位于平原地区的新城,一区:生态涵养区。

《广东省主体功能区规划》,提出着力构建"五大战略格局",即"核心优化、双轴拓展、多极增长、绿屏保护"的国土开发总体战略格局,"一群、三区、六轴"的网络化城市发展战略格局,以

"四区、两带"为主体的农业战略格局,以"两屏、一带、一网"为主体的生态安全战略格局,以"三大网络、三大系统"为主体的综合交通战略格局。其中,"一群"指珠三角城市群,是广东省城镇空间格局的核心力量与辐射源;"三区"包括潮汕城镇密集区、湛茂城镇密集区和韶关城镇集中区,是广东省未来社会经济发展的新引擎。

《江苏省主体功能区规划》提出构建全省城镇化、农业和生态三大空间开发战略格局:以沿江城市群、沿海城镇轴、沿东陇海城镇轴和沿运河城镇轴为主体的"一群三轴"城镇化空间格局,作为全省乃至全国工业化和城镇化发展的重要空间;以沿江农业带、沿海农业带和太湖农业区、江淮农业区、渠北农业区"两带三区"为主体的农业空间格局;以长江和洪泽湖—淮河入海水道两条水生态廊道、海岸带和西部丘陵湖荡屏障为主体的"两横两纵"生态空间格局。

在跨省级层面上,《京津冀协同发展规划纲要》确定"功能互补、区域联动、轴向集聚、节点支撑"布局思路,明确"一核、双城、三轴、四区、多节点"的网络型空间格局,其中"四区"分别是中部核心功能区、东部滨海发展区、南部功能拓展区和西北部生态涵养区。

四 以主体功能区为主导、以战略格局为参照打造省域跨行政区域的重点功能区

主体功能区与长期存在的行政区都是我国政府根据各地区实际情况而划分出来的空间单元。由于我国行政区与主体功能区的划分标准不同,导致两者在空间分布上产生错位,一些地方政府在短期内无法彻底摆脱行政区划的思想束缚,各行政区片面追求自身利益最大化,只关注自身发展[1]。特别是由于主体功能区更多的是一个

---

[1] 郭钰、郭俊:《主体功能区建设中的利益冲突与区域合作》,《人民论坛》2013年第35期。

地理概念，主要是根据地理状况和开发程度划分，打破了行政区的界限，各类功能区的分布碎片化现象比较严重，在具体实施的过程中难度较大。针对这种状况，江苏从2016年开始探索重点功能区战略，即在适当考虑行政区划的前提下，以主体功能区为基础，以功能区为主导，对碎片化的功能区进行合理的拼接，形成具有系统性连续性易于推进的功能版块，赋予其更加鲜明的特色，形成功能更加明晰、合作更加有效的新发展模式。如果说，传统的以行政区为主导的区域发展战略，主要着眼于地区间差距缩小；主体功能区，主要是着眼于国土开发，更加尊重原有的状态，更加关注实然；重点功能区，则拟合了行政区、经济区和主体功能区等因素，把主体功能区的战略格局作为重点，将碎片区的国土功能拼接起来，根据其主要特征赋予其新的发展定位，以创新的思路打造区域发展新格局，是在行政区、主体功能区基础之上的升华。

第二节 江苏"1+3"重点功能区的战略谋划

近年来，为缩小区域差距，江苏以设区市为单位，把全省划分为苏南、苏中、苏北三大区域，实行差别化的政策，收到了比较明显的效果。但由于在考核指标和衡量标准上，把GDP作为最主要的政绩指标，区域间的功能趋同，就是创造更多的GDP和经济增长，欠发达地区把招商引资作为制胜法宝，导致地区间产业结构趋同，国土粗放式开发现象严重，对生态环境造成较大的破坏，表现为明显的不可持续性。第一，经济发展的时空环境都发生重大变化，苏南经验难以在苏北再复制。以苏北增速高于全省多少个百分点来定位，很容易使苏北步入走老路、粗放型、以牺牲生态环境来换取发展速度的误区。第二，采取在同一条道路上排队走的思路，即使苏北增长速度略高，但由于发展基数的悬殊，地区间的差距仍呈现不断加大趋势。第三，三大区域的划分，使苏南、苏中和苏北三个词带有明显的感情色彩，在某种程度上代表着外界的一种主观评价和内在的认同,成为制约苏中、苏北发展的心理负担和无形束缚。2017年5月,江苏正式提出"1+3"重点功能区战略:"1"即扬子江城市群,"3"包括沿海经济带、江淮生态经济区和淮海经济区中心城市(徐州),形成江苏区域协调发展的新布局。实际上,"1+3"重点功能区战略,我们也可以看作是把江苏作为一个城市系统来经营,扬子江是这个城市的"内河",沿江南岸是建成区,重在优化提升,沿江北岸(包括江北新区、通扬泰)和沿海(通盐连)是开发区,江淮(宿迁、淮安)是生态经济区,徐州(徐连)是具有综合功能的副城,充分发挥扬子江城市群对沿海和江淮地区的带动和传导作用,激发江苏发展新动能。

一 江苏"1+3"重点功能区的板块构成与定位

第一,扬子江城市群。江苏经济的"发动机"、长三角城市群北翼核心区、江苏高端产业发展的"金色名片"。这一区域,包括苏南五市和苏中三市。扬子江城市群的提出,顺应了城市群发展规律,有利于打破沿江两岸长期不均衡的局面,变长江对江苏经济的切变效应为融合作用。将沿江八市整体纳入扬子江城市群,形成一体两翼格局。一体,即以靠江近的20多个县级单位作为实施主体和扬子江城市群的核心区,是江苏第二和第三产业的主阵地、全省经济发展的主动力、江苏参与国际国内竞争的主战场。两翼,即以宁杭生态经济发展带江苏部分的7个县(区)作为南翼,高邮、宝应、兴化等里下河地区作为北翼,为扬子江城市群插上生态绿色翅膀。扬子江城市群作为全省经济的发动机,要把上海作为扬子江城市群的外核,南京、苏州为内核,为江淮生态经济区、沿海经济带输送动力。南京要充分发挥省会城市的辐射带动力,提高城市首位度,加快建设综合交通枢纽;苏州、无锡等城市要根据现有基础和发展需要,在更高层次上进行规划建设,提升城市能级;常州、南通等城市都要着力增强吸引力和承载力,提升城市的发展品质。

第二，江淮生态经济区。江苏生态经济的探路者、永续发展的"绿心地带"。这一功能区，包括淮安、宿迁2个设区市和里下河地区的高邮、宝应、兴化、建湖、阜宁5个县（市），重在展现生态价值、生态优势和生态竞争力，成为全国可持续发展示范区。江淮生态经济区的提出，有利于改变淮安、宿迁等地长期以来发展动力、发展重点和发展路径上的摇摆不定，走出GDP的束缚，更加专心致志地保护生态、发展绿色经济。以江淮生态大走廊（大运河文化带建设）和淮河生态经济区建设为基础，突出水和文化两大因素，加快江淮生态经济区建设。走出单纯追赶苏南的误区，把生态保护和生态旅游等经济功能开发结合起来，实现由江苏经济洼地、工业经济追随者到全省生态经济探路者、全国可持续发展示范引领者的战略转变。抢抓淮河生态经济带上升为国家战略机遇，争取国家可持续发展议程创新示范区建设试点，深度挖掘和利用各自资源禀赋，重点抓好运河、淮河沿线、里下河地区和高邮湖、洪泽湖、骆马湖三湖周边的治理和发展协同。鼓励苏南到江淮地区建设"生态飞地"园区等举措，实现扬子江城市群与江淮地区发展资源特别是生态旅游资源无缝对接。

第三，沿海经济带。江苏潜力发展极、长三角北翼经济中心是江苏向海洋发展的"蓝色板块"。沿海三市，大都处在战略叠加区域，能够把其他功能区串联和链接起来。摆脱长期以来存在的"全国的优势在沿海，江苏的优势在沿江"的观念束缚，放大国家战略优势，打通沿海高速通道，大力发展临港经济和海洋经济，做好全面接轨上海大文章，培育江苏新的发展极，打造长三角北翼经济中心。

第四，淮海经济区中心城市徐州。打造淮海经济区的"CBD"。拓展江苏发展的纵深，促进徐州与淮海经济区城市联动。徐州作为淮海经济区的中心城市，连云港作为国家中东西区域合作示范区，均担负着国家区域中心功能。在重点打造徐州淮海经济区中心城市的同时，实施徐州与连云港的双城联动，发挥连云港作为沿海战略和淮海经济区中心建设战略叠加效应,将沿东陇海地区(徐连经济带)打造成为淮海经济区中心地带,增强其在"一带一路"倡议实施进程中的国内国际影响力。

二 推进江苏"1+3"功能区战略实施的重点方向

结合"1+3"重点功能区战略的实施,针对江苏不同层级城市的特点和不足,进一步强化高质量发展导向,发挥好扬子江城市群的龙头带动作用,推动沿海经济带、江淮生态经济区、徐州淮海经济区中心城市分工协作、特色发展、优势互补。

一是突出水系在功能区战略中的标识作用,坚持发展规划一盘棋,彰显水韵江苏的世界品牌效应。四大功能区,除淮海经济区外,都与"江、河、湖、海"密切相关,并且由大运河相贯通,更加有利于彰显"水韵江苏"品牌。认真落实习近平总书记关于大运河文化带的批示精神,把"共抓大保护、不搞大开发"的理念运用到大运河沿线,拿出治理太湖的气魄和举措,把水系由分界线变成中轴线,由分隔区变成合作区,做好大运河及其沿线湖泊的治理工作。加强规划统筹,以江苏的水系分布和重要交通通道为轴带,借助运河连通长江、淮河两大河流,太湖、高邮湖、洪泽湖、骆马湖、微山湖五大湖泊的优势,发挥大江大河大湖生态与经济功能,抓好生态保护引领区和生态保护特区建设,科学谋划"人地水城产绿"布局,实现各大功能区的有机连接,构建由生态区和经济区相辅相成、发展带与生态带交相辉映的网络化空间,形成大中小城市协调有机发展的城市网络体系。

二是突出县域在功能区战略实施中的主体地位,形成更加高效的协同机制。作为一个县级主体,分属不同的"朋友圈",需要增强县级发展的主动权和定力。突出县级主体作用,加大改革力度,放大改革优势,赋予县级在功能区经济发展和跨区域合作方面更大权限,着力推动县区层面点对点的合作和融合,进一步解放县域生产力。功能区经济增强顶层设计的统筹性、协调性和基层自主性,由行政抱团到资源抱团、市场抱团，更好地发挥市场的决定性作用，对全省县级单位进行分类管理，建立与功能板块相适应的经济财税政策、考核评价体系，构建由省、设区市和县及各类开发区组成的多层级组织协调和协同治理机制。

三是突出功能区内部及之间的合作，大力发展飞地经济，创新共建园区机制。在"1+3"重点功能区中，各区域的功能有所不同，其内部构成、组织形态和发展趋向也有所不同。其中，扬子江城市群主要呈现为多中心网络化的特征，建设的重点是内部发展格局的优化和外部带动力的增强。江淮生态经济区以淮安、宿迁为中心，向周边发散，与其他三个功能区全面对接，成为江苏永续发展的重要腹地。沿海经济带呈现出条块式，淮海经济区中心城市徐州是圆心式。既要明确每个功能区在江苏发展中的功能定位，同时也要明确每个功能区内部各个城市和重点区域的定位，处理好核心区与外围区、主体区与渐变区、共性区与个性区之间的关系。在不同功能区之间，可以借鉴上海临港集团在大丰发展飞地经济模式，加强区域间的合作。确立柔性边界，把部分重合区域作为不同功能区的战略叠加区，借此促进功能区的链接与衔接，增强发展的传导性、联动性、协调性和整体性。

四是突出轴带引领作用，推进基础设施建设一体化，实现1+3>4的整体效应。高度重视发展轴带在区域一体化战略中的引领作用，通过增强内部联系释放发展潜能，注重要素集聚能力的提升[①]。资金流、信息流可以通过互联网汇聚，而人流、物流必须通过具体线路来实现，每个地方在具体线路建设中的支撑条件和发展方向各不相同，这就需要运用系统化思维进行通盘考虑。要着眼长远、以我为主，全面加强规划布局和建设推进，高铁、航空、港口、过江通道、管道、公路等重大基础设施，要在提升通达程度、

---

① 刘西忠：《行政板块、发展轴带与城市群联动研究——兼论江苏区域协调发展格局重塑》，《南京社会科学》2016年第9期。

提高标准上下功夫，推动各类交通无缝衔接，加快构建现代化综合交通运输体系。加强机场整合提升，增强服务能力，建设国际航空枢纽，规划建设国际航空物流枢纽，促进产业经济与空港经济的融合。探索高铁自主规划建设运营模式，以苏北苏中为重点，加快高铁、城铁建设，支撑"1+3"功能区发展，强化南京的辐射带动作用，尽快解决"卡脖子"问题，强化与苏北的联通[①]。

五是突出各功能区之间及其与国家战略的对接，在更加宏观视野中进一步放大特色优势。江苏"1+3"功能区战略中的"+"，不是区域的简单相加，而是功能的优势互补，是深度融合。要更加注重各区域之间特别是扬子江城市群与其他功能区之间的联系和融合，真正能够通过基础设施、体制机制的链接，形成一个功能互补、协调联动、融合融通的省域发展联合体。要在长江经济带和长三角城市群的宏观视野中谋划扬子江城市群发展，在建设海洋强国和沿海经济带的大视野中谋划沿海经济带，在大运河文化带建设和淮河生态经济区的大视野中谋划江淮生态经济区，在"一带一路"和淮海经济区大视野中谋划徐州中心城市建设。通过内部大整合、大融合和外部大对接、大协作，再造江苏发展新优势，在更大的范围内形成示范带动和联动共赢效应。

三 主体功能区背景下扬子江城市群建设的绿色协同

中共江苏省委第十三次党代会报告指出，我省经济体量大、环境容量小，生态环境是全面小康建设的突出短板，发展中不仅要提升科技含量，更要彰显生态特色。共建扬子江城市群，推进沿江城市集群发展、融合发展，必须以新发展理念为引领，在坚持规划对接、区域联动、城乡一体、产业互补的基础上，抓好绿色协同、实行生态共建、突出绿色底蕴，着力打造转型发展、绿色发展、引领发展的新江苏样本。

---

① 娄勤俭：《努力推动江苏在高质量发展上走在全国前列》，《群众》2018年第5期。

（一）深刻认识扬子江城市群发展的生态瓶颈，着力强化绿色协同新理念

共建扬子江城市群，既要注重城市群内部的协同，又要注重城市群外部的协同，在更大范围、更广空间塑造江苏绿色竞争优势。

实现跨区域绿色协同，是贯彻新发展理念的必然要求。在新发展理念中，绿色发展理念与创新、协调、开放、共享发展理念相辅相成、紧密联系。其中，"创新"为绿色发展提供动力，"协调"为绿色发展保驾护航，"开放"为绿色发展提供机遇，"共享"促进绿色发展成果转化。由于生态环境问题的外部性、流动性和一体性等特征，在推进跨区域协调发展的过程中，迫切需要充分发挥政府、企业、社会、个人等各类利益相关方的主体作用，增强全方位的协调与合作，实现共商、共建、共护、共享，实现跨区域发展的绿色协同。

实现跨区域绿色协同，是推动长三角合作的核心议题。长江经济带规划和长三角城市群规划，都将生态环境保护放在首要位置，要求整体打造沿江绿色生态廊道。长三角三省一市主要领导座谈会自2013年举办以来，始终把跨区域生态环境治理问题作为核心议题。在2016年12月举行的杭州会议上，强调加大联防联治力度，着力构筑绿色发展新空间，积极打造长江、淮河生态廊道和宁杭生态经济发展带，并签订《关于共同推进宁杭生态经济发展带建设合作框架协议》《关于新安江流域上下游横向生态补偿协议》等多边和双边协议。

实现跨区域绿色协同，是共建扬子江城市群的重中之重。江苏沿江地区人口密度与经济密度高，产业结构重，生态环境脆弱，以石化产业为主导的产业结构体系安全隐患突出。在把修复长江生态环境摆在压倒性位置，"不搞大开发、共抓大保护"的新形势下，规划建设扬子江城市群，必须以共守生态安全为前提，科学测度江苏沿江城市的生态承载能力，在一体化进程中统筹解决"大城市病"和"小城镇病"问题。

（二）加强生态廊道和生态带、生态圈建设，着力构筑绿色协同新格局

统筹实施山水林田湖生命共同体建设，打通彼此间的"关节"与"经脉"，提升森林、河流、湿地、海洋等自然生态系统稳定性和生态服务功能，构建生态廊道和生物多样性保护网络，构筑江苏绿色协同新格局。在扬子江城市群内部及周边，重点打造沿江、沿淮"两横"轴、沿运河、沿海"两纵"轴，统筹推进宁杭生态经济带、苏南西南部绿色生态智慧谷和环湖生态圈建设。

着力推进沿江绿色生态廊道建设和淮河生态经济带建设。建设扬子江城市群，应增强沿江八市的绿色协同，构建与沿江城市、沿江产业相统一的沿江绿色生态廊道。根据"生态优先、绿色发展"战略要求，突出抓好淮河水质改善和流域综合治理，加快推动现代服务业和现代交通综合体建设，努力把淮河流域江苏段打造成为加快苏北和苏中北部地区黄金水道、产业大道、生态廊道和我国第三条出海黄金通道。增强与安徽、河南的互动协作，争取国家尽快出台淮河生态经济带战略规划。

着力推进江淮生态大走廊、沿海生态保护带建设。加大省级层面的统筹指导，增强扬州、淮安、宿迁、徐州等市的联动，在京杭大运河和南水北调东线沿线高起点规划建设江淮生态大走廊。实施最严格的饮用水源地保护措施，加强南水北调沿线生态环境保护和修复，最大限度控制湖泊河流生态污染，保护好一江清水向北流，打造成南水北调的清水走廊、安全走廊和绿色走廊，构筑扬子江城市群和江淮大地的生态安全屏障。按照国家长江三角洲城市群发展规划和沿江发展的有关要求，严格保护重要滨海湿地、重要河口，实施海洋生态整治修复工程，建设江苏沿海生态保护带。

着力推进宁杭生态经济带和苏南西南部绿色生态智慧谷建设。沿宁杭线地区地处苏南浙北皖南东部交界处，自然生态优势突出，科教创新资源汇集，是苏浙皖三省未来发展的空间交汇点和战略叠加区。要立足优势、协同谋划，努力打造长三角地区绿色经济集聚

区、创新创业先行区、生态宜居示范区,把宁杭经济带打造成为长三角地区继沪宁、沪杭之后的第三条绿色发展崛起带。按照省政府《关于苏南丘陵地区城镇体系规划(2014—2030年)的批复》要求,充分发挥历史人文和自然生态资源丰富优势,优化区域空间结构,提高资源保护利用和旅游业发展水平,打造在国内外有重要影响的绿色生态智慧谷。

(三) 加强沿江城市协同治理政策和机制创新,着力构建绿色协同新体系

通过全面施策、综合治理、绿色协同,增强生态引力,塑造生态品牌,打造绿色共同体,让扬子江城市群接续担当绿色发展、引领发展的历史使命。

统筹把握行政化引导与市场化规范的关系,强化政策支撑。推进绿色发展和绿色协同,一方面,要更好发挥政府在空间开发管制、基础设施布局方面的规划指导作用,以一体化保护的机制共守长江黄金水道及沿江地区生态安全。坚持空间管控一张蓝图,严格落实主体功能区规划,严守农业空间和生态空间保护红线。严格控制开发强度,着力提高开发水平,加快建立自然资源变化动态监测机制,坚决守住开发强度的警戒线。多方面齐抓共管,多领域协同并治,着力打好治气、治水、治土三大攻坚战;另一方面,需要借鉴市场的力量,加强绿色产品的市场监管,加大税收等调节力度,征收排放费、拥堵费,加快企业创新绿色技术和绿色产品,通过市场化规范、引导和推广绿色生产生活。

统筹把握绿色生产生活与绿色流通的关系,完善运行体系。实现区域绿色协同,既包括绿色生产方式和绿色生活方式的协同,也包括绿色流通方式的协同。一方面,要抓住当前最突出的环境问题,以减少化工污染、减少煤炭消耗总量为重点,提高环保准入门槛,实施更加积极的环境经济政策和更大力度的绿色调整,以产业结构优化带动环境质量改善;另一方面,以绿色流通促进绿色发展。资源消耗和生态威胁不但产生在生产和消费环节,也产生在流通环节。特别是对于具有重要运输功能的长江、淮河和运河等流域来说，不但要协同治理生产性化工企业，而且要重视流通性化工企业的协同治理，确保母亲河长江的生态安全。

统筹把握全面小康与绿色小康的关系，彰显绿色品牌。生态经济学家麦克斯·尼夫的"门槛假说"提醒人们，"经济增长只是在一定的范围内导致生活质量的改进，超过这个范围如果有更多的经济增长，生活质量也许开始退化"。"小康全面不全面，生态环境质量是关键"。全面小康的内涵是绿色的，各项指标以及实现的过程必然以绿色为基调。我们既要看重"数据小康"，也要看重"民意小康"，既要注重"物质小康"，又要注重"绿色小康"，更加注重绿色发展在全面小康进程中的主导作用，让人们能够看得见山，望得见水，记得住乡愁，让扬子江城市群发展进程中富有更多的绿色底蕴和绿色内涵，在打造成全面小康、绿色小康的先行区和示范区的基础上，逐步探索以绿色为主基调的、可持续发展的现代化新路。

第三节　省域空间治理现代化的创新路径

主体功能区战略和制度，在推动生态文明建设中具有基础性作用，在构建国家空间治理体系中具有关键性作用。完善主体功能区战略和制度，关键要确立主体功能区制度的法律定位，在严格执行主体功能区规划基础上，将国家和省级层面主体功能区战略格局在市县层面精准落地；重点是健全优化开发区、重点开发区、农产品主产区、重点生态功能区等各类主体功能区空间发展长效机制。

一　以主体功能区推进机制创新促进空间治理现代化

当前受传统行政区发展思维的制约，统筹推进主体功能区制度精准落地、实现以重点功能区为主的创新发展，还面临着一些问题和瓶颈,特别是思想观念、功能划分、交通设施、政策制度和体制机制的瓶颈,需要加大改革创新力度和政策支撑强度,形成更加有力的战略推进机制。

(一)完善规划制度体系

长期来看,主体功能区规划法律地位的明确,是强化其战略性、基础性和约束性作用,尤其是上位规划功能定位的根本保障。在全面依法治国的大背景下,建议以国务院机构改革为契机,尽快出台相关法律法规,使主体功能区规划在实施管理过程中有法可依。在国家层面,以立法或是文件形式明确主体功能区规划与五年发展规划、相关区域性规划的关系,把主体功能区规划作为其他空间规划制定的基本遵循和发展规划在空间上的载体,把重点功能区战略作为主体功能区制度在省级层面精准落地的重要举措,使主体功能区可以作为发展类规划和布局类规划的一个旋转门[①]。针对目前主体功能区推进实施中存在的规划落地问题、政策措施碎片化问题和工作机制协同问题,建议国家层面制定出台《主体功能区制度落实促进条例》。针对国家和省级主体功能区规划的期限都是2020年,建议国家层面建立完善主体功能区动态调整机制,以2025年、2030年和2035年为节点,尽快启动国家和省级主体功能区规划修编工作。

(二)完善组织推进机制

由行政区到功能区,有利于逐步打破行政区划分割,改善政府空间开发和管理的模式和机制,是市场经济条件下政府职能转变在区域管理方面的探索和体现。在这一过程中,思维方式和发展模式的转换是根本,必须更加注重合作、协同,走共建共治共享的道路。2018年3月,中央印发《深化党和国家机构改革方案》,确定组建自然资源部,统筹山水林田湖草系统治理,统一行使所有国土

---

① 樊杰:《我国空间治理体系现代化在"十九大"后的新态势》,《中国科学院院刊》2017年第4期。

空间用途管制和生态保护修复职责，着力解决自然资源所有者不到位、空间规划重叠等问题，将国土资源部的职责，国家发展和改革委员会的组织编制主体功能区规划职责，住房和城乡建设部的城乡规划管理职责，水利部的水资源调查和确权登记管理职责，农业部的草原资源调查和确权登记管理职责，国家林业局的森林、湿地等资源调查和确权登记管理职责，国家海洋局的职责，国家测绘地理信息局的职责整合。这为国家主体功能区制度落地提供了组织机构保障。作为地方政府，要走出"锦标赛"的误区，打破行政壁垒，促进政府间的合作，形成与推进主体功能区制度精准落地要求相适应的组织推进机制。

（三）完善政策支撑机制

重点功能区需要有效的政策组合，发挥财政政策、投资政策、产业政策、土地政策、农业政策、人口政策、环境政策等政策合力。只有相辅相成、相互支撑，才能达到理想的效果。由于各功能区的重点功能有所不同，迫切需要完善各方面的政策，特别是要完善生态补偿等方面的政策，注重差别化，增强系统性和整体性，形成与功能区发展要求相适应的政策体系。促进不同功能区之间的经济联系，增强发展的内生性，丰富发展的内涵性。加大政府购买生态产品力度，制定科学合理的补偿和财政转移支付政策。

（四）完善空间治理体制

充分考虑网络型社会组织形态的多样化和组织间联系的多元化、角色的复杂化特点，建立矩阵式组织机构，增强同一功能区内部各发展单元之间的联系与合作。加强国家基础地理框架数据整合，促进各类空间信息之间测绘基准的统一和信息资源的共享，建立起有关部门和单位互联互通的地理信息服务平台，提升信息技术服务空间治理体系建设的能力。在兼顾自然区域单元的基础上，以县级行政单元作为基本评价对象，科学评估特定区域的国土空间资源环境承载能力状况，建立预警提醒制度和责任追究机制。完善空间治理体系建设的公众参与机制，引导和鼓励利益相关方全过程参与空间规划制订和实施的各个阶段，构建一个由政府、专家学者、企业、环保组织、民众等共同参与的空间规划编制决策、监督实施的多方协作架构和平台[①]。

（五）完善考核评价机制

针对主体功能区不同定位，实行不同的绩效评价指标和政绩考核办法。在某一重点功能区内部，着重考核团结协作抱团取暖的能力和合力下好"一盘棋"的问题，形成与功能区发展相适应的评价取向。优化发展区域要强化经济结构、资源消耗、自主创新等的评价，生态经济区的关键是绿色产业的支撑问题，突出生态建设和环境保护等的评价，从体制上引导人们在发展理念、发展目标、发展路径等方面进行调整，建立优化开发、重点开发、保护开发和禁止开发等不同功能区域的评价标准和机制。

二 从主体功能区到省域一体化：省域空间治理现代化的系统性提升

我国的城市化正在从简单"造城运动"转向城市集群发展，培育发展现代化都市圈成为东部省份推动一体化发展的关键路径，成为省域空间治理现代化的新视角。

1. 广东：着力打造五个都市圈。2008年12月，国务院批复《珠江三角洲地区改革发展规划纲要（2008—2020年）》，2009年4月，广东省委省政府出台贯彻实施决定，提出以广州、佛山同城化为示范，积极推动广佛肇（广州、佛山、肇庆）、深莞惠（深圳、东莞、惠州）、珠中江（珠海、中山、江门）经济圈建设。2020年5月，广东省委省政府印发《广东省建立健全城乡融合发展体制机制和政策体系的若干措施》，明确提出要"科学制定广州、深圳、

---

① 刘琪、罗会逸、王蓓：《国外成功经验对我国空间治理体系构建的启示》，《中国国土资源经济》2018年第4期。

珠江口西岸、汕潮揭、湛茂都市圈发展规划，构建协同发展机制"；广东省发改委等六部门印发《广东省开发区总体发展规划（2020—2035年）》，"适应珠三角核心区功能拓展和空间拓展的需求，推动广州都市圈（包括广州、佛山、肇庆、清远、云浮和韶关）、深圳都市圈（包括深圳、东莞、惠州、河源和汕尾）、珠江口西岸都市圈深度融合"，明确广州、深圳都市圈的范围。根据规划，广州都市圈扩容至"3+3"，在广佛肇的基础上增加清远、云浮和韶关，深圳都市圈则扩容"3+2"，在深莞惠的基础上增加河源和汕尾，都市圈的范围在明显扩张。随着都市圈的扩容，命名上不再使用AA制的方式，而是直接用中心城市来命名，有利于更好地突出广州、深圳中心城市的核心带动作用。2019年，广州、深圳都市圈的经济规模分别为40567亿元和42748亿元，常住人口分别为3711万人和3290万人。

2. 江苏：2001年初，"十五"规划提出实施城市化战略，重点建设南京、苏锡常和徐州三大城市圈，并依据区域发展不平衡、梯度特征明显的省情实际，将全省划分为苏南、苏中、苏北三大区域，继续实施"海上苏东"工程，促进区域共同发展。2006年初，"十一五"规划提出，依托南京、苏锡常和徐州三个都市圈，加快建设沿江城市群，积极推动东陇海城市发展，并提出苏南提升、苏中崛起、苏北振兴的分类指导目标。2011年初，江苏"十二五"规划提出，提升发展长江三角洲（北翼）核心区城市群，培育三大区域发展新优势，积极推进长江三角洲一体化进程，实施主体功能区战略，构建"核心（长江三角洲北翼核心区）优化、双带（沿海和东陇海发展带）重点、多极拓展"的建设开发空间布局。2016年初，"十三五"规划强调，在更高层次上推进区域协调发展。统筹实施苏南、苏中、苏北地区和沿沪宁线、沿江、沿海、沿东陇海线经济带战略组合，推进沿运河地区加快发展，培育国家级江北新区等区域经济增长点和淮河生态经济带等增长极，打造长江经济带建设先行先导地区，全面融入国家区域发展总体布局。2017年5月,在《江苏省主体功能区规划》基础上,江苏提出"1+3"重点功能区战略。2019年7月,省委十三届六次全会提出,重点推进包括省内全域一体化在内的六个一体化,旨在打破传统的苏南、苏中、苏北三大板块的地理分割和行政壁垒,从行政区经济转向功能区经济,推动各区域之间分工协作、优势互补、特色发展。

3. 浙江:着力打造四大都市区和都市圈。根据2016年国家发改委发布的《长江三角洲城市群发展规划》,长三角五大都市圈,浙江有杭州和宁波两个都市圈。2017年浙江省第十四次党代会以来,浙江以大湾区为空间特征,以大花园为普遍形态,以大通道为发展轴线,以大都市区为发展极,统筹推进大湾区大花园大通道大都市区建设。在空间形态上,全省规划建设杭州、宁波、温州、金义四大都市区,以全省79%的土地面积,集聚94%的人口,创造96%的经济总量,总目标直指"世界级",即努力成为长三角世界级城市群一体化发展金南翼,具体目标是打造参与全球竞争主阵地、打造长三角高质量发展示范区、打造浙江现代化发展引领极,远期目标是建设成为"七个城"——充满活力的创新之城、闻名国际的开放之城、互联畅通的便捷之城、包容共享的宜居之城、绿色低碳的花园之城、安全高效的智慧之城、魅力幸福的人文之城。在四大都市区建设的基础上,以环杭州湾、甬台温、杭金衢、金丽温四大城市连绵带为轴线辐射拓展,推进杭绍、杭嘉、甬绍、甬舟、嘉湖一体化,杭州都市圈、宁波都市圈、温州都市圈、金义都市圈建设,着力形成"强化四核、联动四带、辐射四圈"网络型城市群空间格局。其中,杭州都市圈的定位是辐射全省乃至省际相邻区域,在原来杭州、湖州、嘉兴、绍兴等四市基础上,2018年10月杭州都市圈成功扩容,浙江省衢州市、安徽省黄山市正式加入,杭州都市圈发展成为跨省都市圈。至此,浙江省11个地级市,四大都市圈覆盖10个和浙江唯一不考核GDP的城市丽水市的青田、缙云。

4. 山东：着力推进省会、胶东、鲁南三大经济圈区域一体化发展。2020年2月，山东省委省政府出台《贯彻落实〈中共中央、国务院关于建立更加有效的区域协调发展新机制的意见〉的实施方案》，提出构建"一群两心三圈"的区域发展格局："一群"即打造具有全球影响力的山东半岛城市群；"两心"即支持济南、青岛建设成为国家中心城市；"三圈"即推进省会、胶东、鲁南三大经济圈区域一体化发展，打造全省高质量发展强劲引擎，推动形成全省区域一体化发展新格局。省政府分别以鲁政发〔2020〕2号、8号、9号文件，印发《关于加快胶东经济圈一体化发展的指导意见》《关于加快省会经济圈一体化发展的指导意见》和《关于加快鲁南经济圈一体化发展的指导意见》。其中，省会经济圈包括济南、淄博、泰安、聊城、德州、滨州、东营7市，重点打造黄河流域生态保护和高质量发展示范区、全国动能转换区域传导引领区、世界文明交流互鉴新高地。胶东经济圈包括青岛、烟台、威海、潍坊、日照5市，重点打造全国重要的创新中心、航运中心、金融中心和海洋经济发展示范区。鲁南经济圈包括临沂、枣庄、济宁、菏泽4市，重点打造乡村振兴先行区、转型发展新高地、淮河流域经济隆起带。

纵观东部省份省域一体化工作，主要表现为以下几个特点：

一是都市圈建设在区域协调发展中的地位更加凸显。相对于此前由国家和省级层面倡导、市级层面具体推动和运作，已经上升到国家层面重点部署、省级党委政府大力推动阶段，把培育发展都市圈作为"十四五"最重要的动力源，高度重视规划、系统谋划发展，在我国东部发达地区，以都市圈引领省域一体化发展的时代已经到来。二是都市圈的深度和广度在不断深化拓展。一方面，粤浙鲁等省份系统谋划都市圈发展，不断赋予都市圈发展以新内涵，都市圈的内圈层部分正在朝着深度同城化迈进，比如，广州和佛山、深圳和东莞，地铁等重要基础设施全面贯通，产业合作区建设不断深化。相对于广东和山东的省内全域一体化，浙江的省内一体化更具有层次感和立体感,包括都市区、都市圈和大都市圈等多个层级。另一方面,广州、深圳、杭州都市圈都在不断地吸纳新的成员加入,朋友圈在不断扩大,规模"膨胀"的势头明显。三是都市圈规模有大有小,基本呈现双子座大都市圈带动小都市圈的格局。从都市圈的规模和实力看,广东、浙江的悬殊都很大。有些都市圈,只是规划和概念上的都市圈,无论是城市的规模,还是经济发展水平,都远远没有达到都市圈的标准。四是都市圈发展动力多元,既有省级层面自上而下的推动,更有地方积极主动的探索。在组织机构和推动机制上,浙江成立推进"四大建设"工作联席会议办公室,每年发布大都市区等建设要点。山东出台的指导意见明确,三大经济圈一体化发展由省新旧动能转换综合试验区建设领导小组负责统筹指导和推进,定期(一般每半年)听取工作汇报,协调解决重大问题;在工作机制上,分别建立议事协调机制和联席会议制度。

三 从主体功能区规划到国土空间规划:省域空间治理现代化的科学提升

2019年5月,中共中央、国务院印发《关于建立国土空间规划体系并监督实施的若干意见》,强调:建立国土空间规划体系并监督实施,将主体功能区规划、土地利用规划、城乡规划等空间规划融合为统一的国土空间规划,实现"多规合一"。随后,自然资源部发布《关于全面开展国土空间规划工作的通知》,强调要按照《若干意见》要求,主动履职尽责,建立"多规合一"的国土空间规划体系并监督实施。按照自上而下、上下联动、压茬推进的原则,抓紧启动编制全国、省级、市县和乡镇国土空间规划(规划期至2035年,展望期至2050年);各地不再新编和报批主体功能区规划、土地利用总体规划、城镇体系规划、城市(镇)总体规划、海洋功能区划等。已批准的规划期至2020年后的省级国土规划、城镇体系规划、主体功能区规划,城市(镇)总体规划,以及原省级空间规划试点和市县"多规合一"试点等,要按照新的规划编制要求,将既有规划成果融入新编制的同级国土空间规划中。

(本章系江苏省社科基金重大项目"江苏沿江协同发展与扬子江城市群建设研究"成果之一。部分内容刊发在《南京社会科学》2018年第5期。执笔:刘西忠。)

第八章

"强富美高"新江苏的战略引领与空间重塑

摘要 建设"强富美高"新江苏,是习近平总书记为新时代江苏发展擘画的美好蓝图和制定的总目标。在现代化新征程上推动"强富美高"新江苏建设,必须从更完整、更准确、更全面地贯彻落实新发展理念的高度,重塑省域一体化发展新空间。面向"十四五"及2035年的远景建设目标,江苏积极主动对接国家战略,建立健全省域一体化发展的国土空间规划体系,以完善和落实主体功能区战略为抓手,实现跨越行政区域、自然流域的省域空间融合发展,整体提升省域高质量发展的合力和实力。更大力度融合江南江北、联运沿江沿海、统筹陆地海洋,做优沿江、沿海、沿大运河、沿东陇海线生产力布局,做深做实苏锡常、宁镇扬一体化发展和锡常泰、苏通跨江融合,加快推进省内全域一体化,全方位融入长三角一体化和国内大循环。主动对接"长三角一体化示范区",与上海青浦,浙江嘉兴、湖州,共同打造长三角环太湖创新生态圈,并率先引领"世界级创新湖区"建设,促进苏锡常成为长三角核心区的"头部"创新区域。推进宁镇扬都市圈与"北沿江"联动,加快苏中及苏北部分地区协同发展。把南京都市圈建设成为具有全国影响力的现代化都市圈,合力打造大南京都市区,更好服务全国现代化建设大局。把握"沪苏通"带动沿海发展新机遇,构建江苏陆海统筹新格局。做实东陇海和徐宿淮盐新型城镇带,构建支撑苏北高质量发展新型空间结构。高标准规划建设大运河绿色城镇带，构建江苏"绿色中轴"，促进大运河城镇带与江淮生态经济区的绿色协同发展，打造"水韵江苏"建设的标杆区域、经济高质量与生态环境高质量相得益彰的示范区域。

2014年12月，习近平总书记视察江苏并发表重要讲话，殷切期望江苏紧紧围绕"两个率先"，协调推进"四个全面"，推动"五个迈上新台阶"，努力建设"经济强、百姓富、环境美、社会文明程度高"的新江苏。此前，在2013年党的十八大之后的全国人代会上，习近平总书记就嘱托江苏要做好产业转型升级、新型城镇化和生态文明建设三项重点工作。牢记总书记的嘱托和要求，全省上下紧扣"强富美高"总目标，深化"两聚一高"实践，坚决打好三大攻坚战，"十三五"期间在推动高质量发展上整体迈上了新台阶。2019年12月，江苏省委十三届七次全会进一步强调，建设"强富美高"新江苏，是习近平总书记为新时代江苏发展的把脉定调，是管根本、管全局、管长远的，"强富美高"新江苏建设，是脚踏实地的奋斗过程、与时俱进的上升过程、改革创新的探索过程、薪火相传的接力过程。在这样一个重要的时间节点上，我们要以更自觉的认识和行动沿着习近平总书记指引的方向前进，在实现高水平全面建成小康社会的目标之际，积极探索开启基本现代化新征程，新起点上再出发，奋力开拓"强富美高"实践新境界。2020年11月，习近平总书记在党的十九届五中全会后首次地方考察中来到江苏，要求江苏要全面把握新发展阶段的新任务新要求，坚定不移贯彻新发展理念、构建新发展格局，着力在改革创新、推动高质量发展上争当表率，在服务全国构建新发展格局上争做示范，在率先实现社会主义现代化上走在前列。这是对江苏进入现代化建设新阶段的新使命新要求，全省上下要同心协力，以新的实践探索不断把"强富美高"新江苏建设推向新的高度，奋力开创社会主义现代化建设新局面。

第八章 "强富美高"新江苏的战略引领与空间重塑

第一节 全面把握"强富美高"新江苏建设的内涵要求

"强富美高"是新时代引领江苏人民团结奋斗的总目标总定位，不仅指导了全省取得高水平全面建成小康社会的决定性胜利，同时又在继续引领江苏的现代化建设。"强富美高"贯穿于江苏全面小康和社会主义现代化建设的全过程，是随着发展实践与时俱进、动态上升，不断丰富新内涵、升华新境界的。

在"十三五"期间，江苏紧扣"强富美高"的总目标，推进"两聚一高"，制定完成了"六个高质量"的具体实施方案，取得了高水平全面建成小康社会的决定性胜利，"强富美高"新江苏建设取得了重大阶段性成果，一笔一画地把"大写意"绘制成细腻生动的"工笔画"，在实现第一个百年目标上交出了合格答卷，展现了新时代中国特色社会主义在江苏的生动的新实践。面向"十四五"和第二个百年奋斗目标，在新的历史起点上开拓发展的新境界，把"强富美高"新江苏建设推向新高度，就是要在改革创新、推动高质量发展上奋勇争先，在服务构建新发展格局上率先探路，探索出彰显"强富美高"新内涵的特色性的现代化之路。从发展的阶段性来看，江苏过去几年围绕"五个迈上新台阶"的路径去建设"强富美高"，更多的是夯实全面小康的基础，去补以往发展步子太快留下的"欠账"，走稳走好高质量发展之路。当高水平全面建成小康社会取得决定性胜利之后，开启的现代化新征程已经进入了新的发展阶段，就不能再沿用原来的小康理念、行为定势，必须在思想和行动彻底地告别"过去时"，突出改革创新的全局带动作用，拿出适应新阶段要求的探路者的锐气和智慧，以回答好习近平总书记关于"下一步发展路子如何走"的时代之问，确保在新发展阶段持续走在前列。

推进"强富美高"新江苏建设再出发，让新发展理念在江苏大地上结出更多丰硕的果实,是我们开启现代化新征程的新担当、新使命。我国建设的社会主义现代化的本质特征,就是坚持以人民为中心的发展思想,让更多的现代化成果惠及全体人民。为人民谋幸福、为民族谋复兴,是我们党领导现代化建设的出发点和落脚点,也是新发展理念的"根"和"魂"。只有更加坚持以人民为中心的发展思想,坚持发展为了人民、发展依靠人民、发展成果由人民共享,才会有正确的发展观、现代化观。进入"十四五",开启新征程,推动江苏高质量发展不断迈上新的台阶,在率先实现社会主义现代化上走在前列,就要从更完整、更准确、更全面的贯彻落实新发展理念的高度,来聚焦"强富美高"的每一个方面、每一个领域,突出问题导向,拿出系统的解决方案与路径,特别是在促进全体人民共同富裕方面做好制度性、全局性安排,以赋予"强富美高"更深厚的内涵,展现8000多万江苏人民的创造性的时代担当,用"争当表率、争做示范、走在前列"的过硬成果,为"强富美高"注入更多高质量发展的品质与内涵。

进一步强筋健骨,让"经济强"的优势更加明显,高质量发展再上新台阶。强化创新引领,在基础研究、原始创新的导向下,围绕省域一体化发展的新布局,构建城市群协同创新共同体,集中力量抓好全局性、战略性、前瞻性的重大创新项目,加快形成促进科技成果转化应用的体制机制,以过硬成果助力国家科技自立自强;进一步加快产业升级,聚焦打造先进制造业集群,推进核心技术自主化、产业基础高级化、产业链现代化,抓住"新基建"重大机遇,加快发展新经济、新业态、新模式,抢占未来产业发展制高点;进一步增强项目支撑,重点抓好支撑性、引领性、带动性强的重大项目,切实发挥重大项目的"龙头效应";进一步优化经济格局,围绕增强中心城市、城市群经济和人口承载能力,探索突破行政区划限制,促进各类要素合理流动和高效集聚,形成优势互补、高质量发展的区域经济布局。

加快补齐短板,让"百姓富"的成果更加丰硕,在推进全体人民共同富裕上取得新成效。把实现共同富裕作为"百姓富"的重心，在尊重经济社会发展规律的前提下，更加主动解决地区差距、城乡差距、收入差距等问题，进一步提升人民群众获得感、幸福感、安全感。坚持以人民为中心，把握民生需求的新变化，按照基本公共服务与全省经济总体发展水平相适应的要求，解决好群众最关心最直接最现实的利益问题。着眼于"更好的教育"，改善教育供给，积极构建现代化教育体系；着眼于"更稳定的工作"，精准实施就业优先政策，健全有利于更充分更高质量就业的促进机制；着眼于"更满意的收入"，不断扩大中等收入群体，加快形成橄榄型收入分配格局；着眼于"更可靠的社会保障"，精准做好社保降费和特殊困难人群帮扶工作，织密扎牢民生保障网；着眼于"更高水平的医疗卫生服务"，健全分级诊疗、药品供应保障和卫生行业综合监管制度，积极探索组建区域性、事业性的医疗中心和医疗集团，构建优质高效的医疗卫生服务体系；着眼于"更舒适的居住条件"，做好苏北农村住房改善工作，加大困难群众住房保障力度。

更加突出生态优先，让"环境美"的颜值更加靓丽，在促进人与自然和谐共生上当好样板。始终牢记、自觉践行"绿水青山就是金山银山"的理念，在建设美丽江苏中做出新贡献。深化"强富美高"创新实践，高起点推进美丽江苏建设，努力打造美丽中国的现实样板，让美丽江苏美得有形态、有韵味、有温度、有质感。坚持生态优先、绿色发展、筑牢美丽江苏的生态基底，以江河湖海为脉络优化空间格局、充分彰显"水韵江苏"之美。以滚石上山的勇气、如如不动的定力，持续深化推进长江大保护、开展"263"专项行动等，以部省共建生态环境治理体系和治理能力现代化试点省为契机，加快形成由环保倒逼发展转向激励发展的体制机制。坚持生产和消费两端发力、减法和加法协同发力、约束和激励相向发力，把推动产业绿色化与引导消费绿色化协调起来，把减低效产能与增优质项目、减化石能源与增清洁能源统一起来，把强化震慑威慢与优化政策服务联动起来，确保全省环境质量持续好转。坚持"共抓大保护、不搞大开发"，以更大力度加强相关基础设施建设、产业结构优化和生活方式提升，努力把长江江苏段建成生产发展、生活文明、生态优良的高质量发展典范。

深化守正创新，让"社会文明程度高"的追求更加鲜明，在现代化文化强省建设上实现新跃升。持续建设文化强省，聚焦培根铸魂、守正创新，加快构筑思想文化引领高地、道德风尚建设高地、文艺精品创作高地，彰显新时代"最美江苏人"的精神风貌，当好社会主义文化强国建设的探路者、先行军。在文化发展方面，高标准建设大运河文化带江苏段和大运河国家文化公园，传承弘扬发展长江文化，持续推广紫金文化系列品牌，放大世界运河城市论坛、江南文脉论坛、汉文化论坛等的品牌效应，大力发展文化产业，推动文旅融合发展。

建设"强富美高"新江苏再出发，在开启现代化新征程上"争当表率、争做示范、走在前列"，外部和内部环境与以往不同，整体的发展阶段变了。就国际而言，应对百年未有之大变局，新冠肺炎疫情的全球流行，经济外向度高的江苏，必须提升应对更多不确定性变化的能力。在省域发展进程中，江苏自身内部发展的不平衡不充分问题，需要拿出系统的富有成效的解决方案。面向"十四五"及未来一个时期，要胸怀国际国内两个大局，把握机遇，坚定信心，按照《中共中央关于制定国民经济和社会发展第十四个五年规划和二〇三五年远景目标的建议》的任务要求，强化"争当表率、争做示范、走在前列"的新担当新使命，在全方位践行新发展理念的实践中，集中精力办好自己的事，更好肩负起为全国发展探路的重大使命，推动改革开放再出发，通过推进省域治理体系和治理能力现代化，不断破解推进"强富美高"新江苏建设的难点、重点，如期实现阶段性的预期发展目标，探索出彰显"强富美高"新内涵的特色性的现代化之路。

第二节 比学赶超：树立省域高质量发展的多向标杆

党的十八大以来，围绕"两个一百年"的奋斗目标，习近平总书记在多个关键时点、重要场合对广东、上海、浙江、江苏以及安徽等东部地区都提出了"走在前列""当好窗口""率先探路""开路先锋""排头兵"的高要求。这些重要的讲话和指示，是各地推动"四个全面""五位一体"，践行新发展理念、实现高质量发展的总方针和总遵循，体现了辩证唯物主义和历史唯物主义的基本观点，体现了马克思主义政治经济学基本原理和方法论，体现了以人民为中心的发展思想，放射出习近平新时代中国特色社会主义思想的真理光芒和实践伟力。在全面建成小康社会取得决定性胜利、进入社会主义现代化建设的新阶段，系统学习习近平总书记的相关重要讲话与指示，见证各地贯彻落实取得的发展成效，并在高起点上制定的"十四五"发展目标与实施方略，对江苏深化理解建设"强富美高"再出发的丰富内涵，践行习近平总书记要求江苏在现代化新征程上"争当表率、争做示范、走在前列"的新使命，在与先进的兄弟省市在比学赶超中，共同承担起社会主义现代化建设的开路者、先行军的使命，当有重要的指导与借鉴意义。

一 广东：实现"四个走在全国前列"、当好"两个重要窗口"

广东是我国改革开放的排头兵、先行地、实验区。党的十八大以来，习近平总书记对广东的发展寄语，高频使用"走在前列"：2012年12月，要求广东发挥"窗口作用、试验作用、排头兵作用"；2014年3月提出广东"要在全面深化改革中走在前列"，2017年4月提出"四个坚持、三个支撑、两个走在前列"，再到2018年3月提出"四个走在全国前列"目标，"走在前列"的要求一次比一次高。2018年3月7日,习近平总书记参加全国两会广东代表团审议,嘱咐广东要实现"在构建推动经济高质量发展体制机制、建设现代化经济体系、形成全面开放新格局、营造共建共治共享社会治理格局上走在全国前列",当好"向世界展示我国改革开放成就的重要窗口、国际社会观察我国改革开放的重要窗口"。2019年10月22日至25日,习近平总书记到广东视察,对广东提出深化改革开放、推动高质量发展、提高发展平衡性和协调性、加强党的领导和党的建设四个方面的重要指示要求。广东的"十四五"规划建议,提出今后五年的目标:经济发展更加高质量,现代化经济体系建设取得重大进展;改革开放更加全面深入,高质量发展体制机制进一步健全;社会更加文明进步;生态环境更加美丽,人民生活更加幸福,治理效能更加显著。特别突出了进一步坚持创新驱动发展,建设更高水平的科技创新强省,深入推进粤港澳大湾区建设和支持深圳建设先行示范区的"双区"建设,打造更高水平的高质量发展动力源。

"建设好中国特色社会主义先行示范区、创建社会主义现代化强国的城市范例",是习近平总书记在纪念深圳特区建立40周年的大会上赋予深圳新时代的历史使命。深圳的"十四五"规划建议提出,深圳要肩负好新时代的历史使命,勇当驶向中华民族伟大复兴光辉彼岸的第一艘"冲锋舟",为我国实现社会主义现代化做出新的更大贡献:在10个方面"走在前列、勇当尖兵",到二〇二五年,建成现代化国际化创新型城市,基本实现社会主义现代化;到二〇三〇年,建成引领可持续发展的全球创新城市;到二〇三五年,建成具有全球影响力的创新创业创意之都,成为我国建设社会主义现代化强国的城市范例,率先实现社会主义现代化。

二 浙江:从"八八战略"到"重要窗口",争创社会主义现代化建设先行省

2020年3月29日至4月1日,在统筹推进疫情防控和经济社

会发展的特殊时期,习近平总书记到浙江考察调研并发表重要讲话,赋予浙江"努力成为新时代全面展示中国特色社会主义制度优越性的重要窗口"的新目标新定位。强化新定位,浙江提出在"十四五"期间,要深刻把握忠实践行"八八战略"、奋力打造"重要窗口"的主题主线,争创社会主义现代化建设先行省,以省域现代化先行为全国现代化建设探路。具体目标是:发挥制度优势、转化治理效能、打造硬核成果、形成发展胜势,率先破解发展不平衡不充分问题,基本建成国内大循环的战略支点、国内国际双循环的战略枢纽,共建共治共享共同富裕先行先试取得实效,形成忠实践行"八八战略"、奋力打造"重要窗口"的系统性突破性标志性成果。争创社会主义现代化建设先行省的基本内涵具体为"十个先行":数字赋能现代化先行、产业体系现代化先行、科技创新现代化先行、农业农村现代化先行、对外开放现代化先行、省域治理现代化先行、文化建设现代化先行、生态文明现代化先行、公共服务现代化先行、人的现代化先行。

"八八战略"最早是习近平总书记在浙江工作时为浙江定制的发展总纲领,已从最初的"进一步发挥八个方面的优势、推进八个方面的举措"发展为全面系统的理论体系,涵盖经济、政治、文化、社会、生态文明建设和党的建设各个领域,构建起中国特色社会主义在浙江实践的"五位一体"总体布局,在省域层面率先探索回答了"实现什么样的发展""怎样实现发展"等重大问题。如今,习近平总书记赋予浙江"重要窗口"的新目标新定位,是要求浙江成为新时代中国特色社会主义的展示之窗和实践范例,以"浙江之窗"展示"中国之治",为国际社会感知中国形象、中国精神、中国气派、中国力量提供一个"重要窗口",这与"八八战略"重大决策部署,与2015年他考察浙江时赋予的"干在实处永无止境,走在前列要谋新篇"新使命,与2016年他在G20杭州峰会期间提出的"秉持浙江精神、干在实处、走在前列、勇立潮头"新要求,以及与他在2018年就"八八战略"实施15周年提出的

"干在实处永无止境，走在前列要谋新篇，勇立潮头方显担当"新期望，目标上一致同向、一脉相承，要求上一以贯之、一体多面，是传承到创新的集成升华、过程到结果的逻辑展开、量变到质变的递进跃。开启社会主义现代化建设新征程，"重要窗口"的定位，赋予浙江面向全国、面向世界、面向未来更重的角色定位和更大的使命担当。

三 上海：当好更高水平改革开放的开路先锋、全面建设社会主义现代化国家的排头兵

当好"全国改革开放排头兵、创新发展先行者"，是党的十八大以来习近平总书记对上海一以贯之的要求。2017 年 3 月 5 日，习近平总书记参加上海代表团审议时，希望上海继续按照当好全国改革开放排头兵、创新发展先行者的要求，在深化自由贸易试验区改革上有新作为，在推进科技创新中心建设上有新作为，在推进社会治理创新上有新作为，在全面从严治党上有新作为。2018 年 11 月，在出席首届"进博会"后，习近平总书记要求上海"继续当好全国改革开放排头兵、创新发展先行者，勇于挑最重的担子、啃最难啃的骨头，发挥开路先锋、示范引领、突破攻坚的作用，为全国改革发展作出更大贡献"。明确上海要发扬"海纳百川、追求卓越、开明睿智、大气谦和"的上海城市精神，借鉴世界大城市发展经验，着力打造社会主义现代化国际大都市。2019 年，习近平总书记在上海考察时进一步强调上海要着力提升城市能级和核心竞争力，不断提高社会主义现代化国际大都市治理能力和治理水平。2020 年 11 月，习近平总书记在浦东开发开放 30 周年庆祝大会上发表重要讲话，要求上海要努力成为更高水平改革开放的开路先锋、全面建设社会主义现代化国家的排头兵、彰显"四个自信"的实践范例，更好向世界展示中国理念、中国精神、中国道路。

上海的"十四五"规划建议指出，习近平总书记的系列重要讲话与指示，明确了上海发展新的时代方位，赋予了新的历史使命。

上海要在新的起点上全面深化国际经济、金融、贸易、航运和具有全球影响力的科技创新中心的"五个中心"建设，明确在"十四五"发展基础上再奋斗十年，基本建成具有世界影响力的社会主义现代化国际大都市，成为具有全球影响力的长三角世界级城市群的核心引领城市，成为社会主义现代化国家建设的重要窗口和城市标杆。进入新发展阶段，上海要在全球政治经济格局深刻调整中更好地参与国际合作与竞争，为我国深度参与引领全球经济治理作出应有贡献；要充分发挥人才富集、科技水平高、制造业发达、产业链供应链基础好和市场潜力大等优势，更加主动服务全国构建新发展格局，打造国内大循环的中心节点、国内国际双循环的战略链接，进一步巩固上海对内对外开放两个扇面枢纽地位；要在长三角一体化国家战略推进中发挥龙头带动作用，共同打造强劲活跃增长极，辐射带动更广大区域发展。

四 安徽：强化"两个坚持""两个更大"，进军"经济强百姓富生态美的现代化美好安徽"

2020年8月20日，习近平总书记在安徽考察期间，在合肥主持召开了扎实推进长三角一体化发展座谈会，强调实施长三角一体化发展战略要紧扣一体化和高质量两个关键词。8月21日，在听取了安徽省委和省政府工作汇报后，习近平总书记对安徽的发展提出了五个"要"：要深刻把握发展的阶段性新特征新要求，坚持把做实做强做优实体经济作为主攻方向，一手抓传统产业转型升级，一手抓战略性新兴产业发展壮大，推动制造业加速向数字化、网络化、智能化发展，提高产业链供应链稳定性和现代化水平；要牢牢把握扩大内需这个战略基点，努力探索形成新发展格局的有效路径；要对标世界一流，加强前沿探索和前瞻布局，加大关键核心技术攻坚力度；要发挥好改革的突破和先导作用，依靠改革破除发展瓶颈、汇聚发展优势、增强发展动力；要紧扣一体化和高质量两个关键词，深入推进重点领域一体化建设，推进长三角一体化发展。

安徽省委认为，习近平总书记在安徽考察期间的重要讲话指示，核心要义是强化"两个坚持"、做到"两个更大"：坚持改革开放，拿出更大勇气破除深层次体制机制障碍，拿出更多举措推进更高水平对外开放；坚持高质量发展，实现更高质量、更有效率、更加公平、更可持续、更为安全的发展。在构建新发展格局中实现更大作为，努力把安徽打造成为国内大循环的重要节点、国内国际双循环的战略链接；在加快建设美好安徽上取得新的更大进展，推动全省综合实力实现新的更大跃升。"两个坚持""两个更大"，深刻回答了"十四五"乃至今后一个时期安徽发展在党和国家全局中应该承担的使命、肩负的任务，既提出了"过河"的目标，又明确了解决过河的"船"和"桥"，是当前和今后一个时期引领安徽发展的总方针、总遵循。安徽"十四五"规划建议提出，加快打造具有重要影响力的科技创新策源地、新兴产业聚集地、改革开放新高地和经济社会发展全面绿色转型区，构建"高原""高峰"相得益彰、创新创业蓬勃发展的科技强省。面向2035，努力塑造科技创新策源新优势、打造区域协调发展新样板、谱写全面绿色转型新篇章、构筑高水平改革开放新高地、绘就山水人城和谐相融新画卷，坚定地朝着经济强、百姓富、生态美的新阶段现代化美好安徽进军。

五 在比学赶超中全方位提升"强富美高"新江苏建设水平

系统梳理党的十八大以来习近平总书记对粤、浙、沪、皖等地发展所做的重要讲话和指示精神，让我们更加深刻地认识到新时代中国特色社会主义建设取得的巨大成就，特别是东部地区在"十三五"创造出的经济社会发展奇迹，直接取决于习近平总书记的把脉定调指航，全面彰显了新发展理念的巨大威力和结出的丰硕果实。开启现代化新征程，面向"十四五"和2035年远景目标，习近平总书记的这些重要讲话和指示，对东部先发地区更加全面地践行新发展理念、全方位地推进高质量发展，是一以贯之的引领指导与部署。在把"强富美高"新江苏推向新高度的进程中，认真学习领会总书记的这些重要讲话和要求，有助于进一步提升政治站位，更加强化"走在前列"的新使命新担当。

从认识层面来看，就江苏来说，开启现代化建设新征程，进入新发展阶段，建设"强富美高"新江苏再出发，践行"争当表率、争做示范、走在前列"的要求，必须从习近平新时代中国特色社会主义思想在我国现代化新征程上的生动实践及以及取得新成果的高度，来理解新要求新使命，沿着总书记指引的方向坚定前行，切实以新思想领航赋能，做到"知其然，知其所以然，知其所以必然"，以丰厚的过硬的发展成果来印证江苏"走在前列"的新担当新使命。2014年，习近平总书记视察江苏发表重要讲话指出，江苏围绕"两个率先"的光荣使命，在扎实做好全面建成小康社会各项工作的基础上，积极探索开启基本实现现代化新征程这篇大文章，努力建设经济强、百姓富、环境美、社会文明程度高的新江苏。2020年11月，习近平总书记在党的十九届五中全会后视察江苏更进一步要求，江苏要着力在改革创新、推动高质量发展上争当表率，在服务全国构建新发展格局上争做示范，在率先实现社会主义现代化上走在前列。基于上述认知，广东的"四个走在前列"，浙江的"重要窗口"，上海的"开路先锋""排头兵"等，都可以作为江苏的发展标杆与现代化建设的参照系。"强富美高"新江苏建设，具有全面性至高性，是总目标总定位。无论是高水平全面建成小康社会，还是建设社会主义现代化，都取决于"经济强"的物质基础，"百姓富"的价值导向，"环境美"的美好追求，"社会文明程度高"的综合展现，四个方面构成有机统一的整体，随着江苏的发展实践与时俱进、动态上升，不断丰富"强富美高"的内涵。唯有不断对标找差，提升发展站位，奋力拼搏争先，当好表率示范，才能不负"走在前列"的使命。

从实践路径来看，践行"争当表率、争做示范、走在前列"的新要求，开启现代化新征程，在自我加压、奋力再造发展新优势的同时，完全可以从东部发达省市"同行者"学思践悟新思想的实践经验中，以及制定的"十四五"发展目标和 2035 年远景目标中，来自我观照、扩展视野、聚焦重点，强化问题导向、忧患意识，进一步把握主题主线，实施更科学更有成效的对策与路径，拿出硬核成果，在践行新发展理念的"比学赶超"现代化新征程上，走得更稳更好，不断为"强富美高"注入高品质。比如，在"经济强"方面，作为经济总量排在第二的江苏，在迈上 10 万亿元的新台阶之后，要对标经济总量超过 11 万亿元、排名第一的广东，在追求规模和质量同步提升的过程中，要进一步放大建设科技强省的创新驱动成效，在科技和产业创新上当好开路先锋，在建设"一中心一基地一枢纽"中，在数字经济和高附加值的生产服务业方面强化优势，有针对性地解决关键产业链供应链的自主可供以及核心技术卡脖子问题。在"百姓富"方面，就要进一步突出共同富裕的现代化发展导向，浙江着力激发市场主体活力，增创市场有效、政府有为、企业有利、百姓受益的体制机制新优势，以及遵循从先行先富转向共赢共富的理念与行动，值得借鉴。安徽为扎实做好就业、教育、医疗、社会保障等民生工作，新增财力 80% 以上用于保障改善民生的做法，也表明江苏在巩固扶贫攻坚成果的投入上还可以进一步加大，在破解发展不平衡不充分问题上可以更加聚焦重点。在"环境美"方面，广东、浙江、安徽均提出要做美丽中国建设的先行示范区、样板区，浙江建设"诗画浙江"大花园、诗路文化带，安徽"绘就山水人城和谐相融新画卷"、打造"经济社会发展全面绿色转型区"等，都体现了满足人民对高品质生活向往的新情怀。此外，面向"十四五"，上海建设具有世界影响力的社会主义国际文化大都市，浙江建设"整体智治、唯实唯先"的现代政府、打造以浙江精神为底色的创新文化，安徽的"彰显徽风皖韵和时代特征的创新型文化强省"建设目标等，都对"社会文明程度高"新江苏品质提升的目标与路径选择，有一定的参照借鉴作用。

第三节 科学搭建承载现代化
建设的"空间骨骼"

"强富美高"新江苏建设"再出发",必须在"两个大局"的历史坐标下,把握"双循环"的主动权,率先形成江苏的新发展格局。加快推进省内全域一体化,全方位融入长三角一体化和国内大循环,是江苏构建新发展格局的战略重点和聚力点。在这样的历史认知和高站位下,必须坚定落实新发展理念,面向"十四五"及未来一个时期"做好自己的事",积极主动搭建起承载江苏高质量发展的"空间骨骼"。因此,积极主动对接国家战略,建立健全省域一体化发展的国土空间规划体系,以完善和落实主体功能区战略为抓手,实现跨越行政区域、自然流域的省域空间融合发展,将整体提升省域高质量发展的合力和实力。要把握"一体化"的核心内涵、"高质量"的目标取向、"一盘棋"的实践要求,重点推进产业创新、基础设施、区域市场、绿色发展、公共服务以及省内全域一体化等"六个一体化"。要更大力度融合江南江北、联运沿江沿海、统筹陆地海洋,做优沿江、沿海、沿大运河、沿东陇海线生产力布局,做深做实苏锡常、宁镇扬一体化发展和锡常泰、苏通跨江融合,加快推进省内全域一体化,全方位融入长三角一体化和国内大循环。

一 统筹苏锡常都市圈及环太湖地区空间布局,等高对接长三角龙头上海

长三角区域一体化热点在苏南地区,其中苏锡常都市圈直接对接龙头城市上海,上海也已把苏锡常都市圈纳入上海大都市圈的空间规划范围。苏锡常三市产业体系较为完备,资源禀赋各具特色,发展阶段相似、发展水平相近,苏锡常三市经济总量比肩上海。从空间发展格局来看,苏州与上海之间、三市主城之间形成了都市连

绵区，具备了"空间一体化、主轴同城化"的物理空间条件。在长三角一体化国家战略全面实施进入关键期之时，借鉴广佛一体化、深惠莞一体化等经验，在合作中创造更多的发展机会和利益增量，可进一步提高苏锡常都市圈发展质量和板块能级。2020年4月，三市政府签署了《苏锡常一体化发展备忘录》，协同提速共建大都市区。面向"十四五"，建议以沪宁主轴为依托，加快苏锡常三市主城融合，提升高端创新资源、现代服务业的空间聚合能力。以南沿江高铁建设为契机，加快县域产业升级与服务能力提升，构建南沿江产业转型升级示范带。从太仓、常熟、张家港、江阴、常州新北区等，要把这些县级市、开发区，对照地级市的产业水平和服务能级，加快产业升级与服务能力提升，推动南沿江产业转型升级带加速升级，并未来逐步等高沪宁线的发展能级。以主动对接"长三角一体化示范区"，打造沿太湖绿色创新增长带。在产业、空间、绿色发展、政策配套等全方位对接探上海、浙江，与上海青浦，浙江嘉兴、湖州，共同打造长三角环太湖创新生态圈，并率先引领"世界级创新湖区"建设，使苏锡常成为长三角核心区的"头部"创新区域。

二 促进宁镇扬都市圈与"北沿江"联动，加快苏中及苏北部分地区协同发展

推动省域一体化战略部署落地，重点在跨江，难点在苏北。面向"十四五"，需要着力突破跨江融合的关键瓶颈，增强北沿江地区内部及其与南沿江、沿海和苏北地区发展的协同性，形成支撑江苏高质量一体化发展的区域新布局。首先要发挥好南京的创新策源地作用，伴随着南京作为中心枢纽"米字型"高铁网络的形成，使之成为长三角世界级城市群的战略支点，保障整个江苏在长三角区域空间发展中的持续优势。借助上升到国家级的南京都市圈发展规划的获批，以创新首位度提升南京的中心性和江苏省会城市的首位度，把南京都市圈建设成为具有全国影响力的现代化都市圈，合力

打造大南京都市区，更好地服务全国现代化建设大局。建议省级层面在继续推进宁镇扬一体化的基础上，把淮安的部分区域纳入进来，通过宁镇扬淮一体化，加速推动原来苏中地区的扬州和苏北的淮安主城与盱眙融入南京都市圈，增强其在长三角城市群中的副中心城市功能。同时，继续加大南京与周边地区安徽的滁州、马鞍山、宣城和芜湖等地的合作，加快建设宁杭第二通道和宁宣高铁，稳固米字型高铁中心。要加快建设好南京江北新区，发挥好自贸区的制度创新优势，以国家级新区的辐射力，特别是创新资源的集聚力，带动省域创新力提升。充分发挥改革的突破性和先导性作用，把"两城一中心"建设落到实处，突出枢纽型经济和开放型经济建设，促进长三角城市群与长江中上游地区协同合作，构建江苏全方位对外开放的新格局。

其次，把"北沿江"发展上升为江苏发展的重大战略，盘活省域一体化发展的"棋眼"。无论是从长江经济带、长三角一体化等国家战略发展的演进看，还是从江苏省内发展的现实看，如果以长江为界，南重北轻的现象比较明显，迫切需要用新的视角来看待苏中地区发展。用"北沿江"来托起苏中地区发展，可借助国家长江经济带和北沿江高铁机遇，充分发挥国家级新区南京江北新区和江苏自贸区南京片区的带动作用，使南京与苏中三市形成发展一体化布局，努力推动长三角发展重心进入南北沿江并重的时代。在北沿江协同发展的过程中，扬州和泰州是协同的重点。建议以"扬泰一家亲，同迎天下客"为主线，以扬州泰州机场打造国家旅游空港为抓手，以综合交通运输体系联通为基础，以文化、旅游和产业链接和连通为重点，把扬泰作为一个"虚拟城市"来建设，共推江苏中部崛起、扬子江城市群中部隆起。2019年年底，扬泰两市的常住人口超过900万、经济总量接近1.1万亿元，通过协同发展，形成一座双核城市，有助于把江苏地理的几何中心变成协同中心和发展重心，重塑江苏发展的经济地理。

在谋划"北沿江"发展的过程中，要树立大沿江的理念，避免沿着江岸线划沿江，注重拓展腹地和纵深，要发展大交通、培育大产业、建设大都市，推动交通成网、产业成链、都市成圈。特别是连淮扬镇、盐泰锡常宜和沿海高铁与北沿江高铁链接，能够使苏北与苏中地区连为一体，让北沿江和苏北地区能够快速接入上海、南京，融入长三角，壮大长三角地区北翼。要增强北沿江和沿海发展的整体性和协同性，进一步加强北沿江地区内部城市之间的协同，北沿江地区与南沿江、沿海和淮河生态经济带动等外部区域的联动。充分借力加密过江通道等重大基础设施，促进无锡、常州与泰州扬州地区的合作，做强常州、泰州和淮安等江苏纵向中线的三个支点，将原来分隔的发展带、城镇带与都市圈的发展结合起来，通过网络化的区域布局，促进江苏腹地的一体化发展，塑造"十四五"江苏区域发展新格局。

三 把握"沪苏通"带动沿海发展新机遇，重塑江苏陆海统筹新格局

在长三角世界级城市群规划中，江苏沿海发展带是重要的战略布局。从南通到盐城直至连云港的沿海区域，是江苏参与长三角一体化进程的"蓝色板块"，资源潜力丰厚，承载的产业空间大，是江苏推进陆海统筹的战略重点。2020年，苏通大桥通车后，带来的苏州与南通一体化的提速，也使盐城有条件进入上海"一小时经济圈"。南通依江靠海，是江海联动的门户枢纽，是长三角城市群北翼核心区的中心。苏通大桥开通后，南通进入了跨江融合发展的新阶段。南通作为上海大都市北翼门户城市，伴随着跨江轨道交通、通勤化交通体系的日益完善，未来10年到20年，南通将会融入上海大都市区，成为其副中心区域。因此，要积极推动南通融入上海，抓住南通新机场作为上海第三机场的配套机场，形成上海—南通（海门—通州）跨江发展轴带。就南通现阶段发展来说，城市能级需要加快提升，必须把重点放在集聚发展上，明确长三角二类大城市的顶格目标，未来的主城人口达300万。近期要注重发挥海门

并入主城以及通州湾港口群升格带来的集聚效应，在产业空间与主城空间的互动上提升站位，科学定位，为对接上海大都市区提供硬核支撑。

在长三角北向的沿海发展带上，盐城是上海北向发展轴上的重要城市。伴随着跨江通道特别是沪苏通大桥的建成，盐城向北连接连云港、青岛，向南经南通接上海，中国东部黄海沿线的新城市群发展带已经形成，长三角向北的沪盐联动具有了新的优势。2020年底盐通高铁实现贯通后，盐城进入上海一小时辐射圈，承接上海直接辐射条件已经具备。上海在盐城拥有307平方公里的"飞地"，与江苏省合作共建的沪苏大丰产业联动集聚区，已被列入长三角一体化发展规划纲要。沪苏浙合作的正泰新能源项目开工建设，是承接上海和长三角地区产业转移的重要载体。

基于上述的两大维度考量，在省域一体化的战略下，应加快培育发展通泰盐都市圈，以更好地对接上海大都市圈和苏南发展，并促进江苏沿江地区与沿海地区江海联动，构建陆海统筹的江苏沿海发展新格局。盐通高铁通车后，可实现盐城至南通半小时通达，并且北接青盐铁路，南连沪通铁路，向西与徐宿淮盐铁路相接，打通沿海铁路大通道，通泰盐一体化的交通条件已经具备。因此，江苏在已有的南京都市圈、苏锡常都市圈和徐州都市圈等具有较好基础的三大都市圈基础上，要适应长三角一体化和省域一体化的需要，按照填补空白的思路，新组建省域的第四个都市圈——通泰盐都市圈，在加强三市合作的前提下，增强整体对接上海和南沿江的能力，以此促进江苏沿江地区与沿海地区江海联动，加快构建陆海统筹的江苏沿海发展新格局。

四 做实东陇海和徐宿淮盐新型城镇带，构建支撑苏北高质量发展新型空间结构

伴随着徐宿淮盐铁路的通车以及东陇海高铁、连淮扬镇铁路的建成，苏北五市将形成网络化的交通体系，由此带来苏北地区城镇化进程提速，以及一体化发展时代的到来。因此，从推进省域一体化发展的战略层面来看，要抓住国家大力度投资新型基础设施建设的新机遇，高标准打造徐州到连云港以及徐宿淮盐新型城镇带，构建以徐州为强支点的支撑苏北全域发展的新型空间结构。这将有助于彻底改变苏北作为江苏发展洼地的格局，为从根本上消除与苏中苏南地区的落差打好坚实基础。

徐州作为国家"一带一路"的重要节点城市、淮海经济区中心城市，北望"京津冀"，南接"长三角"，在连接南北、承接东西，构建双循环的新格局中具有举足轻重的作用。2017年6月，国务院批复徐州市城市总体规划，确立了徐州作为淮海经济区中心城市的定位。2017年8月，江苏省出台"1+3"功能区战略，进一步确定了支持徐州建设淮海经济区中心城市。徐州是淮海经济区的中心城市，理应强化"中枢"地位，在推动高质量发展走在前列。作为全国综合型交通枢纽城市，徐州已经形成公路、铁路、水运、航空、管道的"五通汇流"多层次立体化交通格局，发展枢纽经济的优势十分明显。因此，面向"十四五"及今后更长时间，徐州的功能性空间规划要强调区域"极点"的辐射带动地位，要在徐州都市圈和苏北地区的高质量发展中发挥更大的作用。打造东陇海和徐宿淮盐新型城镇带，构建支撑苏北全域高质量发展的V型空间结构，不仅是徐州展现新使命的新担当，也是践行多重国家战略的应有使命。国务院批复的《淮河生态经济带发展规划》中的"北部淮海经济区"部分，明确提出要着力提升徐州区域中心城市辐射带动能力，发挥连云港新亚欧大陆桥经济走廊东方起点和陆海交汇枢纽作用，推动淮海经济区协同发展。依托徐宿淮盐铁路这条苏北地区的"金腰带"，集聚优势资源打造新型城镇带，还将大大提升淮河生态经济区的整体发展能级，拓展淮河流域绿色发展空间，培育出一批新型的区域发展增长点。因此，徐州未来的空间战略规划研究，必须突出功能区概念、打破行政区界线，进一步调整优化城市空间布局，在江苏省域和长三角一体化的大空间里来进行产业、交通、公共服务等方面的规划布局，以全面提升产业支撑力、城市承载力、发展竞争力和辐射带动力。

从国家战略层面来考量，构建苏北新型空间结构，也有助于加快徐宿连一体化发展，为打造新亚欧大陆桥国际经济走廊提供支撑。随着中原城市群、关中平原城市群和兰西城市群等国家层面规划的出台，东陇海地区成为国家政策和战略的洼地。在此背景下，需要推动徐宿连三市协同发展，增强区域竞争力和徐州对淮海经济区周边城市的带动力。面向"十四五"，借助徐连、徐宿淮盐和合新（青岛—连云港—新沂—宿迁—合肥到新沂）高铁通车的新机遇，强化区域间的通勤化交通，共同打造以徐州为引领的淮海经济区中心地带，使徐州陆港、连云港海港以及未来的淮安空港形成联动，将会增强与沿陇海线分布的中原城市群、关中平原城市群、兰州西宁城市群形成互动，共同强化对新亚欧大陆桥国际经济走廊的战略支撑。

五 高标准规划建设大运河绿色城镇带，打造江苏标志性生态经济示范区

历史上的大运河沿岸，水运驿站、水陆交汇造就了一个个传统的商贸城镇，促进了南北的交流交往，体现出运河具有串联城市群的自然禀赋。大运河贯穿江苏南北，在大运河两岸崛起的以生态为基底的绿色城镇带，最能代表"水韵江苏"特征的空间轴带。大运河江苏段的建设定位应是，系统推进历史文脉传承、生态环境修复、岸线景观塑造、绿色经济发展，一体建设高品位、高水平的文化走廊、生态走廊、旅游走廊，形成江苏的美丽中轴。在现代城市群成为区域发展的新战略、新载体的大趋势下，让国家战略的大运河文化带规划建设，成为促进区域协调发展、现代城镇空间体系的绿色动脉，是江苏高质量发展的应有之义。因此，在省域一体化的空间体系里，要精细化、高标准规划大运河城镇群的生态保护与绿色发展空间，促进沿线城镇之间的绿色空间互动，全力培育新的绿

色发展增长极。

面向"十四五",高标准建设大运河文化带江苏段和大运河国家文化公园,除了继续巩固放大扬州淮安的运河名城效应、加快实施中国大运河博物馆和大运河国家文化公园数字云平台等重大项目外,还要多方协同培育沿线的县(市)区和重要城镇的能级,如徐州的邳州、窑湾,淮安的洪泽、泗阳,扬州的高邮、宝应等,江南段的丹阳、吴江等,按照空间一体化、绿色主导、生态发展、高质量的要求,成为水上、陆路、高铁、高速公路网以及健身绿道连接起来的集绿色、生态、文化旅游、休闲健身等功能为一体的,形成东部的绿色、创新、文化旅游融合、文明程度高的新型城镇群,实现产、城、人、文融合发展,探索出宜居宜业、城乡统筹发展的新模式新路径,以此破解江苏南北发展的等级梯度问题,带动南北及全域的均衡发展。

践行美丽江苏建设的大战略,塑造自然与人文和谐辉映的全域魅力空间,要在系统谋划沿江、沿河、沿湖、沿海地区的"四沿"发展上实现真正的突破,统筹推进生态保护、城镇布局、产业发展和交通基础设施建设,实现人口资源环境的均衡、经济社会生态效益的统一。建议在具体行动中,各地、各部门要进一步强化水系、流域管理与生态保护、绿色发展的多向协同,实现美丽江苏建设综合效益的最大化。就江苏的地理环境来说,尤其要通过谋划里下河生态示范区的建设,着力推动沿江与苏北和沿海地区的生态协同。里下河地区涉及苏中三市(泰州、扬州、南通)+苏北两市(淮安、盐城),面积约1.35万平方公里,承接着共同的历史文化,有着鲜明的生态特征,具备一体规划整体建设的条件。在江淮生态大走廊的基础上,要以共建里下河生态经济示范区为重点,把江淮生态经济区做实,建设好江苏的"绿心地带"。同时,建议在全省层面统一规划沿江沿海沿湖沿淮沿大运河地区生态保护规划,建设东部海江河湖联动区,加强淮安、盐城、泰州、扬州四市之间的组团效应。进一步健全完善区域流域的生态保护治理体系,进一步探索区域环境总量控制、区域环境补偿政策和科学系统的环境考核体系，更好地利用环境经济手段管理环境，促进大运河城镇带与江淮生态经济区的绿色协同发展，使其成为"水韵江苏"建设的标杆区域、经济高质量与生态环境高质量相得益彰的示范区域。

第四节 把重大使命转化为高度自觉的创新行动

进入新发展阶段，贯彻新发展理念，构建新发展格局，在现代化建设新征程上开好局，谱写高质量发展的新篇章，"走在前列"的东部发达地区必须发挥引领示范作用，体现更大的担当作为。江苏在全国的发展大局中，尤其是在长江经济带、"一带一路"建设、长三角一体化等战略推进中，有着举足轻重的作用，肩负着探路者的重任。改革开放以来，特别是党的十八大以来，江苏积累了雄厚的经济实力、创新能力、产业竞争力和文化软实力，并形成了上下同心"闯"的精神、"创"的劲头，这就决定了江苏在新征程上一定能书写出"争当表率，争做示范，走在前列"的合格答卷，让习近平新时代中国特色社会主义思想在江苏大地上放射出更大的伟力。面向"十四五"和2035年远景发展目标，要按照省委十三届九次全会的部署，牢牢把握新发展阶段的新任务新要求，完整准确全面贯彻新发展理念，把"强富美高"新江苏建设推向新高度，在现代化建设新征程上开好局，用创新实践展现重大使命与担当。

进一步突出创新的核心地位。更加依靠创新驱动，打造更高质量、更大体量的实体经济，围绕科技自立自强和产业链供应链的畅通高效，通过建设具有全球影响力的产业科技创新中心、具有国际竞争力的先进制造业基地的目标，来全方位提升"经济强"的高附加值。强化科技自主创新的能力，着力在重点领域和关键环节服务国家科技自立自强，实现更多从"0到1""从1到100、10000"的突破，为在国家层面解决核心技术"卡脖子"的难题贡献出江苏力量。在科学把握科技革命和产业变革趋势的前提下，以聚力建设南京的紫金山实验室、苏州的姑苏实验室、无锡的太湖实验室等为突破，加快创建前沿性、引领性的国家级技术创新中心、产业创新中心，围绕产业链部署创新链，依托创新链培育产业链，在构建自主可控、安全高效的现代产业体系进程中，承担起科技和产业创新"开路先锋"的新使命。持续深化推进供给侧结构性改革，大力发展数字经济，以大数据、人工智能技术赋能制造业，全方位推动产业转型升级行动，实现江苏制造业在国内产业链和全球价值链上从中低端向中高端的整体跃升。加大力度推动互联网、大数据、人工智能与产业的深度融合，规划建设好新型的智能制造示范基地，以及高效支撑的产业链和创新链，确保持续彰显先进制造业大省的核心优势。有序引导省内外大企业集团到江苏沿海地区布局绿色产业基地，把拥有丰厚的土地和生态资源的沿海地区，规划建设为江苏绿色产业的新增长极，实现江苏"蓝色板块"的高质量能级提升。

扎实推进"共同富裕"。针对社会主要矛盾发生的新变化，从全域一体化贯彻落实新发展理念、共同实现现代化目标与任务的更高站位，牢固树立"一盘棋"思想和"一体化"的意识，来有序实施城乡共进的现代化，特别是要在公共服务均等性上强化制度性的安排，进而在满足"富民"的高要求、人民对美好生活的向往上，把探索性的实践成果上升到服务全国的模式和经验。尤其是要正视江苏的省情实际，把统筹苏南、苏中、苏北的区域发展，坚持农业农村优先发展，加快实施高质量的乡村振兴战略，作为推进省域协同发展、特色化发展和共同富裕的基本原则，并在"十四五"期间实现预期目标。要把改善农民群众住房作为乡村振兴的"牛鼻子"工程来抓，把新落成的农村社区或居民点，作为呈现江苏乡村治理体系和治理能力现代化水平的现实样板。要按照"四化"同步规律和乡村振兴的要求，深度推进这些"社区化"的新型农村基层单元的改革，进一步创新体制机制，加快提升自身对市场资源的配置能力，形成自我"造血"、良性循环的运营机制。

加快建设美丽江苏，彰显区域发展的美好追求。在筑牢美丽江苏的生态基底的前提下，以江河湖海为脉络优化空间格局，系统谋划沿长江、沿大运河、沿太湖洪泽湖等以及沿海地区的发展，统筹考虑生态保护、城镇布局、产业发展和交通基础设施建设，充分彰显"水韵江苏"之美。塑造自然与人文和谐辉映的全域魅力空间，要在系统谋划沿江、沿河、沿湖、沿海地区的"四沿"发展上实现真正的突破，统筹推进生态保护、城镇布局、产业发展和交通基础设施建设，实现人口资源环境的均衡、经济社会生态效益的统一。建议在具体行动中，各地、各部门要进一步强化水系、流域管理与生态保护、绿色发展的多向协同，实现美丽江苏建设综合效益的最大化。谋划里下河生态示范区的建设，推动沿江与苏北和沿海地区的生态协同，把江淮生态经济区做实，建设好江苏的"绿心地带"。要针对自身化工产业园区数量多、体量大的现实问题，在做好"常态应急"、强化风险管理上更见功力，用系统性的方案、科学的手段来消除化工等产业与运输环节的安全隐患，不断提升生态环境治理体系与治理能力现代化。

贯彻新发展理念是我国现代化建设的指导原则和制胜法宝。跑好建设社会主义现代化新征程上的"第一棒"，展现"走在前列"的江苏新担当，必须从讲政治的高度，在完整、准确、全面系统贯彻落实新发展理念上当好表率和示范，以更大的定力魄力，在响应服务构建新发展格局上勇当开路先锋，更主动、更准确地把新发展理念贯穿于发展全过程和各领域，更好地把握发展的主动权，不断巩固和放大在现代化建设全局中的先行优势。

深入贯彻落实新发展理念，在改革创新、推动高质量发展上当好表率，江苏必须更加强化创新驱动在现代化建设全局中的核心地位，在建设科技强省、制造强省、开放强省等方面放大核心优势，尤其是在打造科技创新策源地、服务国家科技自立自强上展现出科教大省的应有担当。切实遵循新发展理念的各项原则，也是江苏在服务全国构建新发展格局上争做示范的必然选择，只有把创新作为引领发展的第一动力，推动质量变革、效率变革、动力变革、实现更高质量、更有效率、更加公平、更可持续、更为安全的发展，才能在高水平扩内需、促开放、畅循环以及防范地域风险中发挥关键性的、重要的作用。

自觉践行重大使命，勇当开路先锋，共创伟大事业，需要点燃广大干部群众创新奋斗的激情，激发多元主体共同参与，凝聚创新发展合力，持续放大江苏的资源、人才、制度、开放等优势，为不断把"强富美高"新江苏建设推向新高度提供坚实保障。要建立适应贯彻落实新发展理念的系统性的监测指标体系，科学评价阶段性的建设成效，及时发现和纠正经济社会发展中存在的短板和偏差。对地方的高质量发展考核要突出战略导向，以政绩考核之变聚高质量发展之力。要敢于攻坚克难，突破现行的各种藩篱，抓住创新的人才关键，让先行的各类人才引培政策落地，加快形成以创新成效为导向的人才评价机制，让江苏成为各类创新型人才的集聚高地、创业发展福地、价值展现的领地，不断拿出改革创新的"硬核"成果，在比学赶超中走得更稳更好，在全面建设社会主义现代化的道路上绘就更加辉煌的发展篇章！

参考文献

《中共中央关于制定国民经济和社会发展第十四个五年规划和2035年愿景目标的建议》

中共江苏省委十三届七次、八次、九次全会公报

《中共江苏省委关于江苏省国民经济和社会发展第十四个五年规划和2035年愿景目标的建议》

《中共广东省委关于广东省国民经济和社会发展第十四个五年规划和2035年愿景目标的建议》

《中共浙江省委关于浙江省国民经济和社会发展第十四个五年规划和2035年愿景目标的建议》

《中共安徽省委关于安徽省国民经济和社会发展第十四个五年规划和2035年愿景目标的建议》

《中共上海市委关于上海市国民经济和社会发展第十四个五年规划和2035年愿景目标的建议》

李程骅：《苏北农房改善：提升新型农村社区的自运营能力》，《唯实》2020年第12期。

求是杂志社、江苏省委联合调研组：《书写"强富美高"新江苏的时代答卷》，《求是》2019年第24期。

李程骅等：《构建苏锡常一体化高质量发展新格局》，《群众》2019年第7期。

（本章系2020年度江苏省社科重大应用课题"'强富美高'新江苏建设新境界内涵与再出发战略研究"成果。课题主持人：李程骅；主要成员：金雯、刘心怡、贾潇潇、张新生等。）

链 接

打造江苏沿江大都市带的对策与建议

摘要 国家最新长三角城市群规划，明确了建成世界级城市群的目标。江苏沿江八市完全有条件乘势打造一体化发展的沿江大都市带。为此建议：1. 遵循大都市区的空间扩张规律，超前规划沿江大都市带的主体功能区范围；2. 顺应大都市区的要素集聚规律，提升龙头城市、中心城市功能；3. 创新大都市区一体化发展的体制机制，释放沿江县级市的发展潜能；4. 科学测度江苏沿江大都市带的生态承载能力，有效运用地租级差的疏散功能统筹解决"大城市病"和"小城镇病"；5. 精准认知长三角地区人口流动趋势和人才集聚特点，实施包容性人口政策和人才政策，不断提升沿江大都市带的宜居魅力与创新活力。

2016年6月，国家发改委正式发布长江三角洲城市群发展规划，明确提出在长三角地区建设世界级城市群的目标。该规划将上海和江苏、浙江、安徽三省的共26个城市纳入，江苏有南京、无锡、常州、苏州、南通、盐城、扬州、镇江、泰州9个城市。除盐城外，江苏沿江八市的定位，分别被归属到南京都市圈、苏锡常都市圈和沿江发展带的功能板块中，由此构成长三角世界级城市群北翼核心区。面向"十三五"和未来一个较长的时期，围绕国家确立的长三角世界级城市群的中远期目标，江苏应当从战略上谋划沿江地区发展能级整体提升，有效整合沿江苏南、苏中地区的空间资源、发展要素和创新网络的带动作用，进一步优化生产、生活和生

◇ 链　接

态空间布局，深化沿江城市群的内涵发展，合力打造一体化的、跨江融合发展的江苏沿江大都市带。

一　苏南、苏中融合发展亟须一体化的"江苏沿江大都市带"

现阶段长三角地区以经济发展水平和城镇化率来判断，已经全面进入城市群、都市圈时代，苏南、苏中地区融合发展时机已经成熟。2015 年，苏南五市的人均 GDP 已经达到 2 万美元，城镇化率超过或接近 70%，服务经济体系正在加快形成，完全具备了国际大都市区的初级阶段特征；而苏中三市，人均 GDP 在 1.5 万美元左右，城镇化率超过 60%，正在进入城市群、都市区发展的门槛。苏南苏中经济发展、城镇化进程的梯度状态，为两大板块的联动发展、资源整合优化，共同构建江苏长江大都市带，提供了较好的基础条件。但从目前来看，沿江各市之间依然存在割据问题，城市发展定位趋同，城市群内部功能互补性不强，集群效应不高，产业体系同构、园区定位雷同、生态保护扯皮等现象。统筹推进一体化的沿江都市带的规划建设，可以使苏南五市和苏中三市形成一个整体的协同发展的层级化的整体，也将促进发展要素的内部融和，推动自身的产业体系、服务能力、创新水平以及生态文明的建设，为实现长三角世界级城市群目标贡献江苏力量。

二　推进"江苏沿江大都市带"规划建设的对策建议

（1）遵循大都市区的空间扩张规律，超前规划沿江大都市带的主体功能区范围，为沿江八市一体化发展提供空间基础保障。依据大都市区、都市带发展的典型"轴向"特征，将原来规划的沿江城市群、都市连绵区，实施轨道交通主轴带动的整体能级提升行动，缩小因原来市域割据发展带来的基础设施建设差距，明晰南沿江、北沿江地区的城镇轴，优化轨道交通主轴和网络，让沿江两岸和跨江通道形成一体化的交通网络。加快南沿江、北沿江城际轨道线建设，将长三角城市群规划中确定的南京都市圈、苏锡常都市圈和沿江发展带串联起来，形成通勤化的空间格局。建议由省发改委牵头，在省级层面协调轨道交通网络建设，对原有的沿江城市群城际轨道交通网规划重新进行审视，在鼓励各城市大力度建设市域地铁、轻轨的同时，还要统筹规划好整体的轨道交通主轴对接、网络化连接问题。

（2）顺应大都市区的要素集聚规律，大力提升龙头城市、中心城市功能，加快形成沿江地带多层级联动发展的新格局。在江苏沿江大都市带的空间网络中，八个主要城市的能级不同，南京为特大城市，苏州为Ⅰ型大城市，无锡、南通、常州、扬州、泰州为Ⅱ型大城市，镇江为中等城市，契合协同发展的层级化差序的最优条件。以南京为中心的宁镇扬都市圈和苏州领头的苏锡常都市圈的现阶段苏南区域发展格局，决定了南京和苏州在沿江大都市带的辐射带动作用。从近期看，强化南京、苏州的"双引擎"功能，可在高端要素集聚上提升沿江大都市带的功能；从远期看，其扩散效应会带动整体的区域创新和可持续发展，引领江苏在更高层面参与国际合作和竞争。而无锡、常州、扬州、泰州等城市的定位，既有助于宁镇扬都市圈、苏锡常都市圈内部的一体化发展，也有助于与沿江发展带的新增长极南通一起，共同对接长三角超级龙头上海的辐射，完善长三角北翼核心区的空间组合体系、交通网络体系和产业布局体系，达到江南、江北多点通达、多层级联动和一体发展的目的。

（3）创新大都市区一体化发展的体制机制，进一步释放沿江县级市的发展潜能，整体提升区域发展水平和国际竞争力。在长三角地区的城镇化、都市化进程中，江苏的突出特点是不仅培育出了一批特大城市、大城市，而且县级市和小城镇发展较好，推进城乡一体化发展的体制机制较为完善。特别是苏南沿江地区的一批县级市如昆山、常熟、江阴、张家港等，无论经济总量还是城市建设的规模水平，都已相当或超过一般中等城市。推进一体发展的沿江大都市带建设，要有重点地提升这些县级市的能级定位，培育转型升级

◇ 链　　接

的新增长点、创新发展的新平台。在长三角城市群规划中，江苏有昆山、常熟、江阴等19个县级市进入，表明了国家层面的政策倾斜。从省级层面的政策引导看，通过简政放权，释放这些实力强的县级市的发展潜能，不仅能培育出一批新的增长极或次增长极，也能深化区域的城镇化内涵，改变知识、资本、技术等新产业的发展要素集聚的流向，逐步转变中心城市、大城市的"虹吸效应"，促进沿江大都市带真正形成特大城市和大城市带动下的中小城市和小城镇同步发展的城市化新形态。

（4）科学测度江苏沿江大都市带的生态承载能力，有效运用地租级差的疏散功能，在一体化进程中统筹解决"大城市病"和"小城镇病"。江苏沿江大都市带的规划和发展，必须以共守生态安全为前提，更好发挥政府在空间开发管制、基础设施布局等方面的作用。特别是针对南京、苏州等龙头城市地价攀升、企业商务成本加大的现实，有效利用地租级差，有序将先进制造基地、企业研发基地和协同创新平台，向网络化的次级节点城市疏解、分流，在整体的大都市带空间中协调生态布局、产业协作、园区共建、设施共享等方面的举措，实现资源优化配置和创新驱动的最大化，达到产业升级与区域转型的双重目的。特别是未来轨道交通构成的城镇发展主轴，将会在沿江地区形成集约紧凑、疏密有致的空间格局，不仅有助于破解过度开发、拥堵加剧、边界模糊的大城市病，也利于解决发展动力不足、资源配置能力较弱、就业体系单一和生态环境脆弱的"小城镇病"。沿江两岸众多的县级、镇级开发区、科技园区，进入到网络化的大都市带空间体系中，更有可能升级为特色性的创新社区、生态化的功能小镇，为沿江地区的绿色发展注入新内涵。

（5）精准认知长三角地区人口流动趋势和人才集聚特点，以包容性的人口政策和人才政策，不断提升沿江大都市带的宜居魅力与创新活力。长三角城市群是我国外来人口最大的集聚地，外来人口落户、安居的门槛较高。尽管目前江苏的沿江地区常住人口总量已经达到五千万的规模，但因经济发达、公共服务体系完善，依然会在未来成为人口的流入地、人才的向往之地。到2020年、2030年，预测八市的人口总量分别达到5700万、6300万左右的规模。在推进沿江大都市带一体化进程中，人口政策方面，要把解决当地居民就地城镇化和外来人口享受基本公共服务问题同等对待。目前，苏南地区的昆山、江阴、常熟等地，已经成功地探索出人口属地化管理和服务的新路径，使外来人口在教育、就业、医疗、养老、保障性住房等方面均等化享受城镇居民基本公共服务。这些做法，应在公共财政收入较高的沿江其他县市推广。人才政策方面，政府不仅要营造包容性的城市文化，更要在解决初期工作和生活问题方面有相应投入，比如实施可行的购房补贴、租房补贴政策，在保持人口的净流入的前提下，壮大人才规模、优化人口结构，提升人才红利，使城市与区域发展具有持续的活力。

（作者李程骅，南京大学博导、兼职教授，创新型城市研究院首席专家。原载《决策参阅》2016年第45期。）

扬子江城市群一体化建设的对策建议

摘要 我省重点培育智库、创新型城市研究院首席专家李程骅指出，规划建设扬子江城市群具有展现江苏推动长江经济带发展"一盘棋思想"的系统设计，彰显长江经济带、长三角城市群"江苏使命"的战略之举，提升江苏区域发展能级与发展质量的实践需要等重要意义。加快推动扬子江城市群一体化发展要统筹规划主体功能区，构建立体交通网络主导的集约型现代城市群；突出中心城市带动功能，创新驱动扬子江城市群多层级联动发展；完善产业与城镇转型互动机制，整体提升扬子江城市群国际竞争力；以绿色发展降低生态负荷，打造长江经济带示范性"绿色城市群"。

2016年9月9日下午，省委书记李强在专家座谈会上提出，江苏沿江八市要强化一体化协同发展理念，协力打造扬子江城市群。9月21日，李强书记在南京就推动长江经济带发展进行的专题调研中，进一步要求沿江地区加大融合发展力度，突出一体化，共建扬子江城市群，使其成为未来江苏协同发展最重要的增长极。规划建设扬子江城市群有何重要意义以及如何把握好重点推进的路径和行动是当前需要回答的两个重要问题。

一 扬子江城市群彰显长江经济带、长三角城市群建设的"江苏使命"

（1）展现江苏推动长江经济带发展"一盘棋思想"的系统设计。习近平总书记对长江经济带的规划建设多次发表重要讲话，其中"坚持一盘棋思想"是核心要求。无论在最近印发的《长江经济带发展规划纲要》中，还是在6月发布的《长三角城市群规划》中，皆从国家层面要求江苏沿江地区发挥骨干带动作用。推进江苏沿江八市跨江融合发展，共建一体化的扬子江城市群，是践行这一要求的系统设计，将在江苏具体实施长江经济带发展规划中发挥统领作用。

（2）彰显长江经济带、长三角城市群"江苏使命"的战略之举。长江下游自湖口到入海，分属安徽、江苏两段，安徽境内俗称皖江，长江自南京以下则称"扬子江"，扬子江城市群就是长江流域中的江苏城市群的特定称谓，地理识别性强，对内对外容易传播，并富有历史文化内涵。扬子江得名于隋唐时期扬州江岸的扬子津。自近代以来，西方把中国的长江通称为"扬子江"，"YANGTZE RIVER"即是长江在英语中的称谓。长江经济带覆盖11省市，在"三极"之一的长三角城市群中，江苏沿江地区作为其北翼核心区，所规划的沿江发展带、南京都市圈、苏锡常都市圈共同构成长江经济带的"江苏板块"，具备较为典型的现代城市群特征，用"扬子江城市群"来整合，进一步彰显了国家长江经济带战略实施中的"江苏标记"和江苏承载的战略使命。

（3）提升江苏区域发展能级与发展质量的实践需要。从江苏区域发展的创新驱动战略实施以及"十三五"规划确定的目标任务来看，合力打造一体化的扬子江城市群，能加快沿江两岸地区发展能级整体提升，有效整合沿江苏南、苏中地区的空间资源、发展要素和创新网络的带动作用，进一步优化生产、生活和生态空间布局，促进江南、江北乃至与江苏沿海经济带融合发展。目前，苏南与苏中在经济发展上形成的梯度性格局，也有利于实施跨江带动的一体

◇ 链　接

化建设。南沿江及沪宁线主导的苏南五市，面积2.81万平方公里，人口3300多万；北沿江的苏中三市面积2.04万平方公里，人口1640万。扬子江南北空间的深度融合，接近5000万人口的深度流动，一体化发展将培育出长三角城市群、长江经济带最大最优的增长极，并带动江苏区域发展能级的整体提升。

二　加快推动扬子江城市群一体化发展的对策建议

（1）统筹规划主体功能区，构建立体交通网络主导的集约型现代城市群。扬子江城市群统揽沿江八市，在落实长江经济带规划建设中，要牢牢确立优化发展的原则，坚持"精明增长"的导向，统筹规划好主体功能区。沿江八市总面积为4.85万平方公里，要围绕"黄金水道""黄金水岸"的建设要求，细化两岸城镇体系规划，在生态优先、绿色发展的前提下，明确优化开发区、重点开发区和限制开发区。尤其对沿江发展的6市市区和15个县（市）的2万多平方公里区域，要体现与国际知名城市群对标的空间规划水平。在此基础上，对原有的沿江城际轨道交通网规划重新进行审视，实施基于城市群的轨道交通网络建设行动。在省级层面协调好沿江八市内部以及与上海、安徽相邻城市的城际轨道交通网络建设。加快推动依托沿江两岸城际轨道线建设，优化轨道交通主轴和网络，在鼓励各城市大力度建设市域地铁、轻轨的同时，统筹规划好整体的轨道交通主轴对接、网络化连接，促进沿江两岸和跨江通道形成通勤化的立体交通网络。深度推进宁镇扬、锡常泰和苏通三个地区的同城化进程。加快形成扬子江城市群内部主要节点之间以及与上海的"半日工作圈""一日生活圈"，促进要素、人员流动的几何级增长。探索出集约发展、精明增长的江苏现代城市群建设之路。

（2）突出中心城市带动功能，创新驱动扬子江城市群多层级联动发展。从长三角城市群的规划内容来看，江苏沿江八市的能级地位不同：南京为特大城市，苏州为Ⅰ型大城市，无锡、南通、常州、扬州、泰州为Ⅱ型大城市，镇江为中等城市。规划现状和发展前景契合"扬子江城市群"多层级联动发展的要求。南京要和苏州发挥"双引擎"功能，集聚高端要素，在更高层面上对接上海，参与全球产业竞争。南京作为省会和东部地区重要的中心城市、长三角的中心城市，具有发展现代服务业、总部经济、区域金融中心建设等方面的优势，要在扬子江城市群未来发展中发挥龙头的示范带动作用。从长江经济带规划来看，南京被明确了四个航运中心之一的地位，江海联运和海港功能的枢纽效应将进一步放大，发展枢纽经济适逢其时。从创新驱动城市转型和丰富特大城市内涵的要求来看，借助科教资源禀赋优势、成果转化优势、创新资源集聚优势等，结合国际软件名城的建设，建成国家级的创新中心、创新枢纽。要把国家级南京江北新区打造成具有国际影响力的自主创新高地，优先引导各类创新要素、创新人才、创新政策的集聚，吸引国家级、省级重大科技平台前来布局，大力提升创新驱动的动能和效率，着力培育一批基于互联网生态的颠覆传统技术和商业模式的"独角兽"企业，使江北新区成为扬子江城市群科技创新和产业转型的关键纽带。

（3）完善产业与城镇转型互动机制，整体提升扬子江城市群国际竞争力。扬子江城市群是长三角世界级城市群的核心区，要全力提升在全球价值链和产业分工体系中的位置，增强整个板块的国际竞争力和影响力。围绕江苏"十三五"确定的"一中心""一基地"建设目标，打造规模和水平居国际前列的先进制造产业集群，做优做强服务经济主导、智能制造支撑的现代产业体系。要加快构建与国际通行规则相适应的投资、贸易制度，提升国际国内要素配置能力和效率。要坚决消除阻碍生产要素自由流动的行政壁垒和体制机制障碍，推进产业跨界融合，促进统一市场建设。积极探索产业升级与城镇转型的联动机制，深度实施互联互通行动，打破沿江横向割据，推动跨江对接。苏州、南通要无缝对接《上海城市总体规划（2016—2040）》，在国际航运中心、国际金融中心以及全球科创中心等方面，实施功能区的融合与空间响应。探索多种形式的南

◇ 链　接

北产业转移合作模式。加快升级"飞地经济"园区，对江阴——靖江、无锡——泰州以及苏州、上海在南通的共建产业园区，实施以发展质量主导的考核和支持，把"经济飞地"转变为产城融合的先行区。简政放权要落实到位，充分释放沿江19个县级市的发展潜能，培育出一批新的区域增长极和次增长极，促进其带动县镇开发区、科技园区和功能小镇等实现创新在地化，直接进入长三角核心区的创新价值链，上升为国际化网络中的新节点。

（4）以绿色发展降低生态负荷，打造长江经济带示范性"绿色城市群"。长江经济带规划和长三角城市群规划，将生态环境保护放在了首要位置，要求整体打造沿江的绿色生态廊道。扬子江城市群人口密度与经济密度高，生态环境脆弱，以石化产业主导的产业结构体系安全隐患突出，必须运用法制化手段来实施生态保护。要更好发挥政府在空间开发管制、基础设施布局的规划指导作用，以一体化保护的机制共守长江黄金水道及沿江地区生态安全。目前沿江八市共有危化品企业27646家，占全省78.9%。苏南五市的石化产业产值占到全省50%以上，较大规模的化工园区有20多家，且大都临近中心城区和县城。恪守打造"绿色生态廊道"的总体目标，根据沿江八市石化产业现状，精准制定各市碳排放指标，探索建立八市碳排放交易市场。研究设立省级的扬子江城市群产业投资基金和创业投资基金，吸引险资进入收益稳定的生态建设投资项目。建立环保绿色技术共享机制，扩大排污权有偿使用和交易试点，提升企业排放达标标准和准入门槛，逼退、逼转、逼治不达标企业。研究设置沿江生态污染联防联控的统一管理机构，共建水资源监控系统。实施沿江生态污染联控和生态保护红线评估考核体系，纳入政府年度绩效考核。全面提升扬子江城市群的绿色发展质量和整体宜居魅力，使其未来成为长江经济带示范性的"绿色城市群"。

（作者李程骅，系省级重点培育智库创新型城市研究院首席专家。原载《智库专报》2016年第43期。）

扬子江城市群空间规划提升与战略实施重点

摘要 "扬子江城市群"是长三角世界级城市群的"空间嵌套",在长江经济带战略、"一带一路"倡议实施和长三角城市群的建设中有着特殊作用。本文提出省级层面扬子江城市群空间规划打造四条跨江城市带的提升思路,并给出突破战略实施重点相关建议:提升县级行政区域的集聚力,补齐区域发展短板;设立省级统筹的跨江城市带建设示范区,规划建设具有国际竞争力的沿江城际特色产业园;扩容苏南国家自主创新示范区,打造"中国制造2025示范城市群";落实"放开"策略,对接苏沪浙皖以及长江经济带中现有的地区发展规划战略。

"扬子江城市群"是长三角世界级城市群的"空间嵌套"形态,统揽江苏沿江八市,在我国长江经济带战略、"一带一路"倡议实施和长三角城市群的建设中承担着特殊作用。围绕省第十三次党代会确立的江苏沿江城市集群发展、融合发展的思路和战略,借鉴国际发达地区以城市群、都市圈为主体构成巨型发展区的经验做法,提出省级层面扬子江城市群空间规划的提升思路。

◇ 链　　接

一　空间布局战略规划：加密跨江通道建设，打造南北对接的四条跨江城市带

制约江苏南北区域发展不均衡的一个重要因素是因长江而形成的交通阻隔，即使是同一个市域的南京，江南与江北的发展落差也非常明显。推动江苏沿江城市集群发展、融合发展，须以实施南北节点城镇一体化为抓手，实现跨江同城化，加快形成扬子江城市群内的四条跨江城市带及对应的跨江经济带，逐步把长江发展成为"一江两岸"扬子江城市群的内河交通与空间中轴。与高铁重点提升远距离交通效率不同，轨道交通与物流为主的公路交通更加注重通勤化，是沿江城市集群跨江同城化发展、中间县级行政区域加快发展的重要依托。因此，从中长期的发展看，打造跨江城市带的关键在于加密扬子江城市群的跨江通道建设，由目前的15条增加到40条左右，确保每一个沿江县级行政区都有1条到2条过江通道，全面提升县级行政区域的跨江交通配置水平，形成跨江公路大桥、高铁大桥、地铁隧道、公路隧道等多形态过江通道密集联通。

1. 打造上游宁镇扬跨江城市带

以推动宁镇扬同城化发展为抓手，将该区域内北沿江的六合、仪征、扬州、江都到南沿江的栖霞、龙潭、句容（高资）、镇江的75公里区间，以5公里为间隔，配置总数15条交通通道，建立起通勤化快捷交通网络。依托现有产业基础和创新能力，打造以电子信息、光电设备、化工、新材料、智能设备制造为代表产业的重要城市经济带。

2. 打造中游的常（常州）镇（扬中）泰（靖江、泰兴）跨江城市带

构建常州、扬中、泰州、泰兴区域跨江同城化发展规划，在泰州大桥的基础上，再新建高港到扬中城际轨道交通、泰兴经扬中到常州城际轨道交通、泰兴到常州大桥共计3条过江通道，确保40公里区间内，至少有4条快捷过江通道。集中打造以造船业、物流业、现代制造业、精细化工、生物医药、新材料为主体的增长带。

3. 打造中游的锡（无锡市区、江阴）泰（靖江、姜堰）跨江城市带

加快江阴与靖江跨江同城一体化发展体制机制设计，建立跨江发展经济区、产业园以及产业规划一体化机制，实行两地过桥月票制度。在新长铁路与江阴大桥上游，修建过江地铁交通隧道，形成"一桥一铁一隧"立体化跨线交通为主体的两岸同城化发展格局。以江阴和靖江一体化发展为突破，加快无锡、江阴、靖江、姜堰等新型经济地理带的崛起，建立智能设备、物联网、新兴材料、环保材料、生物医药、特色农业等城际战略产业链。

4. 打造下游的苏（苏州、张家港、常熟、太仓）通（南通、如皋）特大型跨江城市带

苏州的张家港市、常熟市、太仓市与南通的如皋市、南通市区、通州区、海门市临江而望，沿江岸线超过80公里。按照每10公里设置一个过江通道的标准，在目前通锡大桥、苏通大桥和规划中沿江高铁的基础上，补充3条至5条过江隧道或桥梁，实现从南通市港闸区、崇川区、通州区、海门市、启东市到张家港市、常熟市、太仓市的城际轨道交通和公路交通的快速连接，推动南通中心城市能级提升并带动苏北盐城地区发展，形成更好的区域产业分工体系和发展格局，带动这一特大城市发展带和深腹地城市经济带的发展。

二 推动空间规划实施，打造新型"区域增长核"

实施扬子江城市群空间规划，要在着力打造南北对接四条跨江城市带的同时，"多规合一"提升次发展区域建设水平，建设城际特色产业园和先进制造示范城市群支撑的国际化创新空间，以新型"区域增长核"促进长三角一体化发展。

1. 运用"多规合一"手段，提升县级行政区域的集聚力

一体化发展的扬子江城市群最终将形成超级的大都市连绵区形态。从跨江同城化的总体要求和"三生"空间均衡布局的具体要求

◇ 链　　接

来看，当前县级行政区域的城镇化水平还有待提高，沿江的16个县级行政区，有的城镇化水平只是达到全省的平均水平。这些散点布局的县级行政区，占据空间面积较大，属于扬子江城市群的"次发展区域"。只有加快培育后发优势，补齐短板，才能实现整体城市群更为合理的生产、生活和生态网络空间布局。鉴于散点布局的县级行政区在发展规划上缺少区域协调对接，且占据空间面积较大，有必要在总体发展规划中将这些"次发展区域"纳入跨江城市带、跨江同城化、次区域同城化等规划。通过跨江发展整体性规划，推动城市空间、产业空间、城镇人口、基础设施、公共服务、生态环境等"多规合一"，提升16个沿江县级行政区域的要素配置水平，发展壮大各县级行政区的城镇化集聚规模，推动其向规模型或中等型以上城市发展。以跨江融合发展实现由小城市转型为中等城市或者大城市的新区、卫星城，最终与其地级市建成区实现一体化，完全融入或无缝对接到8个中心城市的建成区中，真正构建起南北沿江城市带、南北跨江城市带的"双城市带"城镇网络体系，最终形成扬子江城市群巨型城市群连绵区。

2. 设立省级统筹的跨江城市带建设示范区，规划建设具有国际竞争力的沿江城际特色产业园

扬子江城市群作为一体化发展的空间载体，承载着江苏和长三角产业转型升级、自主创新示范引领的功能，是具有良好创新生态环境的连绵都会型空间。依据国家对长三角作为世界级城市群建设的目标要求，建立适合资源要素无障碍流动的配置机制和引导政策，让产业空间、城镇空间上升为具有国际影响力的创新空间。建立以省级层面为主、联合地市相关机构协同工作的四大跨江城市带发展示范区协调机构。在尊重目前规划的前提下，以跨江同城化作为示范区的空间定位，通过要素资源的优化配置，建立产业联动发展机制，引导央企、外企、省企、民企参与，打造跨江城市带建设示范区的特色产业园区，嵌入城际战略产业链，形成新的江苏四大沿江特色产业增长区。

3. 扩容苏南国家自主创新示范区，打造成"中国制造2025示范城市群"

建议将《苏南现代化建设示范区规划》与《苏南国家自主创新示范区发展规划纲要》两大国家级规划全面纳入扬子江城市群发展规划体系。将"中国制造2025"试点城市、苏南国家自主创新示范区政策，从苏南5市扩容到扬子江城市群8市，并带动"四大跨江城市带建设示范区"的升级发展。以三权分置改革为原则，以加快土地流转为手段，积极发展区域内的特色农业、家庭农场、现代农业、美丽乡村、特色小城镇建设，释放一体化发展新红利。

4. 落实高水平的"放开"策略，以新型"区域增长核"促进长三角一体化发展

一是东南方向与上海无缝对接实施"苏沪一体化升级策略"。对接"上海2040"和"半小时城际高铁都市圈"规划，加快南通、苏州和无锡产业布局和城市生活要素资源优化配置，提升资源扩散能力，建立同城化一体化发展试验示范区，推动"沪通创新科技园""沪苏一体化发展改革试验区""沪苏科教创新合作示范区"等项目实施。二是南部方向与宁杭生态经济发展带、环杭州湾城市群对接实施"苏浙绿廊策略"。加快推动宁杭城市带与环太湖地区协同创新联动发展，规划苏浙绿色城市发展带，形成长三角核心区的生态经济绿廊。设立苏浙产业合作示范区、生态旅游示范区，合作申报长三角国家森林公园、湿地公园项目。围绕宜兴、湖州等地西太湖湾区合作发展，协同规划相关生态环保、休闲、养生、渔业等产业发展，构建新型跨省生态绿色合作示范区。三是北部方向强化引领苏北地区发展实施"省域带动策略"。从江苏全域视角出发划分主体功能区，实施扬子江城市群与江淮生态大走廊、淮河生态经济带两大战略衔接。利用苏北丰富的生态、农业、人口等资源优势，拓展产业分工链半径；促进江苏沿海发展带、东陇海城镇带、洪泽湖城镇圈与扬子江城市群联网联动发展。四是西部方向与安徽和长江中游城市群对接实施"西向联动策略"。一方面做好与皖江

◇ 链　　接

城市群和安徽东部地区的空间规划对接，突出南京特别是江北新区的辐射作用，带动滁州、合肥、芜湖、马鞍山、铜陵等城市发展；另一方面重视与长江经济带中游地区的联手联动，与皖江城市群共抓大保护，提升沿江两岸城镇化水平，共建转型升级示范的长江中下游城市连绵区，发挥扬子江城市群对长江经济带整体的辐射带动作用。

（课题名称：沿江城市一体化与扬子江城市群建设；课题负责人：李程骅，《群众》杂志社副总编辑，创新型城市研究院首席专家；主要执笔人：胡小武，南京大学社会学院副教授。原载《决策参阅》2017年第3期。）

江苏沿江化工产业结构布局优化路径研究

摘要 江苏沿江和沿海地区是化工产业的主要集聚区。目前，江苏在/的化工产业结构和布局方面仍然存在多个问题：长江南北两岸化工产业统筹谋划不足；半数以上化工企业散布在园区之外；技术含量普遍不高，与发达国家差距大；环境安全事故易发；威胁水环境和饮用水安全；与国家规划存在冲突等。为此建议：推进沿江、沿海化工产业转型发展、高端发展，在沿江地区，重点应实施压减、转移、改造、提升计划；严格执行产业政策，提高行业准入门槛，严格化工项目审批，管好存量、严控增量；强化创新引领，积极对接战略性新兴产业，大力推进技改升级，构建化工产业创新平台和体系，打造优势产能。

江苏的化工产业主要分布在沿江和沿海，形成了4家国家级、6家省级、30多家市级化学工业园分层集聚的格局。总体来看，江苏的化工产业结构和布局仍然存在多个问题，亟须推动产业结构转型、产业布局优化，塑造更多优势产能。

一 江苏省化工产业结构和布局存在的问题

一是统筹谋划不足。多年来，长江南北两岸的化工产业发展缺少统筹谋划。南岸的化工企业分布较为密集，发展较快，而北岸的

◇ 链　　接

化工企业分布比较散乱，发展也比较滞后。有些地方在上马石化项目时，虽事先进行了园区规划、环境评价、安全评估，但主要是单个项目或园区的局部影响评估，没有统筹考虑整个长江水系的生态环境承载力和运输系统承载力。亟须对沿江石化和化工产业进行统筹规划布局，规范沿江两岸化工园区发展。

二是大量企业未入园。目前，江苏省仍有半数以上的化工生产企业散布在化工园区之外。这些企业面临着劳动力、土地、能源、公用工程等生产要素供应方面的制约，面临着环境容量指标日益收缩、安全生产措施要求日益提升的困境，以及技术改造及新扩建项目需求受到政策制约的窘境，已有产品与技术竞争优势难以维持，盈利能力和市场竞争力将大大削弱，而设备与技术无法及时更新、升级，也将进一步加大安全与环保风险。

三是技术含量普遍不高。江苏沿江沿海化工产业规模虽然较大，但在一些技术复杂度较高的领域与发达国家存在差距。比如，发达国家的精细化工占石油和化工行业的比重达到60%左右，而江苏省精细化工占比不到40%，技术含量普遍不高。此外，一些地方和企业单纯依靠大规模要素投入，以获取经济增长的速度和效益，造成能源和资源利用率偏低。尤其是工业结构以化工为主的地方，资源能源需求强劲，加剧了环境污染和资源负担。

四是环境安全事故易发。"十二五"期间，尽管江苏大力推进化工生产企业专项整治，关闭了2000余家生产规模较小、安全与环保风险较高的化工企业，但一些化工企业在生产、运输、储存等方面仍然发生了一些安全、环保事故，部分企业违规排放污染物，造成多起生态环境事故。

五是威胁水环境和饮用水安全。长江经济带分布着众多化工园区和企业，大量的工业废水排入长江，导致长江水污染状况日趋严重。据统计，目前长江已形成近600公里的岸边污染带，有毒污染物300余种。多种重金属如铬、汞、镉等严重超标，长江经济带的河水、湖水中蓝藻、绿藻等现象日趋严重。在工业和人口都比较密集的长江中下游的上千公里河段，沿岸水质基本都在三类和四类之间。长江江苏段水质已降为三类，沿江8个城市污水排放量约占江苏全省总量的80%，沿江的103条支流约有排污口130个，对沿江地区的饮用水安全构成威胁。

二 江苏省化工产业结构与布局优化的对策建议

1. 推进沿江、沿海化工产业转型发展、高端发展

在沿江地区，重点应实施压减、转移、改造、提升计划。从区域、资源、环境、运输、市场等方面综合考虑，有序推进区域中心城市周边和沿江两岸化工企业向有环境容量的沿海地区转移。重点延伸拓展技术含量高、附加值高、资源能源消耗低、环境污染排放少的化工新材料、高端专用和功能性化学品、生物及能源新技术和新能源技术、新型化工节能环保产业等，形成产业集聚优势和特色品牌优势。不得新建和扩建以大宗进口油气资源为原料的石油加工、石油化工、基础有机无机化工、煤化工项目，同时要统筹规划建设船舶化学品洗舱水接收站，建立化工园区（包括化工集中区）与危化品码头联动发展的机制，加大沿江危化品码头资源整合力度，逐步提高岸线资源利用率，尤其是要严禁在长江干流及主要支流岸线1公里范围内新建危化品码头。在沿海地区，重点实施先进、高端、绿色化工规范发展计划。充分利用沿海地区港口良好运输条件和丰富土地资源，以进口石油和其他化工原料资源为基础，重点发展石油化工、基础有机化工原料、生物及能源新技术和新能源技术等高端产业。加快推进国家规划中连云港石化产业基地建设进程，形成炼油、烯烃、芳烃及衍生产品深加工一体化的产业集群。同时，要积极承接省内外、沿江区域技术水平先进的化工产业转移，发挥对苏北内陆地区关联产业的辐射带动作用。沿海危化品码头要与产业发展需求、港口发展规划统筹考虑，并完善相关安全环保基础设施。

2. 严格执行产业政策，管好存量、严控增量

一是提高行业准入门槛。一律不批新的化工园区，不批化工园

◇ 链　　接

区外化工企业（除化工重点监测点和提升安全、环保、节能水平及油品质量升级、结构调整以外的改扩建项目），不批化工园区内环境基础设施不完善或长期不能稳定运行企业的新改扩建化工项目。新建（含搬迁）化工项目必须进入已经依法完成规划环评审查的化工园区。化工园区外的，制定出台以生产工艺技术与装置能力、安全环保指标、能源资源利用效率、产品质量等级等为主要内容的化工产品（特别是精细化学品）综合性规范条件或地方标准。出台高于国家现行内河散装化学品船标准的地方标准，提升内河散装化学品船的安全水平。二是严格化工项目审批。新建化工企业要确保符合城乡规划要求，与周边场所的距离满足国家法律法规及相关标准规定。针对化工企业灾害事故防范及处置实际需要，适时制定出台高于国家现行化工企业防火设计技术标准规范的地方标准，并在全省执行。健全化工建设项目中发改、经信、安监、环保等部门联合会商制度，对环境污染影响小、安全风险低的化工建设项目，可由县（市、区）投资主管部门审批、核准和备案，其他化工项目一律由设区市的投资主管部门审批、核准或备案。新建合成氨、二甲苯、二硫化碳、氟化氢、轮胎等项目必须符合行业准入条件，现有企业统一纳入准入管理。对生产高毒高残留的农药企业一律不再办理资质延期、产品换证。要限制新建剧毒化学品、有毒气体类项目，不再批准新的光气生产建设项目，从严审批涉及重点监管的危险化学品和涉及高危工艺的化工项目。禁止建设排放致癌、致畸、致突变物质及列入名录的恶臭污染物等严重影响人身健康和环境质量的化工项目。

3. 强化创新引领，推进技改升级，打造优势产能

一是构建化工产业创新平台和体系。发挥江苏科教资源丰富优势，强化创新、创业支撑，加快构建园区创新体系，形成以企业为主体的技术创新体系。以企业为主体，高等院校、科研院所为依托，在重点化工领域树立一批典型的技术创新示范企业，建设一批高质量的企业技术中心、行业关键技术创新平台。构建长期稳定的

产学研合作机制，充分利用高校院所人才资源密集、科研能力强的优势为园区企业服务，企业依托高校院所开发新产品，进行技术难题攻关，促进创新成果产出。二是积极对接战略性新兴产业。以新兴产业集聚为创新载体，推进工程塑料、高性能纤维、功能性膜材料、氟硅材料、3D打印材料等专用、高端化工新材料及其配套化学品的开发与产业化。培育和推广化学工业节能环保技术、节能环保材料、节能环保产品和装备，建设化工节能环保产业公共技术平台和服务站，打造一批技术先进、配套完整、发展规范的节能环保产业示范基地与服务产业链。鼓励企业转型升级和信息化改造，引进高端先进制造工艺，推进化工智能制造应用，建设智慧化工。三是大力推进技改升级。加大节能环保技术、工艺、装备研发和技改力度，加快工艺设备绿色改造升级，提高资源利用效率，建成高效、清洁、低碳、循环的绿色体系，推进资源利用方式向绿色低碳转变。贯彻实施国务院《关于加快培育和发展战略性新兴产业的决定》《关于推进国际产能和装备制造合作的指导意见》和《中国制造2025》，按照减量化、再利用、资源化原则，提高工艺成熟度和模块化程度，构建绿色化工产业发展体系。

（课题统筹：李程骅，创新型城市研究院首席专家；课题负责人：吴福象，南京大学经济学院教授。原载《决策参阅》2017年第4期。）

扬子江城市群水污染协同治理对策建议

摘要 江苏80%的能源重化产业集中在长江沿岸,加上近年上游水质持续下降,使下游扬子江段的水质日趋恶化,造成了很大的安全隐患,长江江苏段水污染的协同治理迫在眉睫。目前,沿江各市在水污染治理上缺乏整体协同,水污染治理体系与地方治理体系、扬子江城市群与长江中上游段城市之间也缺乏协同,社会公众在水污染治理方面参与度不高。为促进扬子江城市群水污染协同治理,建议:建立扬子江城市群水污染协同治理的机制;发挥市场化机制在水污染协同治理中的导向作用;加快推进水污染协同治理的平台建设;提高水污染协同治理的监管水平;建立和完善社会公众参与水污染治理的绿色通道。

江苏80%的能源重化产业集中在长江沿岸,加上近年上游水质持续下降,使下游扬子江段的水质日趋恶化,造成了很大的安全隐患,长江江苏段水污染的协同治理迫在眉睫。

一 扬子江城市群水污染协同治理存在的主要问题

目前,包括扬子江在内的长江流域的水污染是一种跨区域的公共问题,在现有属地管理模式下,不同行政区之间存在各自为政以及利益竞争的问题,加上水污染的治理涉及产业布局等多方面因素，因此在治理上存在长期性和反复性。总体来看，当前长江江苏段水污染的治理存在四大问题：

1. 沿江各市在水污染治理上缺乏整体协同

当前沿江八市对于流域水资源的管理主要遵循属地化管理原则，即按照"统一管理与分级、分部门管理相结合"进行。这虽然明确了各城市和地区在本辖区内水污染治理的责任义务，但割裂了流域的完整性。目前，各市大多从管辖权出发进行水污染治理政策设计，缺乏整体的沟通和协作。出于各自利益，还会在治理上出现"搭便车"行为，容易导致水资源的过度开发和利用。当一市出现水污染时，相邻城市会互相推诿，使治理难以取得成效。

2. 水污染治理体系与地方治理体系缺乏协同

水污染治理是一个系统性问题，需要产业布局、城市基础设施建设、科技创新载体及大众生活方式等多方面的协同，在水污染治理上易出现多头管理、内部职能交叉的现象。目前我省对水污染治理的每项任务，虽明确了牵头部门，但由于各部门之间不存在上下级隶属关系，牵头部门往往难以协调平级的部门，无法有效形成治理合力，一些交叉的领域甚至还会相互扯皮，降低治理工作成效。

3. 扬子江城市群与长江中上游段缺乏协同

近些年长江流域中上游地区在加快经济发展目的驱动下，陆续新建了宜昌、万州、涪陵等重化工业区，加上原已存在的安庆、九江等传统石化工业集聚区，长江沿线共有化工园62个，生产企业约2100家，沿线化工产量约占全国的46%。虽然2016年出台的《长江经济带发展规划纲要》明确将长江的生态环境保护放在优先位置，但是一些地区为地方税收等利益所主导，仍会对本地的一些排污企业进行保护，甚至在断面监管的指标上弄虚作假。当前扬子江城市群的水污染治理与长江流域其他地区，尤其是中上游地区缺乏协同，造成监管和治理的困难。

4. 社会公众在水污染协同治理上参与度不高

公众的参与度相对不高，一方面是因为信息不对称。缺乏及

◇ 链 接

时、透明的扬子江水污染信息发布制度,而且水污染大多发生在辖区交界地区并有一定的潜伏期。公众一般是在发生了较为严重的污染情况后才能获知信息,影响参与治理的及时性。另一方面,水污染治理技术的复杂性也造成了公众参与的困难。水污染情况的检测和监管需要较为复杂的技术,一般公众难以具备相关的技术水平,民间环保社会团体往往缺乏具备相关专业知识和技术的人才,经费不足,只能从事一些初级的环保活动或事后维权活动,影响公众参与的有效性。

二 促进扬子江城市群水污染协同治理的对策建议

1. 建立扬子江城市群水污染协同治理的机制

一是联合其他地区,呼吁成立国家层面的长江水污染协同治理领导机构,负责对长江流域的治理目标、污染补偿等制度进行统筹,避免各地区之间的相互推诿和利益损害,减少基础设施建设重复浪费等问题。二是学习浙江"五水共治"经验,成立省级层面的扬子江城市群水环境整治协调机构,加强顶层设计和统筹规划。各市设置相应的组织机构,按照领导小组制定的规划等安排工作,反馈治理中发现的问题,促进协同治理工作有序有效推进。三是培育扬子江城市群水污染协同治理的公众参与机制。要发挥三类群体的力量:发挥普通民众参与治理的积极性,筑牢水污染协同治理的社会基础。环保社会组织要积极集聚环保人士及专业人才,使其成为水污染协同治理中的重要力量。高校和研究机构通过政府的激励和引导,提高参与治理积极性,发挥专业性和研究实力强的优势。

2. 发挥市场化机制在水污染协同治理中的导向作用

一是建立扬子江城市群水污染物排污权交易市场。借鉴"太湖流域主要水污染物排污权有偿使用和交易"试点工作的经验,建立基于市场机制的排污权交易制度。由省级层面统筹制定城市群的排污权交易方案、超排企业处罚等措施,解决交易中的利益冲突和矛盾等。探索建立水污染治理的企业信用制度,对企业在水污染治理上的投资及做法，计入水环境治理的信用档案，并与其他信用体系对接，提高企业资信水平。二是完善扬子江上下游水污染生态补偿机制。完善和细化生态补偿工作流程，探索资金等价的实物补偿或政策补偿等。对补偿资金使用进行项目化管理，补偿标准的制定要综合各地实际情况，针对不同情况设立"差别补偿标准"。三是加快水污染治理绿色金融发展。在扬子江城市群率先开展绿色信贷统一标准的设计，通过贴息、再贷款、PPP 模式等办法，降低绿色金融融资成本。设立省级绿色产业基金，投资有示范作用的绿色项目，引导社会资本进入，将扬子江城市群打造成绿色金融发展的先行示范区。

3. 加快推进水污染协同治理的平台建设

一是信息共享平台的建设。加快建立扬子江城市群水环境数据库，实现 8 市间的信息数据共享。以现有监测网点为基础，建立全流域的监测网络，定期进行抽样检测，及时公布相关信息和数据。建立 8 市间的信息通报制度，互通最新的治理情况。建立水污染信息的社会公布机制，为大众及环保组织等进行监督、维权提供有效的数据资料。二是统一监测平台的建设，统一监测的技术手段、指标和标准等，由各城市的专业部门或公正的第三方机构进行监测。同时将制定的监测技术等与长江流域其他省份及城市对接，提高水污染协同治理的有效性。

4. 提高水污染协同治理的监管水平

一是完善突发水污染事件的预警和应急处理机制。对沿江两岸的重点污染企业、重要流域段进行实时监控，发生严重的水污染事件时及时对外通报，减小水污染可能造成的危害和损失。将扬子江流域发生的严重水污染情况纳入江苏省生活饮用水卫生应急处理的范围，由领导小组协调沿江 8 市进行应急处置工作。二是完善水污染治理的事后惩戒机制。将扬子江流域的水污染治理纳入官员政绩考核，重大环境问题上落实领导干部问责制，官员的晋升和年终考核方面实行"一票否决"制。建立严格的企业事后惩戒机制，并对

◇ 链　　接

排污不合格的企业，记入信用档案，作为企业获取财政扶持、银行贷款等的资信依据。三是建立和完善8市跨区域部门联合执法机制。建立扬子江城市群跨区域的部门水污染联合执法机制，由8市涉水职能部门组成联合检查组，采用交叉检查的方法，对流域排污情况进行检查，确定惩处方案，对各市形成治污压力。

5. 建立和完善社会公众参与水污染治理的绿色通道

一是拓宽公众参与渠道。多搭建方便公众参与生态治理的平台，如重大环境政策的听证制度、民意调查制度等。同时在社区、农村等基层地区加强宣传工作，提高居民的环保意识，形成环保生活方式。二是推动环境公益诉讼机制。加强环保相关法制宣传，发挥典型案例的正面导向作用，鼓励公民通过法律手段来维护自身权益。同时完善相关法律法规，加强信息披露等制度建设，帮助社会组织解决好取证难、信息掌握不及时等问题，为公民环境维权创造良好的制度环境。三是加大对环保社会组织的政策及资金扶持。对从事环保的社会组织进行分类管理，支持高校科研机构的专家学者参与社会性环保事业，发展更具专业性的环保组织。同时通过税收优惠和财政拨款资助等方式对其进行资金扶持，探索引入社会资本设立发展基金，在分类管理的基础上，按照从事领域的专业化程度及社会影响力的大小，分别进行资金扶持，促进其健康发展。

（课题名称：沿江城市一体化与扬子江城市群建设；课题负责人：李程骅，创新型城市研究院首席专家；主要执笔人：黄南，南京市社科院经济所所长，创新型城市研究院执行副院长。原载《决策参阅》2017年第5期。）

打造宁杭生态经济发展带
构筑江苏绿色增长新空间

摘要 打造宁杭生态经济发展带是实现长三角均衡发展、长江经济带建设纵深推进、苏浙协同发展的战略选择。宁杭生态经济发展带生态承载能力强、旅游文化资源丰富、科技创新潜力大、地缘相近文化相通,优势十分突出。同时也面临县域经济实力相对弱、跨省治理环境污染难等问题和挑战。为此建议,围绕打造绿色经济集聚区、全域旅游示范区、生态文明引领区和城乡一体发展先行区的目标要求,完善制度安排,健全多层次跨区域的合作机制;建设三大生态工程,打造长三角绿色发展示范带;构建环太湖创新联盟,打造长三角绿色创新示范带;依托生态宜居优势,打造长三角绿色城镇示范带;对标国际潮流,打造"人居三"可持续发展城市示范带。

省第十三次党代会报告明确提出,"对沿宁杭线地区的发展作出谋划和推进"。随后,长三角地区主要领导座谈会专门提出"打造宁杭生态经济发展带",签订《关于共同推进宁杭生态经济发展带建设合作框架协议》,宁杭生态经济发展带成为长三角地区沪宁杭金三角的重要一极。

一 宁杭生态经济发展带的资源优势与面临挑战

长期以来,长三角地区的沪宁、沪杭两线经济发达,宁杭线发

◇ 链　接

展相对迟缓，由此导致长三角地区南北向发展通道"梗阻"，南京与杭州之间的很多资源要素流通需要"绕道"上海。宁杭高铁建成通车后，南京、杭州的"一小时经济圈"开始形成，长三角的发展格局从一体两翼转为黄金三角，宁杭生态经济发展带将由沪宁杭三角的一个"绿边"发展成为长三角地区的"绿脊"。

1. 生态承载能力强

宁杭生态经济发展带上的南京、湖州、镇江都是国家生态文明先行示范区，区域生态文明建设走在全国前列。宁杭生态经济发展带自然生态资源优良，森林覆盖率高达37.6%。以国家级森林公园为例，截至2015年年底，长三角三省一市拥有国家级森林公园共94处，总面积384694.62公顷。其中，处于宁杭生态经济发展带的共有19处，面积达159992.61公顷，面积占比高达41.6%。

2. 旅游文化资源丰富

宁杭生态经济发展带的旅游文化资源丰富。两端的南京和杭州，是全国著名的历史文化名城，拥有众多旅游文化资源。太湖西岸和杭嘉湖平原地区，拥有乌镇、南浔、西塘、杨桥等大批古镇。中间地带的很多中小城市，拥有大量风光秀美的旅游资源，如溧阳天目湖风景区、德清莫干山等。而高淳、溧水、溧阳、金坛等地山水资源丰富，拥有野山笋、天目湖鱼头、溧阳米酒等很多特色旅游产品，乡村旅游发展得非常好。宁杭沿线地区文化积淀好，历史文化、生态文化、红色文化都是发展旅游文化产业的宝贵资源。

3. 科教创新潜力大

宁杭生态经济发展带是苏南国家自主创新示范区和杭州国家自主创新示范区重要组成部分和核心区域。这一区域所集聚的国家工程技术研究中心达20多家，超过全国绝大部分省份所拥有的数量。

与此同时，宁杭生态经济发展带也面临着重要的瓶颈制约。一是跨界污染问题易发。生态环境是宁杭沿线地区最大的资源优势，然而，由于地处交界，行政分割，容易出现环境跨界污染易发、协同治理难的问题。比如，地处宜兴市、长兴县、安徽广德县三地交界处的太极洞风景名胜区,就曾发生环境污染与生态破坏事件。近年频发的垃圾跨界倾倒事件也是跨界污染的焦点问题之一。此外,生态补偿机制面临落地难、可持续难的挑战,存在生态保护者和受益者之间利益脱节的问题。二是县域经济实力偏弱。宁杭生态经济发展带上除南京、杭州两个中心城市及湖州市区外,还包括六个县(市):宜兴市、溧阳市、句容市、长兴县、德清县、安吉县,这些县域经济体是宁杭生态经济发展带的重要节点。与沪宁线上的昆山市、江阴市、张家港市、常熟市,沪杭线上的海宁市、桐乡市、平湖市、嘉善县等相比,宁杭沿线地区县域经济体的实力相对薄弱。三是沿线县域二产比重普遍偏高。2015年,宜兴市、溧阳市、句容市、长兴县、德清县、安吉县的二产比重在46.2%—53.8%之间,均高于我国第二产业增加值的比重(40.53%),生态旅游优势没有充分发挥。

二 推进宁杭生态经济发展带建设的江苏作为

建议江苏不断完善顶层设计和相关制度安排,有序推进生态建设和产业布局优化,把宁杭生态经济发展带打造成为长三角的"绿脊",打造绿色发展示范带、绿色创新示范带、绿色城镇示范带,在全国率先打造"人居三"可持续发展城市示范带。

1. 完善制度安排,健全多层次跨区域的合作机制

围绕打造绿色经济集聚区、全域旅游示范区、生态文明引领区和城乡一体发展先行区的目标要求,建立多层次跨区域合作体系。在省际合作方面,构建苏浙两省关于宁杭生态经济发展带的专项沟通对话机制。在省内合作方面,加强市、县、乡层级间的横向交流合作,建立发改、经信、科技、旅游等部门间的协商机制。一是充分发挥南京的龙头带动作用,加快规划建设镇宣城际、泰常溧城际、泰锡常宜城际等铁路,加快推进宁高、宁溧、宁句、常金等轨道交通项目建设,形成"宁—镇—常—锡"联动发展、融合发展的格局。二是积极发挥中小城市的支点作用,为中小城市扩权赋能,

◇ 链　接

在政策试点、机制创新、资源扶持等方面予以倾斜，增强其自主权，鼓励其探索跨区域融合发展路径。三是择机"扩容"。安徽宣城市郎溪、广德两县地处宁杭生态经济发展带中间位置，可吸纳其加入宁杭生态经济发展带，这有助于改变宁杭生态经济发展带目前的"沙漏型"地理空间格局，扩大经济腹地，增强共建合力。

2. 建设三大生态工程，打造长三角绿色发展示范带

一是建设"宁杭生态走廊"。在完善以宁杭通道为轴带的区域综合交通网络的同时，沿着水运、公路、铁路等交通干线一体规划建设"宁杭生态走廊"，形成串联宁杭生态经济发展带的绿道网络。在"生态廊道"系统中规划建设一批自然生态保护区、水利风景区、湿地公园、地质公园等生态功能区，发挥生态保护、生态涵养的价值。二是共建跨省域的"国家级森林公园"。前期可联合浙江在溧阳、宜兴、长兴之间规划建设"苏浙国家级森林公园"，由相关地方政府共同投资，一体化保护利用、开发建设。待安徽加入宁杭生态经济发展带后，可吸纳宣城的郎溪县、广德县加入进来，共同规划建设"苏浙皖国家级森林公园"。三是实施生态治理工程。积极借鉴浙江开展多年的"五水共治"经验，将其运用到西太湖流域水环境治理中。开展土壤污染治理和废旧矿区治理，建设土壤污染防治先行示范区和绿色矿业发展示范区。借鉴新安江流域跨省流域生态补偿试点经验，推动宁杭沿线地区中小城市开展生态合作，设立生态发展基金，构建有约束、有保障的长效生态补偿机制。

3. 构建环太湖创新联盟，打造长三角绿色创新示范带

充分利用宁杭沿线地区的国家级、省级创新平台，结合宁杭沿线地区已有基础的特色产业，如无人机、环保设备、新能源汽车等开展科技创新，做产业集群数量上的减法、质量上的乘法，切实提升宁杭沿线地区高新技术产业集群的创新能力。加强与杭州、湖州、上海等地合作，支持环太湖流域的高校、科研院所、企业、地方政府等组建创新联盟，整合环太湖地区创新资源，集聚创新人才，增强创新政策和制度设计的统筹性、协调性。瞄准沪宁、沪杭

线先进制造产业开展科技创新,为其提供科技创新服务配套,逐步形成与沪宁、沪杭发展带相呼应的宁杭创新带。在苏西南丘陵山区因地制宜,科学规划城市功能区、产业集聚区、生态保护区,大力发展低碳或无碳的智慧产业,吸引集聚高层次创新人才,推进产城融合发展,打造绿色集约高效的人居空间、创新空间、经济空间——江苏绿色智慧谷。

4. 依托生态宜居优势,打造长三角绿色城镇示范带

宁杭沿线地区拥有一批极具发展潜力的中小城市和众多各具特色的小镇,要充分利用宁杭沿线地区优越的自然环境,规划建设"国家全域旅游示范区",把宁杭沿线地区的景点串联起来发展"风景经济",提升中小城市的生态品质。积极借鉴浙江云栖小镇、梦想小镇的成功经验,规划建设宁杭特色小镇,重点扶持打造入选国家住建部首批特色小镇名单的高淳区桠溪镇、宜兴市丁蜀镇;积极培育溧水空港会展小镇、溧阳别桥电梯小镇等新兴小镇,形成特色小镇梯队。利用溧阳、宜兴的优质山水资源,发展养老养生健康产业,发展休闲度假旅游、都市农业、观光农业,建设面向长三角乃至全国的养老养生基地。做大做强带有江南文化标识的历史经典产业和文化产业,挖掘宜兴紫砂等具有浓厚江南文化标识的资源,借助现代设计和传播手段加以改良、提升、创新,在历史经典产业资源的"复活"中焕发城市的文化生命力,增强宁杭城市带的区域识别度。

5. 对标国际潮流,打造"人居三"可持续发展城市示范带

第三次联合国住房和城市可持续发展大会(简称人居三)通过的《新城市议程》,为未来20年的城市发展提供了重要指引。宁杭生态经济发展带具有打造"人居三"示范区的潜力。要着力提升城市发展的可持续性。构建可持续的生产模式和经济体系,推广可持续的消费方式和生活方式;探索可持续利用土地和自然资源的体系,保护生态系统、生物多样性;研究可持续地利用文化遗产的途径,保护传统文化、知识、技艺,突出其在城市发展中的作用;完

◇ 链　　接

善可持续的基础设施和基本公共服务体系，让城乡居民普惠、均等享受城市发展进步的果实。要着力构建能有效应对突发事件的"韧性城市"。借鉴伦敦、纽约、新加坡等建设"韧性城市"的实践经验，加紧研究相关技术框架和标准体系，借助云计算、大数据、物联网、移动互联网等新兴手段，构建城市公共安全数据分析系统、即时响应处置机制，建立全方位、立体化城市公共安全网。

（课题名称：沿江城市一体化与扬子江城市群建设；课题负责人：李程骅，创新型城市研究院首席专家；主要执笔人：刘西忠，省社科联研究室主任；吴绍山，省社科联研究室科员。原载《决策参阅》2017年第6期。）

扬子江城市群"中部隆起"的战略对策

摘要 创新型城市研究院首席专家李程骅、江苏省社科联研究室主任刘西忠指出,从世界城市群发展规律和雄安新区、沿海湾区经验看,扬子江城市群发展必须高站位,增强融合性、协调性和整体性;从扬子江城市群的现状及生长态势来看,遏制阶段性极化效应造成的内部落差加大,必须实施"中部隆起"策略;加速推进扬子江城市群"中部隆起",建议实施"一轴一带一区"战略,发挥好"跨江融合试验区"的制度创新示范效应。

作为长三角核心区域的江苏扬子江城市群,是多重国家战略的叠加区域和重要的对外开放门户地带,是建设中的世界级长三角城市群北翼的核心区,是江苏推动区域协调发展的新战略载体。做好扬子江城市群大文章的"开题",必须站位高、定位准、措施实、制度新。按照李强书记在建设扬子江城市群工作座谈会上提出的快慢并重、远近结合、扎实有序推进的要求,当前首先要全面认知扬子江城市群空间布局和形态存在的问题,尤其是要研究如何打破"两头胖、中间瘦"的格局,在协调并进和跨江融合上拿出"大手笔"的举措。

一 从世界城市群发展规律和雄安新区、沿海湾区经验看,扬子江城市群发展必须高站位,增强融合性、协调性和整体性

从世界各大城市群发展规律看,从单中心到双中心或多中心,是大势所趋的动态进程,在这个进程中,各节点城市的生长发育,

◇ 链　　接

在不同的阶段对规模、功能有不同的要求，而制度的安排往往发挥重要的作用，以在更大的地理空间范围内实现经济的规模收益和集聚效应，促进城市群内专业化分工协作。

当前国内城市群与区域创新的两大参照系，雄安新区与大湾区的规划建设，也进一步表明多中心战略正成为城市群的发展创新动力。雄安新区是北京非首都功能疏解的集中承载地，是京津冀协同发展新的经济增长极，也是北京、天津两个大城市的反磁力中心。粤港澳大湾区是由广州、佛山、肇庆、深圳、东莞、惠州、珠海、中山、江门9市和香港、澳门两个特别行政区形成城市群，体现出全球层级的多中心城市群形态。浙江全面支持嘉兴打造全面接轨上海示范区，谋划实施"大湾区"建设行动纲要，以上海为龙头，连带杭州、宁波、绍兴、嘉兴、湖州、舟山6市，共同推进沪杭甬湾区建设。

无论是雄安新区的建立，确立京津冀一体化新战略支点，还是粤港澳大湾区，进一步强化澳门的定位，促进珠海、中山和江门等地的发展，以及浙江在谋划杭州大湾区建设坚持让嘉兴先行，支持其全面对接上海，并大力支持台州湾区经济发展试验区建设，都表明了在巨型发展区，生长中的超级城市群，对于新的战略节点、新的中心、次中心培育的重要性，在放大先发优势的同时，启动后发优势、促进中部崛起是一个重要的规律与趋势。

在这种新的城市群建设大背景下，江苏推进省域范围的扬子江城市群建设，必须战略前瞻把握城市群发展趋势和规律，增强扬子江城市群8市发展的融合性、协调性和整体性，形成"规模互借"效应。从空间经济学的角度来看，扬子江城市群作为一个生长型的城市群，要在粤港澳、沪杭甬大湾区快速生长的情况下继续保持一定的竞争优势，在未来10年、20年和30年成为世界级城市群的核心区域，必须加快推进沿江两岸城市的跨江融合，在长江北岸打造若干个支撑节点，形成多中心、网络型的超级都会区，实现与长三角龙头上海的高位对接与融合。

二 从扬子江城市群的现状及生长态势来看，遏制阶段性极化效应造成的内部落差加大，必须实施"中部隆起"策略

从发展现状和近期趋势来看，扬子江城市群可能面临中部断裂甚至被"撕裂"的困境。按照断裂点理论，如果以扬子江城市群中部的泰州为基点测算，上海、南京、苏州三座中心城市的辐射距离分别为：160公里、90公里和100公里。这个辐射力，还没有把大江的阻隔计算在内。由于上海、南京两大中心城市分别从两头向中间辐射，力度逐渐衰减，造成了中部的"无力感"。随着上海、南京两个都市圈集聚辐射能级迅速提升，极化效应将更加明显，由于距离中心城市较远、发展基础相对薄弱，泰州全域以及扬州、镇江的东部地区、南通的西部地区等这片三角形地带，很可能被撕裂，导致城市群在中部一分为二，形成中部断裂带。

从发展空间看，扬子江城市群的重点应在北岸。目前，南沿江5市人口密度为1191人/平方公里，城镇化率达76.32%，国土开发强度均已超过25%，资源环境承载能力已近饱和，而北沿江3市人口密度为806人/平方公里，城镇化率为62.29%，国土开发强度尚在20%以下，因此，扬子江城市群未来发展的空间主要在北岸。从发展潜力看，扬子江城市群中部地区，岸线资源丰富，既有长江湾道，还有长江第二大岛扬中市（仅次于崇明岛），加之已有泰州大桥这个过江通道，两岸融合基础条件较好，承载基础优越；与此同时，随着长江南京以下12.5米深水航道贯通，江海联运的功能增强，泰州处于江苏境内长江倒"V"字形的顶点上，与苏州和南京的直线距离分别在140公里、120公里左右，泰州港核心港区作为长江中下游地区重要的深水良港和长江海港，处在长江AB级航道的分界点，也表明这里正好是分割点，可以把这个分割点打造成为扬子江城市群中部缝隙的焊接点，具有成为扬子江城市群（湾区）顶点的潜在条件，为扬子江城市群成为长三角背翼核心区和国际开放重要门户增加战略支点，提供更强动力。

◇ 链　　接

从江苏全域"1+3"功能区的对接与互动看，扬子江城市群中部具有战略缝合作用。"1+3"功能区战略中具有丰富内涵。这里的"1"，表明扬子江城市群是一个功能整体，设区市和县的边界在融合，联系在增强，作为一个有利整体形成江苏区域发展的龙头。这里的"3"，代表三个区域既有分工，又有联系。这里的"+"，不是区域的简单相加，而是功能的优势互补，是深度融合，扬子江城市群中部在"1+3"功能区战略中具有特殊作用，有利于进一步发挥其传导和纽带功能，通过基础设施、体制机制的链接，增强扬子江城市群与沿海发展带、江淮生态经济区之间的联系和融合，形成一个功能互补、协调联动、融合融通的江苏发展联合体。

从扬子江城市群融合发展的战略谋划看，中部是短板。从目前来看，随着南通建设上海北大门和宁镇扬一体化战略的推进，东西两端跨江融合思路基本清晰，唯有中部地区融合的方向和重点仍不明晰，成为扬子江城市群建设的软肋。因此，在着力建设江北新区、增强南京扬子江城市群的龙头地位，苏州与南通加快融合、一体化对接上海的空间格局下，迫切需要在扬子江城市群沿江北岸和中部寻找新的支撑点，谋划和实施"中部隆起"策略，增强扬子江城市群中部地带的跨江融合，熨合南京都市圈、苏锡常都市圈和沿海发展带，带动"三湖"生态经济区（或"三河"生态经济区，"三河"即运河、淮河与里下河），使之真正成为全省经济的"发动机"，参与国内国际城市群竞争的"梦之队"。

三　加速推进扬子江城市群"中部隆起"，建议实施"一轴一带一区"战略，发挥好"跨江融合试验区"的制度创新示范效应

按照远近结合推进扬子江城市群建设的战略思路，改变扬子江城市群"两头胖，中间瘦"格局，建议实施"一轴一带一区"战略，把中部地区打造成为扬子江城市群有标杆意义的新增长带，同时借助中部地区背靠苏北广大腹地的区位条件，为全省的生态经济区建设先行探路、积累经验。

（一）一轴：城市群中部南北传导轴

从基础设施看，扬子江城市群中部的支撑能力明显不足。每平方公里高速公路，扬、泰、镇3市分别是39米、44米、50米，远低于南京（81米）、无锡（70米）和苏州（88米）。从高铁规划来看，南沿江正在建设第二条高铁，南通两条高铁在建、扬州一条高铁在建，而处于江苏地理中心的泰州目前尚无明确的高铁计划。从过江通道看，常州、镇江与北岸泰州之间的长江水道上，仅有一座泰州大桥。建议在扬子江城市群中部，打造无锡—常州—泰州—盐城跨江发展轴带，承担中部传导功能。这条轴带大体沿S39、S29两条高速公路由南向北延伸，跨越中部两岸十多个县（市、区）。

打造中部南北传导轴带，符合各方期盼。无锡、常州未来既要向东与上海、苏州接轨，也需要向北寻找扩张和辐射空间；泰州与苏南融合发展，最直接和便利的，是共同打造锡常泰都市圈；里下河地区生态经济的发展，离不开苏南发达地区的支撑和带动，需要一条轴带与苏南接轨。这条中部轴带与盐城连接，还将扬子江城市群与沿海经济带、"三湖"生态区两大板块有机结合在一起，进行战略叠加，对实现全省"1+3"重点功能区战略，意义十分重大。

打造扬子江城市群中部南北传导轴带，最为重要和紧迫的是改善交通基础设施条件。建议省委省政府把泰州作为区域性综合交通枢纽来建设，在泰州大桥和江阴大桥之间加密过江通道，加快盐泰锡常宜城际铁路和泰常过江通道建设，超前谋划多个过江通道，进一步密切城市群中部两岸地区的沟通和连接，支撑扬子江城市群中部地区崛起。同时，进一步优化统筹江苏的航空发展布局，加强扬子江城市群中部航空交通体系建设，增强扬泰机场作为禄口机场的国际备用功能，打造扬子江北岸和广大江淮地区的国际门户和航空枢纽。

（二）一带：塑造北沿江特色绿色发展带

就城市群北岸而言，南通致力成为"上海北大门"，扬州逐步与南京同城化，因此，苏通大桥—润扬大桥之间150多公里的区间

◇ 链 接

内，其产业发展应给予高度重视，并力求在省级层面科学安排，一方面积极接受南岸的产业转移，更要立足高远，彰显自己的特色。

北沿江现有造船、新材料、物流、生物医药、精细化工、装备制造业等产业已形成规模，但发展水平总体不高，需要嫁接高端创新要素，促进产业集群向创新集群转变。目前，北沿江3市仅有南通大学、扬州大学、泰州学院3所公办本科院校，尚无国内知名大学，创新要素匮乏。建议省委省政府支持通泰扬3市创新资源聚集，加快知名高校、研究院所等高端创新要素布点，补上这块短板。

当前，江北三市最大特色和优势仍是生态。建议在"兴高宝"等里下河地区重点发展大健康产业，在药、医、养、游、健等方面做足文章，同时，突出绿色低碳，对北沿江产业进行必要的整合，建立起低耗高效、高产优质、高价值的生态经济系统，充分彰显扬子江城市群的绿色特征。

（三）一区：打造泰（州）扬（中）跨江融合试验区

中央选择在京津冀中部腹地发展相对不足的地区，按照"千年大计，国家大事"的高标准打造雄安新区，其思路值得领会和借鉴。建议省委省政府从扬子江城市群中部选择"突破口"，在跨江融合上先行先试：将扬州江都大桥镇以东、泰州市区南部，泰兴滨江镇，镇江扬中这片400平方公里的区域，定位为跨江融合发展试验区，为扬子江城市群的未来发展，乃至全省发展、长三角发展、长江经济带发展探索经验，创新模式。

一是打造创新发展示范区。大力推进体制机制创新，使之成为承担重大发展和改革开放战略任务的综合功能区，为未来引领创新发展"探路"。加快高端创新要素的集聚，向智能制造、绿色制造为标志的先进制造业转型，向新产业、新业态、新模式进军，建设具有较强国际竞争力的先进制造业基地（围绕智能电网、石墨烯、物联网等产业）。

二是打造开放发展先行区。这一区域岸线资源丰富，可围绕建设长江下游江海联运中心港以及长江经济带国际航运枢纽节点，打造承南启北连接东西的综合交通枢纽，全面支撑扬子江城市群重要国际门户建设以及长三角城市群开放型经济发展。借鉴上海自贸区、南京江北新区等成功经验，实行更加开放和优惠的特殊政策，借助负面清单等措施，加快构建与国际通行规则相适应的投资贸易制度，成为长三角国际高端制造业的重要承载地。

三是打造绿色发展样板区。按照全新理念谋划中心城市建设、城镇建设和产业布局，充分彰显绿色、低碳特色，展示"水韵江苏"的滨江城市风貌，成为长江经济带"共抓大保护，不搞大开发"的样板城市，为全国提供可复制推广的城市发展新模式。

（作者：李程骅，创新型城市研究院首席专家；刘西忠，江苏省社科联研究室主任。原载《智库专报》2017年第22期。）

南通城市发展的价值审视与能级提升

摘要 我省重点培育智库创新型城市研究院首席专家李程骅指出，在"巨型发展区"的新要求下，落实"江苏1+3"功能区新战略，应当对南通城市发展定位和价值进行重新审视，在实现"四个定位"中全面提升南通区域发展新优势。要科学规划，加快打造环上海特色"创新之都"，定向承接上海城市的要素外溢与功能疏散，营造良好创业创新环境，加快推进南通融入上海大都市区的空间格局。

当前，以城市群、大都市区为依托的"巨型发展区"快速崛起，成为全球性的主导区域一体化的新形态。其突出特征是以网络化、多中心的空间形态，打破原来的行政边界，去中心化的趋势日益明显。以建设世界级城市群为目标的长三角城市群，正在重组长三角地区三省一市的空间结构，并将形成世界级的"长三角巨型发展区"。地处这个巨型发展区核心区域的江苏，以战略前瞻制定了全域江苏的"1+3功能区"版图，彻底打破了过去依行政区域制定发展规划和推进落实的模式，改为按功能区来创新驱动江苏的区域发展，这无疑是顺应以城市群、城镇体系化主导的江苏区域发展新阶段要求的理性选择。在"巨型发展区"的新要求下，落实"江苏1+3"功能区新战略，应当对江苏的主要城市发展定位和价值进行重新审视。作为上海的"北大门"、扬子江城市群重要节点城市、江苏沿海经济区最具发展优势的城市，南通市的建设发展将具有很强的"样本"意义。

一 在区域发展新格局中科学审视南通城市的战略地位

总体来看,我国的城市化进程进入到城市群、都市圈主导的空间发展新阶段,"一带一路"倡议、京津冀一体化、长三角城市群以及粤港澳大湾区的规划引导,加上高速铁路网的快速形成,高铁城市带的逐渐成形,已经在重塑全国的经济地理,京津冀、长江三角洲、珠三角及粤港澳、长江中游和成渝五大巨型发展区,已经体现出国家的空间大战略。在巨型发展区内,会有传统的龙头城市、首位城市或中心城市,但多中心化是不可阻挡的大趋势。

从巨型发展区主导区域网络化、多中心化的大趋势来考量,随着南通与上海城际铁路的沟通,特别是直接对接上海地铁体系的多条过江通道的规划,南通所处的上海北大门、"北上海"的区位优势、空间开发的潜力彰显无遗,承接上海的溢出效应、非核心功能的疏散,直至与上海的同城化,整体进程会越来越快。南通未来融入上海大都市区,成为其副中心区域,是一个大趋势。因此,南通必须顺应这一趋势,全面提升自身的城市与区域定位,整体提升发展能级。未来的10年到20年,从江苏区域"1+3"功能区的重构、长三角城市群北翼的一体化发展以及"上海2040"战略中的"1+6"上海都市区等层面,来提升城市与区域地位、功能与价值,最大限度地聚集国际、国内和区域优质资源,加快提升城市的发展能级,在长三角巨型发展区的"多中心化"中,担当起上海大都市区的副中心、扬子江城市群的核心城市、江苏沿海经济带龙头城市的重任。

二 在实现"四个定位"中全面提升南通区域发展新优势

基于省政府批复的《南通建设上海大都市北翼门户城市总体方案》,南通提出要实现"四个定位":长三角北翼经济中心、重要区域性综合交通枢纽、具有区域影响力的创新之都、宜居宜业的富

◇ 链　接

有魅力的花园城市。在长三角巨型发展区和江苏"1+3"功能区建设的观照下，南通应是省内扬子江城市群和江苏区域的重要交通枢纽、创新高地，是"1+6"上海大都市区的创新平台，是面向国内国际的宜居宜业花园城市。接下来，建议进一步明确每一个定位的具体目标和推进策略。

1. 明确南通在长三角巨型发展区和上海大都市区的发展目标

以上海为坐标轴心，成为长三角北翼经济中心，南通就不仅是上海北大门、北上海、上海北，终极追求一定是"1+6"上海大都市区的副中心。按照都市圈、都市区发展体系、网络的"齐夫法则"，在一个巨型区域内，顶点城市、核心城市带动下的次级、二级城市，应该倍数规模的层级体系，才能达到资源配置的科学性，上海大都市区的"1+6"空间规划，6个江苏、浙江城市中，目前在体量上能级上可与上海呼应的只有2个城市：苏州、宁波，最有条件成为第三个零距离对接、承接的城市，理应是隔江相拥的南通。由此，南通市域未来或要达到千万人口规模，成为Ⅰ型大城市，方能成为人口规模2000多万的上海城市的副中心。尽管在集聚人口、壮大产业、创新驱动等方面，对接的路还比较长，需要投入巨大，但一定要利用区位优势，主动承接上海的城市功能疏散。未来南通和上海的关系，应该是横滨之于东京、圣荷西之与旧金山的空间格局。

2. 放大南通在"1+3"功能区中的多重功能

在江苏"1+3"功能区中，这个"1"无疑是创新引领带，要进一步发挥出湾区城市群的整体创新优势。因此，在"1"和"3"的沿海经济带中，南通的港口作用如何发挥出来，创新生态环境如何打造，怎样高层次推进现代海洋经济的发展，未来的想象空间很大。要对照世界湾区城市群的阶段性发展特征和创新要素集聚的特点、参照粤港澳城市群，以及浙江提出的杭州湾城市群构想等，站在全球城市网络体系的高度，来综合审视南通的综合优势和创新带动的潜力，让"区域影响力的创新之都"在江苏的区域转型升级和发展大局中，特别是近期的在沿海经济带的转型升级中，发挥更好的带头作用。

3. 强化南通的扬子江城市群"开放门户"地位

南通如何借力上海，带动江苏沿海发展，促进成为沿江、沿海交汇的开放门户、新的枢纽和发展高地，是个系统性的大问题。比如，在沿江、沿海的协同发展中，未来能否构建南通主导的通泰盐城市群？要成为高首位度的嵌套型的区域中心城市，南通现在内部分散的城镇体系，如何适应现代城市群与上海大都市区副中心城市的要求，特别是现阶段南通主城区规模仍然嫌小，怎样加快促进启东、通州与主城区一体化发展，形成张弛有序的市域内城镇体系，来有效承接上海城市功能的疏散？南通应从多重国家战略的角度出发，来规划引导城市的发展，勇于担当起长三角北翼地区和扬子江城市群的高度国际化的"开放门户"。

4. 加快提升南通城市发展质量和规模能级

南通的"四个定位"之一，是建设长三角宜居宜业的花园城市。这就表明，南通要面向长三角北翼地区、面向国内、面向国际重点区域，来规划建设"宜居宜业的花园城市"。从现阶段来看，南通无论是城市能级还是发展质量，都与苏州不在一个层次上。而苏州与上海的一体化、同城化的空间格局，也应是南通的未来选择。当前南通市域城镇化率64%，730万人口，城镇人口目前400多万，并且是分散在各城镇的，主城区只有100多万，规模与结构尚不足以担当起上海北大门、副中心的职能。从"齐夫法则"来看，南通城区的面积、人口、公共财政收入，应达到全市总量的50%左右，才能彻底改变主城实力不强的"小马拉大车"问题。

三 推进南通融入上海大都市区空间格局的对策措施

南通在长三角巨型发展区的地位提升，在江苏"1+3"功能区的作用发挥，在很大程度上取决于能否真正成为上海大都市北翼门户城市。因此，必须明确目标、把握重点、集中力量、主动对接，

◇ 链　　接

加快推进南通融入上海大都市区的空间格局，使其落到实处、见到实效。

1. 把主城"中央创新区"与通州湾和启东生命科学城，作为一个整体的创新系统来统合

加快实施对南通中心城区整体城市能级提升行动，主要包括城市硬件建设的高标准、公共服务水平提升、营商环境的优化等。在规划建设标准方面，要对标苏州、等高上海。在构建"三港三城三基地"的过程中，不仅要形成对接服务上海的空间格局，还要在公共服务、商业服务上建立起高标准。要通过"放管服"一系列有针对性的措施，充分展现南通的成本比较优势，让上海中心城区的商务活动、特别浦东地区的部分商务活动逐步分流到南通来。让启东生命健康科技城、通州湾临港产业城与主城"中央创新区"，形成稳定的"金三角"创新框架，形成南通整体对接上海、服务上海、融入上海的空间格局和发展形态。

2. 围绕现代海洋经济建设研发高地，加快打造环上海特色性"创新之都"

当前南通的高校与研究机构太少，更缺少国内知名的研究型大学和研究机构。尤其是未来要重点发展的现代海洋经济，缺少研发资源的支撑。建议借鉴深圳虚拟大学城、苏州研究生城的成熟做法，引进国内知名大学的研究院，打造海洋科技研究成果转化的"创新飞地"。比如，主城区新规划17平方公里的"中央创新区"，应该从国际站位、国家高度，引进培养在现代服务业、现代海洋经济的前沿领域有话语权和影响力的研究机构和团队，建立高水平的现代海洋产业研究院，在"创新之都"的建设上，有特色性的定位，形成制度化的口碑效应。

3. 定向承接上海城市的要素外溢与功能疏散，在公共服务方面突出比较优势

由于上海的服务成本高，一些优质的市场程度高的服务业也在逐步向外转型。建议南通根据人口大市从高端医疗服务需求大的现

状入手，定向承接上海城市的要素外溢与功能疏散，重点引进上海的高端医疗资源与服务。借助崇启大桥的通道便利，以启东生命健康科技城为载体，合作打造医疗健康养老服务集聚区。通过政策引导，吸引上海的知名医院来南通合作新开专科化的院区、病区，使其成为性价比高的飞地化的"上海医疗服务区"。借助上海把崇明岛定位为国际生态岛的保护型战略，可在崇明岛的南通行政管辖区，与上海共建健康生态园，使其成为上海与南通共同的"后花园"。

4. 制定壮大人才规模、优化人口结构政策，营造良好的创业创新环境

南通要抓住契机，改变原来人口净流出的态势，加大吸引在国内和海外的百万南通籍人士、创业人士回乡发展。科学制定并落实在高端人口流入与高层次人才引进政策，着力吸引年轻的大学生、研究生前来南通创业、就业，扎根安家，打造上海都市区独角兽企业集聚的平台。让那些从高商务成本的上海，分流出来的企业人才、创业人才，把南通作为首选之地。要在保持人口的净流入的前提下，壮大人才规模、优化人口结构，提升人才红利，营造良好的创新生态环境，为南通打造区域性创新之都提供丰厚的人力资源支撑。只有具备这种优势，南通才能具备上海"北大门"的主导功能，从而更好支撑和带动江苏的扬子江城市群和沿海经济带的未来发展。

（作者：李程骅，创新型城市研究院首席专家。原载《智库专报》2017年第38期。）

建立更加有效的区域协调发展新机制

摘要 中国特色社会主义进入新时代，新发展理念统领下的区域协调发展更注重质量和协同性。党的十九大报告回顾了过去五年区域协调发展战略取得的重大成就，在突出了"一带一路"建设、京津冀协同发展、长江经济带发展取得显著成效的基础上，提出了未来区域协调发展的新方略：建立更加有效的区域协调发展新机制。以城市群为主体构建大中小城市和小城镇协调发展的城镇格局。围绕新时代区域协调发展战略的新要求，把握我国城市化进程和城市群发展的阶段性特点，注重发挥好城市群在区域协调发展中的重要功能，对于整体提升我国的城市化质量和区域一体化水平具有重要的作用。

一 深刻理解区域协调发展战略的新要求

区域发展不平衡、地区发展差异大，是我国的一个基本国情，坚持区域协调发展是我国经济社会发展的一个重要原则。党的十八大以来，以习近平同志为核心的党中央审时度势、内外统筹，先后提出了推进"一带一路"建设、京津冀协同发展和长江经济带发展三大战略，着眼于一体联动和重点突破相统一，促进区域协调发展。在党的十九大报告中，区域协调发展的新方略强调加大力度支持革命老区、民族地区、边疆地区、贫困地区加快发展，强化举措推进西部大开发形成新格局，深化改革加快东北等老工业基地振兴，发挥优势推动中部地区崛起，创新引领率先实现东部地区优化发展，建立更加有效的区域协调发展新机制，以此增强区域发展的协同性和整体性，以加快解决发展不平衡不充分的问题。在2017年召开的中央经济工作会议上，习近平总书记进一步强调了区域协调发展的三大目标：实现基本公共服务均等化，基础设施通达程度比较均衡，人民生活水平大体相当。并明确指出要深入实施西部开发、东北振兴、中部崛起、东部率先的区域发展总体战略，继续实施京津冀协同发展、长江经济带发展、"一带一路"建设三大战略，以构建连接东中西、贯通南北方的多中心、网络化、开放式的区域开发格局，不断缩小地区发展差距。

党的十九大报告明确提出了新时代区域协调发展战略的主要任务，并着力强调以城市群为主体构建大中小城市和小城镇协调发展的城镇格局的实施路径。为实现党的十九大报告中作出的两个"十五年"战略安排，必须坚持创新驱动、质量为先的城市与区域现代化之路，以城市群为载体提升发展质量、提高中心城市发展能级，这是推进区域现代化与国家现代化的必然选择。现代意义上的城市群或都市圈，是以一个或数个不同规模的城市及其周围的乡村地域共同构成的在地理位置上相连的经济区域，在产业结构、组织结构、空间布局、专业化程度、区位条件、基础设施、要素的空间集聚等方面比其他区域具有更大的优势。以城市群为地理单位，建立起合理的城市分工和层级体系，促进特大城市与周边城镇、乡村的协调、均衡发展，建立合理的利益补偿机制和资源配置关系，是未来城市群主导的区域一体化发展的重要路径。党的十九大报告对创新引领率先实现东部地区优化发展提出了更高要求，疏解北京非首都功能、推动京津冀协同发展、坚持"共抓大保护，不搞大开发"推动长江经济带发展等重点任务，鲜明体现了以城市群为主体的区域协同发展战略。未来必须优化提升东部地区城市群，培育发展中西部地区城市群，继续推进长三角、珠三角、京津冀、成渝、长江中游、中原、哈长、北部湾等城市群建设，形成一批直接参与国际合作竞争，促进国土空间均衡开发和区域协调发展的城市群。随着

◇ 链　　接

这些重点任务的落实，我国将会充分发挥大城市对中小城市的有效辐射和带动作用，构建起横向错位发展、纵向分工协作的区域发展新格局。

中国特色社会主义进入新时代，随着国家主体功能区规划的全面落实，加上"四纵四横"高铁干线网的基本建成，我国区域间的高效互联互通达到了一个新水平，超级城市群正在加速形成，将在更大范围内将中小城市、城镇、相邻农村纳入城市群和大都市圈的空间体系中，为人口流动、产业重组、要素重构和创新资源集聚提供平台，有助于先进制造业和现代服务业的形成和发展，有助于推进城市和区域经济的高质量创新发展。当前，我国加快构建现代化经济体系的空间支撑主要是大城市和城市群。大城市的快速成长以及对高端要素的集聚，促进了生产性服务业与制造业加速分离，这有助于现代化经济体系的形成。从全球城市空间体系和产业体系高度迭加的运行规律来看，伴随着我国进入以城市群为主体的区域一体化新阶段，原来城市之间的产业分工将会扩大到城市群之间的分工，在此过程中，空间与产业的融合度会不断提升，推进提升城市与区域的发展质量。

以城市群为主体推进区域发展质量的提升与一体化进程，还要注重提升大城市、城市群的综合治理能力。未来的区域协调发展战略的落实，还要进一步突出城市群开放发展、一体化发展的理念，从引领世界城市群创新发展与治理模式优化的高度，在对接全球城市体系中进行创新资源要素的配置，不断拓展创新空间，推进协同发展的机制创新。

二　创新推进以城市群为主体的区域协调发展新方略

面向全面建成小康社会和开启全面建设社会主义现代化国家新征程的未来目标，实施以城市群为主体的区域协调发展战略，应把握好以下几个方面。

首先，把打造现代化经济体系作为促进区域协调发展的关键，通过合理的制度安排，在城市群内进行城镇产业空间、生活空间与生态空间的科学布局，促进形成高效合理的产业分工体系。当前的中国经济空间布局越来越呈现出集群化、协同化的特征，在一个城市群内，核心城市的能级与所在区域的实力形成直接正相关，中小城市深度融入所在区域，成为骨干网络上的重要节点，能够在资源共享、优势互补中得到更好发展。而且，当区域内的城市出现阶段性发展"短板"时，会迅速得到帮助，避免自身的深度陷落，从而最终达到均衡生产力布局、缩小相邻区间收入差距、实现整体性经济增长的目的。在现代轨道交通体系和互联网技术的支持下，区域内的产业集群即使在空间上分离，也可因区域内部高度互动的通勤性和便捷性形成高效协同的功能体系。未来进一步推进区域协调发展，需要充分发挥市场机制在区域资源配置中的重要作用，清除各种显性和隐性的市场壁垒，促进生产要素的自由流动，推动区域发展的质量变革、效率变革和动力变革。

其次，进一步提升东部发达地区大城市与所在区域的国际竞争力与对外开放水平。"一带一路"所展现的大视野、大开放、大整合的空间经济思想，在改变世界经济地理空间的同时，也在重塑中国城市与区域经济发展的空间格局。以长三角地区的协同发展为例，上海与南京、杭州及周边的城市，通过高铁与快速城际交通网络的连接，形成了一小时通勤区，使得区域一体化进程明显加快；上海大都市圈规划与江苏的扬子江城市群、浙江的杭州湾城市群规划，在长三角世界级城市群的建设中，实现了空间上的有机融合。作为党的十九大后获批的首个超大城市总体规划，《上海城市总体规划（2017—2035年）》就明确了主动融入长三角区域协同发展，推动上海与周边城市协同发展，联手构建上海大都市圈，打造具有全球影响力的世界级城市群的战略目标与发展定位。

再次，加大深化改革力度，在城市群、都市圈内部空间结构的优化重组中推进协调机制创新，整体提升区域一体化的发展质量。按照党的十九大确定的我国现代化"两步走"的阶段性安排，依据

◇ 链　　接

国家主体功能区规划的要求，加紧制定出台面向2035年的城市、城市群发展规划，描绘2050年的战略愿景。在当前集中实施战略规划的"窗口期"，必须充分认清未来城市群的发展趋势与规律，在空间结构体系、产业体系以及生态保护体系上统筹安排。地方性城市与区域规划要跳出传统的基于行政区的空间规划思维，展现协同发展的理念与行动策略，并在新的空间结构体系和产业结构中，实现资源互补、协作共赢，共同提升城市群与区域的发展质量和市场竞争力。

与此同步，落实创新驱动的区域协调发展新方略，还要围绕建设创新型国家的战略目标要求，打造跨越层级的网状创新空间，构建城市群内多向支撑的创新空间载体，培育特色性的"创新单元"，促进城市群结构重组与要素配置的效率提升。要通过规划建设新中心、形成层级化的多中心，形成城市群内多中心的空间结构，在更大的地理空间范围内实现规模收益。未来，在一个城市群的内部，将形成生生不息的创新机制与生态环境，不断在聚合中强化协同性，进而在更高层次塑造出要素有序自由流动、主体功能约束有效、基本公共服务均等、资源环境可承载的跨区域协同发展机制，推进大中小城市的产业互融和空间融合，促进合理空间层级体系和特色性功能区的协调发展。

（作者：李程骅，创新型城市研究院首席专家，江苏省中国特色社会主义理论体系研究中心特聘研究员。原载《光明日报》2018年2月23日第6版。《新华文摘》2018年第10期全文转载。）

推进长三角一体化战略：
江苏如何走在前列？

摘要 在长三角区域一体化国家战略中，江苏要加快提升区域发展整体能级，率先成为一体化建设示范区域。建议：一要推动多重国家战略空间落地，主动对接上海、强化沪宁通道，尤其是实现环沪地区融合发展，促进苏锡常都市圈"空间一体化、主轴同城化"；二要重新谋划城镇空间布局和产业空间布局，苏州主动对接上海构建国际金融和贸易中心延伸基地、国际航运和经济中心配套基地、科技创新中心技术转移基地；三要推动建设跨区域特别合作区，放大沪苏大丰产业联动集聚区效应；四要在都市圈、城市群范围内加快构建与国际通行规则相适应的投资、贸易制度，共建开放性合作平台。

长三角区域一体化发展上升为国家战略，就地处长三角核心区域和关键腹地的江苏来说，要把握机遇、超前谋划，在推动更高质量一体化中走在前列、率先突破，充分体现江苏区域发展的新担当、新作为、新贡献。特别是在空间一体、交通对接、产业融合以及各种要素资源的优化配置上，强化内生动力和协同效应、先导效应，加快提升江苏区域发展的整体能级，为长三角一体化发展提供多元动力系统支持，率先成为长三角一体化建设的示范区域。

◇ 链　　接

一　统筹推动多重国家战略的空间落地，强化功能板块发展合力

江苏是"一带一路"、长江经济带和长三角一体化、大运河文化带国家战略的叠加区，实施"1+3"重点功能区战略本身包含江淮生态经济区等国家战略，要做好多重发展战略的空间协同。以长三角一体化统筹空间、交通、产业、生态、公共服务等方面的规划行动，不仅可以为各地提供制度化保障，也有利于江苏大区域内协同发展，解决好扬子江城市群与沿海经济带、淮海经济区与东陇海区域以及江淮生态经济区的空间统筹发展，全方位"嵌套"、融入长三角一体化大空间。在长三角一体化进程中，江苏必须把主动对接上海、强化沪宁通道，尤其是实现环沪地区的融合发展作为首要任务，促进苏锡常都市圈"空间一体化、主轴同城化"，高位整体对接上海。建设江苏省域扬子江城市群"强龙头"，增强南京作为区域中心的集聚辐射能力，促进区域内大中小城市和小城镇协调发展，协同构建南京都市圈。在长三角一体化的空间、交通、产业、生态等政策引导下，南京都市圈和苏锡常都市圈加快跨江发展，促进江苏南北空间一体化融合。

二　对标高质量发展要求，协力打造一体化发展的先行区和示范区

世界级城市群的龙头城市，比如纽约、东京、伦敦、巴黎等，辐射区域基本都在数万平方公里，当前的经济总量是上海的2—3倍。以上海为龙头，将上海的腹地和辐射空间，扩展至长三角地区，则能破解空间较小、产业布局问题。目前，沪苏浙正在联合编制《上海大都市圈空间协同规划》，将苏州、无锡与南通三个城市纳入，提出交通一体化、生态环境共保共治、市政基础设施统筹、绿色网络、蓝网纵横、文化魅力域旅游提升、产业协调发展、合作机制保障与创新等八大系统行动，增强上海大都市圈空间协同。

当苏州、无锡、南通纳入到上海都市圈的空间规划之后，江苏

自身的区域发展高地在哪里？自主可控的产业体系边界在哪里？江苏要重新谋划城镇空间布局和产业空间布局，持续提升区域竞争力，在更高层面上实施对接一体化行动和国家战略，展示融合发展的示范效应。围绕融入上海都市圈，苏州提出"建设环太湖世界级湖区"，无锡提出"太湖长江发展轴和沿湖生态发展环"，南通提出建设上海"北大门""北翼门户城市"等，都是对接上海的策略之举与务实行动。今后，必须进一步加大谋划和规划力度，苏锡常以及南通等地区要有更高站位，在集聚度、空间产出上，对标上海，通过空间传导、产业升级、基础设施建设来对接上海，从而最大化承接中高端资源输出，加快自身"腾笼换鸟"，着力构建分工合理、各具特色的空间布局，以提升长三角城市群核心区域的竞争力、创新力。

三 在区域一体化进程中优化产业空间布局，形成高效合理的产业分工体系

城市群的核心纽带是由产业体系、产业集群构成的价值链条。在长三角一体化发展要求下，地方出台竞争性产业引导政策，要跳出自身行政区，最大化尊重市场要素的配置规律，协同构建产业链、创新链和价值链。围绕党的十九大报告提出的"培育若干世界级先进制造业集群"目标，加快长三角区域在汽车、集成电路、人工智能、智慧城市等重点领域布局。苏锡常都市圈加快对接上海过程中，结合"上海2035"规划、苏南自主创新示范区的政策引导，在新的空间结构体系和产业结构中，推动实现资源互补、协作共赢，促进形成高效合理的产业分工体系。在苏锡常都市圈中，苏州激活都市圈核心城市引擎功能，更多发挥紧靠上海制造业大区松江、生态资源优势区青浦及汽车产业优势区嘉定的优势，通过更深层次对接上海，全面接轨上海新一轮发展规划，主动对接上海全球城市建设，积极构建上海国际金融中心和贸易中心延伸基地、上海国际航运中心和经济中心配套基地、上海科技创新中心技术转移基

◇ 链　　接

地等，提升参与全球产业链水平。就省域来说，依托"1+3"主体功能区，在产业空间布局、要素配置体系上，加快南北携手、全域联动。

目前，在党的十九大确定的新一轮区域发展方略的引导下，跨行政区共建园区、智慧新城都在积极探索中，浙江台州与上海松江共建产业园；在粤港澳大湾区内，香港也在惠州建立一个智慧新城等。这些探索，都为江苏进一步加大跨省合作的力度，提供实践的启示。在长三角一体化的大战略下，江苏围绕以上海虹桥为中心的江浙沪三地交界的核心区域，共建区域一体化高质量发展示范区，通过设施协作共享、人才资源互认共享、社会保障互联互通等公共服务的一体化建设，构建长三角高质量一体化的区域创新生态系统。依托沿海高铁盐城到上海段即将通车、盐城融入上海1小时都市圈的新优势，探索飞地经济—飞地园区—飞地城市的新路径。可在盐城大丰拥有300多平方公里上海飞地的基础上，规划800—1000平方公里的沪盐智慧园区，放大沪苏大丰产业联动集聚区的效应，进一步密切盐城与上海的联系，承接上海产业资源、创新资源与人力资源的溢出。

四　多带互动、多点联动构筑区域创新网络，持续提升省域创新力

长三角一体化国家大战略，有助于充分发挥市场机制在区域资源配置中的决定性作用，清除各种显性和隐性壁垒，在多带互动、多点联动的区域创新网络中，持续提升省域创新力。当前，长三角一体化，无论就区域还是省域来说，推进一体化市场体系建设成为首要任务。要共同打造长三角更优营商环境，就必须破除制约区域间要素流动的体制机制障碍，建设规则相同、标准互认、要素自由流通的统一市场，推动政务协同、监管协同、服务协同，最大限度降低区域交易成本、促进区域资源自由流动、提高资源配置效率。要在都市圈、城市群的范围内加快构建与国际通行规则相适应的投

资、贸易制度，共建一批开放性合作平台，在更大范围内推动资源整合、一体化共享。要在近年来"不见面审批"改革、"互联网+政务服务"和"3550"改革带来的营商环境持续改善的基础上，持续对标世界银行的营商环境标准，补足短板、深化改革，严格落实负面清单管理制度，通过制度创新为深化区域内分工和错位发展创造更加良好的条件。要发挥集成改革效应，打造最优营商环境区域，推动不断涌现具有行业竞争力的创新主体，形成创新集群、释放创新能力。要通过建设产权交易共同市场，提高金融市场一体化程度，建立土地高效配置机制，推动要素市场一体化建设；通过设立长三角地区一体化发展投资基金，建立地区间横向生态保护补偿机制，建立合理税收利益共享和征管协调机制，健全成本共担利益共享机制。

（作者：李程骅《群众》杂志社副总编辑，南京大学博导、兼职教授。原载《决策参阅》2019年第7期。）

"一轴两带"等高上海：
苏锡常一体化新策略

摘要 长三角区域一体化发展上升为国家战略后，苏锡常都市圈应利用其得天独厚的地理优势，加速对接上海、融入上海，提升发展能级，构建"一轴两带"空间格局："一轴"就是以沪宁主轴为依托，加快苏锡常三市主城融合，提升高端创新资源、现代服务业的空间聚合能力。"两带"就是以南沿江高铁建设为契机，加快县域产业升级与服务能力提升，构建南沿江产业转型升级示范带；以主动对接"大虹桥特区"和G60科创走廊为重点，打造沿太湖绿色创新增长带。

在长三角区域一体化发展上升为国家战略后，江苏的区域能级提升，必须把握世界级城市群、大都市圈的发展规律，以主动对接龙头城市上海为大方向，进一步优化"1+3"主体功能区。而推进苏锡常都市圈"一轴两带"建设，提升苏锡常城市主轴空间品质，放大跨江城市群与环太湖创新带效应，可以在发展大格局上"等高"对接融入上海，为长三角世界级城市群建设做出更高质量的贡献。

一 进一步提高发展质量和板块能级：苏锡常都市圈对接融入上海发展的条件和意义

在城市群、都市圈时代，区域能级主要表现为：经济体量与发展质量,交通网络及枢纽效用,科技创新资源的集聚能力,全息特征的开放度,对大企业总部及创业人才的吸引力等。由沪宁主轴串起的苏锡常三市,经济总量已经超过上海。苏州与上海之间、三市主城之间形成了都市连绵区,也是服务业发展的集聚区,汇集了大批企业总部、研发及营销管理总部,生活服务品质高,高端创新资源的集聚能力强,完全具备了"空间一体化、主轴同城化"的物理空间条件。在长三角核心区形成的多中心苏锡常都市圈,经济发展正在实现从规模到质量的转变。三市产业布局具有共同特征:沪宁轴的主城区为现代服务业,沿江为重化工业,沿太湖地区为生态休闲经济,都面临经济发展、转型创新、高质量提升的瓶颈。三市在一些主导产业,如智能制造、生物医药、物联网、区块链、金融科技、文旅产业、健康休闲等,具备在一体化空间里实施产业融合、重组并购的条件。交通体系的高速轨道、地铁轻轨网络化发展,具备了空间一体化、通勤化的条件。

尽管苏锡常都市圈具有得天独厚的对接融入上海的条件,经济总量也达到一定的规模,但经济发展的质量和含金量仍然不够。2018年,三市的经济总量达到37086万亿元,超出上海4400多亿元,三市的总人口近2200万,比上海少200万,人均GDP甚至超过上海。但三市第三产业增加值占GDP的比重在51%左右,远低于上海的69.9%;三市的面积(17489.42平方公里)为上海的2.76倍,地均GDP仅相当于上海的41%;一般预算收入3692.58亿元,仅相当于上海的52%左右;知名独角兽企业4家,不及上海(51家)的十分之一。通过对接融入上海,提高经济发展质量和能级,是苏锡常都市圈建设的当务之急。

二 构建"一轴两带"新格局:苏锡常"等高"对接融入上海发展的策略和路径

苏锡常都市圈在形态上表现为线性,产业结构趋同,长期以来在很多领域往往是竞争大于合作。在长三角一体化背景下,特别是

◇ 链 接

在苏州、无锡纳入上海大都市圈、常州部分地区纳入南京都市圈的大背景下，三市要跳出在都市圈上非此即彼的误区，以"一轴两带"的战略格局，加强三市内部之间的经济联系和各个领域的合作，打造上海、南京两大都市圈的链接环，最大限度地"等高"对接上海。

1. 以沪宁主轴为依托，加快苏锡常三市主城融合，提升高端创新资源、现代服务业的空间聚合能力

江苏产业的传统化色彩浓厚，必须在转型升级上下功夫，在提升核心竞争力、增强自主可控能力上做文章。苏锡常都市圈的主城空间，应围绕创新型企业集群培育，深入实施创新型领军企业培育行动计划和高新技术企业培育"小升高"计划，培育科技"小巨人"企业、"瞪羚"企业和"独角兽企业"。要把生产性服务业作为主攻方向，既做好面向本地企业的"江苏服务"，也提升面向国际市场的"全球服务"。在交通上，目前高速交通的短板是沿太湖线的贯穿，特别是苏锡、锡常之间的湖湾绕行、相隔问题。即使在无锡市域，宜兴与无锡的空间隔离尚未解决。因此，需要新的沿太湖高速通道、湖底隧道串起苏锡常的环太湖区域，提高资源要素配置的效率。

2. 以南沿江高铁建设为契机，加快县域产业升级与服务能力提升，构建南沿江产业转型升级示范带

作为长江经济带综合立体交通走廊的重要组成部分，沪宁通道的第二条城际铁路南沿江城际铁路，将为长三角一体化发展和建设长三角世界级城市群提供重大基础设施保障。同时，与京沪高铁、沪宁城际铁路、北沿江高铁等共同构成龙头城市上海向西辐射的重要通道。2018年10月，南沿江城际铁路开工，线路自京沪高铁南京南站引出，向东经句容市、金坛区、武进区、江阴市、张家港市、常熟市，终至在建的沪通铁路（上海—南通）太仓站。由此，沿线的句容、金坛、江阴、张家港、常熟、太仓等地将进入高铁时代，融入沪宁1小时高铁圈。建议以南沿江高铁建设为契

机，高水平谋划南沿江产业转型升级带。在太仓、常熟、张家港、江阴、常州新北区等县级市、开发区，对照地级市的产业水平和服务能级，加快产业升级与服务能力提升，并逐步等高沪宁线的发展能级。

3. 以主动对接"大虹桥特区"和 G60 科创走廊为重点，打造沿太湖绿色创新增长带

长三角一体化上升为国家战略，其核心区的中心点、增长点都在上海虹桥地区。2018 年 6 月，上海市政府与华为签署战略协议，规划在青浦淀山湖版块建设新的研发中心。淀山湖被称为东方的日内瓦湖，面积 60 多平方公里，与江苏的昆山、吴江接壤。据课题组了解，在长三角一体化的大战略中，上海为了突破空间发展的瓶颈，正在谋划以虹桥商务区 86 平方公里为核心区的"大虹桥特区"，这个特区的空间扩张指向，重点是向西延伸至太湖，未来将上海青浦区、江苏苏州的吴江区、昆山市以及浙江省湖州市南浔区、嘉兴市嘉善县等整体或部分纳入，面积将达到 2000—3000 平方公里，使之成为长三角一体化的合作示范区。大虹桥商务区的崛起，可以弥补上海原来只看浦东、对外的发展格局。在苏锡常一体化进程中，必须考虑进一步对接上海虹桥地区，放大 G60 科创走廊效应，在产业、空间、绿色发展、政策配套上全方位对接，探索与上海、浙江共建长三角一体化沪苏浙大虹桥融合发展示范区，促进苏州及沿太湖地区整体对接大虹桥，与浙江嘉兴、湖州共同打造环太湖创新生态圈。

打造沪苏沿太湖绿色创新增长带，可以虹桥为原点，向西扩展到吴江以及苏州高新区，然后再到无锡，构成一条滨湖创新带。这一创新带的空间布局与创新资源集聚引导，可以放大 G60 科创走廊的效应，承接虹桥的现代服务业；在沿线的吴江汾湖高新区、吴江苏州湾及吴中开发区、苏州高新区、无锡新吴区、太湖山水度假区、马山、常州太湖湾等，构建一个串起苏锡常的滨湖生态经济带和创新通道，未来通过锡常湖底隧道连通宜兴，可与浙江湖州连

◇ 链　　接

接，形成长三角环太湖创新生态圈。

在这个生态绿色托起的创新廊道内，吴江、吴中、昆山等地需充分发挥"近水楼台"的优势，加快承接上海虹桥、松江G60科创走廊、张江的创新资源溢出，推动产业转型、腾笼换鸟，承接上海溢出的高端产业和优质项目，以"产业同圈"延伸产业链、提升价值链，构建起长三角一体化发展深度融合的示范区。建议三地成立"大虹桥特区"区域治理协调机构，负责组织领导、统筹规划、政策研究、综合协调和宏观管理，在区域统计上实行GDP统一核算，财政收入按基数比例分成，从而保证各自的应得利益。

4. 以打造长三角一体化示范引领区域为目标，前瞻同步放大苏锡常一体化的效应

一是推动打造长三角环太湖地区一体化发展示范区。在长三角地区，环太湖地区是能够在有限空间内最大限度地把一市三省融合在一起的唯一区域，也是具有基础条件的最佳选择：环太湖的地级设区市包括苏州、无锡、常州和浙江的湖州，东侧距离上海较近，容易接受上海的辐射，北侧为连接苏锡常的沪宁主轴，南侧为G60科创走廊连接沪苏浙皖，宁杭生态经济带则将太湖西岸贯穿起来。通过一体化合作示范大虹桥这个点，G60科创走廊这条线，和环太湖创新绿色发展生态圈，打造科技创新、产业发展和生态保护联动区，成长为一体化发展的新空间和快速崛起地带，从而让一市三省全部参与进来，实现长三角一体化点、线、圈、面的有机结合。二是与南京都市圈和北沿江城市链接，共同打造扬子江城市群和长三角核心区的文明城市群——率先在国家层面探索现代化的示范区、先行区。推进苏锡常都市圈的西向链接，绿色化对接宁镇扬都市圈，促进沿江岸线常州与南京、镇江进一步融合，与上海和环太湖地区共塑江南文化牌，打造长三角地区具有国际化吸引力的宜业宜居宜学宜创宜养的区域品牌。三是促进苏锡常都市圈的跨江带动，避免扬子江城市群的中部塌陷或断裂。重点促进无锡、常州与泰州

之间的对接,构建扬子江城市群中部的锡常泰都市圈。

(作者:李程骅,《群众》杂志社副总编辑,南京大学博导、兼职教授。原载《决策参阅》2019年第5期。)

后　记

扬子江城市群研究的"时代记忆"

在新发展理念的统领下，准确把握城市群发展的新阶段特征，以推进扬子江城市群规划建设为抓手来整体提升省域发展能级、高站位服务长三角区域一体化，是江苏"十三五"期间推进区域协同发展、高质量发展的战略之举，并且以创新引领的丰厚成果验证了这一战略的前瞻性、可行性与科学性。

我国城市化经历了30多年的高歌猛进，在"十三五"进入城市群主导区域协同发展的新阶段。2016年6月，国家层面的《长江三角洲城市群发展规划》正式发布，确定2030年将长三角全面建成全球一流品质的世界级城市群的目标。此前，京津冀协同发展、长江经济带发展等跨区域的规划上升到国家战略，表明我国已把发展的空间中心转向城市群、都市圈，以更好体现"以城市群为主体形态来推动大中小城市和小城镇的协调发展"[1]的理念和要求。在《长江三角洲城市群发展规划》中，作为长三角核心腹地的江苏，南京都市圈、苏锡常都市圈共同构成了长三角世界级城市群北翼核心区，将在长三角一体化发展进程中发挥更大的骨干带头作用。

本人作为长期研究城市与区域发展战略的学者，一直认为江苏是经济大省、开放大省，城市化率持续领先，应该在国家区域发展

---

[1] 中共中央、国务院印发：《国家新型城镇化规划（2014—2020年）》，2014年3月。

格局尤其是在长三角一体化发展的空间规划中被赋予更高的地位、更大的担当,才能更好践行"率先探路"的重大使命。2016 年 6 月,在深入研读《长江三角洲城市群发展规划》中的相关内容后,观照江苏经济社会发展的阶段性特征,感觉在我国进入城市群时代之后,无论是基于长江经济带发展战略还是对接长三角一体化的空间规划,江苏的沿江区域应该加快告别"散装"形态,尽快实现协同发展、一体化发展,提升资源要素优化配置水准,以更好地服务上海和接受上海的辐射带动。此前发布的《江苏"十三五"规划纲要》,明确提出江苏要以城市群为主体形态,加快完善新型城镇化空间布局,推动形成支撑全省经济社会发展、带动区域协同并进、参与区域竞争合作的重要载体。于是,本人以此为主题,撰写《打造一体化江苏沿江大都市带》一文,在 2016 年 7 月《新华日报》理论版上刊出。文章认为,面向"十三五"和未来一个较长的时期,围绕国家确立的长三角世界级城市群的中远期目标,江苏应当从战略上谋划沿江地区发展能级整体提升,有效整合沿江苏南、苏中地区的空间资源、发展要素和创新网络的带动作用,进一步优化生产、生活和生态空间布局,深化沿江城市群的内涵发展,合力打造一体化的、跨江融合发展的江苏沿江大都市带,用"一张蓝图"为提升区域发展质量和国际化水平筑造更大的载体空间。

江苏沿长江两岸有 8 个设区市,分属苏南与苏中两大板块,行政层级、经济社会发展水平和地域文化都不相同,要用现代城市群的理念来规划建设为一体化的大都市带,起码要在省级层面上进行统筹才有可能。幸运的是,本人在两个月后应邀参加了时任江苏省委书记李强同志主持的经济社会发展专家座谈会。在会上,本人以城市研究学者的身份提出,江苏应将沿江八市作为一个整体的城市群来规划建设,以更好对接长江经济带规划、长三角世界级城市群建设。从国家规划的长江经济带来看,长江下游的城镇群落分属于安徽、江苏两省,而安徽已规划建设皖江城市带,江苏沿江的城镇化率和经济社会发展水平,明显高于皖江流域,一体化规划建设长江江苏段的城市群、促进区域资源要素优化配置的时机已到，将其命名为"扬子江城市群"更契合江苏段的流域和地域文化特征，并体现出跨江融合、协同发展以及高度开放性的价值导向。

一体化规划建设扬子江城市群的建议，在得到省委主要领导的肯定并要求进一步深化研究之后，本人作为创新型城市研究院的首席专家，带领研究团队深入沿江重点城市调研，广泛征求地方领导和专家学者的意见，很快上报了系统性的《一体化规划建设扬子江城市群的对策建议》研究报告。该报告认为高起点规划建设扬子江城市群，是展现江苏推动长江经济带发展"一盘棋思想"的系统设计，是彰显长江经济带、长三角城市群"江苏使命"的战略之举。建议从统筹规划主体功能区、构建立体交通网络主导的集约型现代城市群，突出中心城市带动功能、创新驱动扬子江城市群多层级联动发展，完善产业与城镇转型互动机制、整体提升扬子江城市群国际竞争力，和以绿色发展降低生态负荷，打造长江经济带示范性"绿色城市群"等四个方面加快推进。报告得到了省委、省政府主要领导的肯定性批示，直接促进了省级层面的扬子江城市群的规划编制。在接下来的研究中，我与团队的专家一起，围绕扬子江城市群的规划范围与边界、空间布局和形态以及一体化发展的体制机制问题，进行多视角、多层次的调研，完成了《协力打造扬子江城市群》《长三角城市群格局中的"扬子江城市群"构建策略》《扬子江城市群空间规划提升与战略实施重点》《江苏沿江化工产业结构布局优化路径研究》《扬子江城市群水污染协同治理对策建议》《扬子江城市群"中部隆起"的战略对策》等多篇研究报告，均得到了省政府主要领导及分管领导的批复，为紧锣密鼓编制的《扬子江城市群发展规划》提供了参考。这些研究成果陆续刊发于江苏省社科规划办《智库专报》、江苏省社科联《决策参阅》以及《群众》杂志、《江海学刊》和《新华日报》"思想周刊"，在促进"扬子江城市群"概念传播的同时，也直接服务了省级层面扬子江城市群发展规划编制的开局工作。

以学术研究和智库成果不断深化对扬子江城市群的研究，是更好服务江苏"十三五"新型功能区战略实施的使命所在。2016年11月，江苏省第十三次党代会报告指出："要顺应以城市群为主体形态推进城市化的大趋势，发挥南京特大城市带动作用，推动宁镇扬一体化发展，促进大中小城市和小城镇协调发展。以长江两岸高铁环线和过江通道为纽带，推进沿江城市集群发展、融合发展。"把打造一体化的沿江城市群，作为深化实施全省域的功能区战略、促进区域协调发展的战略考量。高起点规划建设扬子江城市群，上升为事关江苏发展全局的重大课题：扬子江城市群是长三角世界级城市群的核心区，是江苏进入世界城市体系的国际门户和标志性区域，未来是经济充满活力、高端人才汇聚、创新能力跃升、空间利用集约高效，具有全球一流品质的巨型发展区，必须在新发展理念的统领下，加快集聚高端要素，高位嵌入全球价值链，一体化推进规划建设，协同发展，形成合力，在转型升级、绿色发展、集约发展上先行探路、创新机制、做出表率。围绕习近平总书记建设"强富美高"新江苏的根本要求，"做好区域互补、跨江融合、南北联动大文章"，必须在顺应发展大势、遵循城市群发展规律的前提下，高起点、高水平重构省域的重点功能区，科学推动内部一体化发展、融合发展的需要。2017年1月，本人应邀参加由江苏省住房和城乡建设厅主办、江苏省城镇化和城乡规划研究中心承办的"江苏省沿江城市群城镇体系规划研讨会"，就扬子江城市群作为长三角世界级城市群大空间的次级城市群的逻辑定位与建设重点作了介绍，并有幸聆听了同济大学副校长吴志强教授《走向智能协同创新的世界级城市群》、南京大学原党委书记洪银兴教授《打造世界级的沿江产城融合区域》、台湾大学夏铸九教授《全球城市区域视角下的扬子江城市群构建》、中国城市规划设计研究院副院长王凯《国家战略视角下的长三角城市群与江苏扬子江城市群建设》、国家发改委城市与小城镇改革发展中心沈迟主任《长江经济带（扬子江城市群）产业、空间、交通协调发展》等多位名家的高水平发言，为从宏观的理论与实践的层面系统研究扬子江城市群的空间价值与协同机制创新,提供了多维支撑与现实观照。

江苏作为经济大省、开放大省,虽然自21世纪初就大力推进苏锡常、南京和徐州三大都市圈带动下的省域协同发展行动,但苏南、苏中和苏北三大板块的发展落差并未实现根本性的改变。2017年5月,随着扬子江城市群规划建设工作的扎实推进,江苏正式提出基于长三角一体化发展的"1+3"重点功能区战略:"1"即扬子江城市群,"3"包括沿海经济带、江淮生态经济区和以徐州中心的淮海经济区,由此形成江苏区域协调发展的新布局。这一战略旨在打破传统的苏南、苏中、苏北三大板块的地理分界和行政壁垒,从行政区经济转向功能区经济,推动各区域之间分工协作、优势互补、特色发展。"1+3"重点功能区战略,作为"1"的扬子江城市群,是标杆区、引领区和先导区,起到的是"头部"带动作用,被赋予引领省域协同发展和支撑长江经济带建设、长三角一体化发展的多重任务和使命。2017年6月,江苏省委省政府专门召开推进扬子江城市群建设工作座谈会,省委主要领导系统阐发了建设扬子江城市群这一重大战略决策的发展背景、战略定位和推进路径,打造扬子江城市群,省委、省政府的一个重要战略意图,就是要打破三大板块的地理分界和行政壁垒,使苏南苏中进一步融合起来,沿江城市实现一体发展,发挥更大作用,形成更为强大的经济增长核,更好辐射、带动和支撑包括苏北腹地在内的其他区域发展。作为长三角城市群北翼核心区和长江经济带绿色发展示范区,扬子江城市群的规划建设不是另起炉灶、另搞一套,而是要以一个高度协同、具有自身特色的次级城市群,更好地对接、参与、支撑长三角世界级城市群建设,成为长三角城市群的重要增长核。[①] 高起点规划建设的扬子江城市群,在空间一体化、交通网络化、产业高端化、设施现代化、生活品质化和实现人的全面发展等方面,将成为

[①] 李强:《做好扬子江城市群建设大文章》,《群众》2017年第13期。

现代城市群的新样板、新形态。为呼应省委主要领导"做好建设扬子江城市群大文章"的战略主张，7月初出版的《群众》杂志推出"聚焦扬子江城市群"专题，邀请国家发改委、江苏省发改委、江苏省住建厅以及江苏沿江八市南京、苏州、无锡、常州、南通、镇江、扬州、泰州的权威人士与主要领导，从区域战略发展、定位要求以及创新推进一体化进程等方面，为扬子江城市群建设提出政策依据与体制机制保障，达到集思广益、凝聚共识，科学推进这一战略的目的。[①]

  理论研究与智库服务扎根于实践，才能更及时更有效地服务于实践，在研究成果的转化中体现自身的价值。伴随着扬子江城市群概念的提出、被党委政府决策采纳以及上升到省域发展重点功能区战略，本人与研究团队主持完成了江苏省社科重大课题"江苏沿江协同发展与扬子江城市群建设研究"、江苏应用研究重大课题"沿江城市一体化与扬子江城市群建设"等多个项目，在聚焦扬子江城市群空间结构与次区域同城化的内在机理、沿江产业布局优化与创新引领带动、沿江生态环境协同治理机制设计、沿江公共服务一体化与社会治理创新路径等重点问题研究的同时，对南京、苏州、南通、泰州等城市在扬子江城市群规划建设中的战略定位与实施路径进行个案研究。比如对南京、苏州如何发挥在扬子江城市群建设中体现"双中心"作用的分析，泰州在扬子江城市群"中部隆起"中的机遇把握，作为上海"北大门"与扬子江城市群重要节点城市南通的价值发现与能级提升策略等，这些成果不仅在宏观层面上推进影响了省级层面的扬子江城市群规划，还及时服务了沿江城市具体工作的落实。比如，如何在坚守"共抓大保护、不搞大开发"的前提下处理好产业空间与生态空间的关系，如何在沿江绿色城市群的建设中率先破解长期存在的"重化围江"难题，如何真正把自组织生成的"一群城市"提档升级为高质量的"城市群"，如何在省

[①] 参见《群众》2017年第13期"聚焦扬子江城市群"专题。

级层面加快推进沿江地区的公共服务一体化建设等，都是以问题为导向、数据为支持、政策为观照的决策咨询成果，体现出理论研究与学术服务的前瞻意识，以及智库建言的应有担当。

在这方面需要提及的是，伴随着省级层面"1+3"重点功能区规划工作的推进，在省委省政府的推进扬子江城市群建设工作座谈会召开前夕，本人和南京大学建筑与城市规划学院崔功豪教授、中国科学院地理与湖泊研究所陈雯研究员、江苏省发改委规划处长孙志高同志等一起，应省委主导领导之邀，详细汇报了对细化规划编制的建议。本人认为，要以扬子江城市群的一体发展、融合发展为抓手，谋划"井"型的江苏全域转型升级发展版：以扬子江城市群的创新引领承担国家长江经济带、长三角北翼核心区、世界级城市群的枢纽地带的重任，以扬子江城市群的新增长极南通为支点，撬动江苏沿海"蓝色板块"发展；以大运河串联扬、泰、淮、宿、徐五市以及高邮湖、洪泽湖、骆马湖和淮河、废黄河等流域的江淮生态发展带，联动苏中苏北发展腹地，打造南北生态绿轴，探索破解南北发展不平衡的新路径。扬子江城市群的内涵提升，关键在于沿江八市的共建合作，整体提升发展质量与开放层次，更好地"等高"对接上海，应在制度设计、政策设计、机制设计上来驱动创新融合。建议在南京江北新区，南通、苏州、无锡与泰州的跨江连接区域，申报设立扬子江城市群改革试验区，为促进沿江两岸的经济融合发展提供制度性支持。扬子江城市群的规划建设是一项战略工程，前期需要政府强力的统筹推进，中期则需要部分让位于市场，到了后期要由市场发挥主导作用。在探索深化改革方面，可以公共服务产品的标准化、联网为突破，实现扬子江城市群八市的城乡居民自由流动，创新城乡一体化发展形态；最大限度降低区域间的行政壁垒，促进资源要素的自由流动，可先行改革沿江八市之间的道路收费办法，打造扬子江城市群区域交通收费按路程递减的高速公路收费机制，降低要素流动成本，提升一体化发展要素供给能力；制定环境治理成效的考核倒逼机制，按照上海对江苏省的长江水质流入要求，倒逼各个城市，层层落实。同时要加大协调力度，与上游省份，尤其是安徽和江西进行衔接，统一水环境治理的标准，让更多的专业力量参与到扬子江的水环境治理之中。

规划建设现代城市群，不是简单地在空间布局上"画圈"，关键是要探索建立一种协同发展、一体化发展的机制。我们坚持以问题为导向，聚焦扬子江城市群规划建设中的难点、重点和未来趋势，不断深化对城市群空间结构形态动态演进规律的认知。通过对扬子江城市群这个引领江苏新型重点功能区重构、支撑长三角世界级城市群建设"样本"的解析，让我们对超级城市群下多核心格局形成机理有了全面把握，进而为当代中国情境下的城市群高质量发展，赋予更加丰富的理论内涵。以此为基础，我和研究团队的专家们一起撰写了《建立更加有效的区域协调发展新机制》《我国城市群发展的进程、阶段特征与动能再造》《新时代区域协调发展方略与创新策略》《从"生产空间"到"空间生产"的城市群区域增长模式研究》《省域主体功能区的格局塑造与空间治理》等论文，刊发在《光明日报》和相关核心学术期刊上，试图系统性地印证超级城市群下构建主体功能明晰的次级城市群、现代化都市圈的紧迫性和必要性，为新时代中国城市群理论话语体系的建立，提供理论与实践的双重支持。

高起点一体化建设扬子江城市群，是打造全省高质量发展的战略载体的现实需要，也是新常态下落实国家"一带一路"和长江经济带建设、培育长三角地区的发动机和增长核的重要举措，有利于在更大空间整合配置资源、更有效地集聚高端要素，提升江苏在新发展格局下的战略地位。在各方的共同努力下，江苏省发改委主导编制的《扬子江城市群建设规划》（2017—2030）于2017年9月完成，并向社会征求意见。在该规划中，扬子江城市群的战略定位被确定为：以城市群为主体形态、促进沿江城市南北畅通、跨江联动发展，以融合发展、一体化发展为导向，加快形成集聚协同效应，建成面向世界、接轨上海、辐射苏北、带动周边、支撑长江经济带和长三角世界级城市群的北翼核心区。未来的目标是成为全球产业创新高地、国际先进制造业基地、全国重要国际开放门户、绿色生态发展示范区、美丽宜居幸福家园、体制机制改革排头兵，到2030年建成具有国际竞争力和影响力的网络化现代城市群。这种定位和导向，是基于江苏"十三五"期间着力建设"一中心、一基地"——具有全球影响力的产业科技创新中心和具有国际竞争力的先进制造业基地目标的综合考量，促进扬子江城市群成长为全球创新网络重要策源地、全球产业价值链制高点、全球信息网络枢纽、高水平开放合作的标志性区域，在合作共建长江经济带和协同建设世界级城市群的国家战略使命中，更好地发挥江苏的创新标杆与集成示范作用。2017年10月19日，在党的十九大江苏省举办的专场新闻发布会上，时任江苏省委书记李强生动形象地介绍了"1+3"重点功能区战略的主要内容：让扬子江城市群成为江苏高端产业发展的"金色名片"，江淮生态经济区成为江苏永续发展的"绿心地带"，沿海经济带成为江苏向海发展的"蓝色板块"，加上以徐州为中心的淮海经济区，共同支撑起江苏发展的未来。目的是让承担不同功能的区域做自己最适合、最擅长的事，做最能彰显自身特色和优势的事，在全省范围内形成一个开放融合、协同发展的大生态系统。①

高起点高站位的区域布局是发展理念和发展思路的集中反映，也是发展内涵和发展水平的直观映现。以扬子江城市群为龙头的"1+3"重点功能区战略，为贯彻落实新发展理念、建设"强富美高"新江苏筑造了高质量的空间载体和平台，也为长三角区域一体化进入高质量发展新阶段提供了坚强支撑。党的十九大之后，国家加快推进长江经济带城市群布局的优化。随着上海大都市圈规划的出台，由沪苏浙皖共同推进的长三角一体化发展行动提速，江苏将以实施"1+3"重点功能区战略作为重要抓手，在基础设施一体

---

① 参见《新华日报》2017年10月20日。

化、政策扩散一体化、区域市场一体化、社会治理一体化、公共服务一体化等方面进一步加强与上海、浙江与安徽的对接，努力在推动长三角地区更高质量一体化发展中走在前列。2018年11月，习近平主席在上海进博会上宣布"支持长江三角洲区域一体化发展并上升为国家战略"，长三角地区一体化发展与"一带一路""京津冀协同发展""长江经济带"与"粤港澳大湾区"一起，全面上升为新时代的国家区域发展大战略，共同承担起落实新发展理念、构建现代化经济体系、推进更高起点的深化改革和高层次对外开放、完善中国改革开放空间布局的历史使命。2019年12月，中共中央、国务院印发《长江三角洲区域一体化发展规划纲要》，强调发挥上海龙头带动作用，苏浙皖各扬所长，加强跨区域协调互动，提升都市圈一体化水平，推动城乡融合发展，构建区域联动协作、城乡融合发展、优势充分发挥的协调发展新格局。从这个意义上来说，扬子江城市群与江苏的全域一体化发展的战略设计，是为推进高质量发展喊出的时代先声，是在把握城市群发展规律下、主动服务长三角一体化国家战略的先行探索与实践创新，为我国发达地区更有效破除行政区经济、强化功能区经济，建立空间融合发展、资源优化配置的新机制，在制度设计和路径选择上提供了引领示范作用。

城市群、都市圈的一体化发展，在优化空间资源的过程中，有利于培育出创新的载体、主体和土壤，进而整体提升区域发展能级。伴随着长三角一体化发展国家战略的深度推进，江苏更大力度融合江南江北、联动沿江沿海、统筹陆地海洋，把加快推进省内全域一体化作为实施"1+3"重点功能区战略的重要内容，进一步放大扬子江城市群在区域发展中的整体竞争优势，着力提高南京首位度，强化其为扬子江城市群的龙头城市地位，以更好应对多重国家战略叠加带来的新机遇新使命。从2018年起，本人与团队成员一起，完成了省政府决策咨询重点课题"长三角一体化行动与江苏区域功能优化研究"、省社科规划重点课题"江苏高质量发展调查"、省社科重大应用课题"'强富美高'新江苏建设新境界内涵与再出发战略研究"等,重点建议:以苏锡常都市圈等高上海为牵引,规划建设长三角一体化苏沪浙先行示范区;以强化省会城市南京首位度为抓手,加快构建沿江八市为主体的大扬子江城市群格局,实现苏南苏中跨江融合发展的重点突破,打造新形态的长三角跨江城市群。这些研究成果聚焦公众关注的热点问题,从多个视角策应了长三角一体化战略行动的"一盘棋"要求,为把建设"强富美高"新江苏推向新高度,提供了有针对性的对策建议,相关文章刊发后引起较大社会反响。

在改革开放的进程中率先探路、走在前列,始终是江苏特有的思想自觉与行动自觉。"十三五"期间,遵照建设"强富美高"新江苏的根本要求,以"1+3"重点功能区战略为引领,江苏的区域发展走出了生动践行新发展理念的特色路径,一体化发展、高质量发展取得了瞩目的成绩:经济综合实力大幅提升,地区生产总值连跨三个万亿元台阶,2020年达到10.27万亿元,对全国经济增长贡献持续超过十分之一,人均地区生产值稳居全国省区第一,13个设区市全部进入全国百强市。江苏在壮大自身实力、提升发展能级的同时,扬子江城市群引领区域一体化发展的创新性引领性实践探索,还为兄弟省份参与长三角世界级城市群的建设、长三角一体化等国家战略的深化落实,提供了可复制的路径借鉴。开启社会主义现代化建设新征程,面向"十四五"和2035年的远景目标,江苏践行"争当表率、争做示范、走在前列"的新使命,更加突出创新的核心地位,在优化国土空间格局中,进一步提出"加快提升扬子江城市群发展水平,支持南京争创国家中心城市,推进南京都市圈高质量发展,加快宁镇扬、苏锡常一体化发展,打造苏通、锡常泰等跨江融合发展城市组团,推动南通沪苏跨江融合发展试验区建设"的目标和任务。通过创新驱动来综合提升城市群、都市圈和中心城市的承载能力,率先打造成社会主义现代化的标杆区,将书写出现代城市群主导的区域一体化高质量发展的新篇章。

告别"十三五",迎来"十四五",站在向第二个百年奋斗目

后记 扬子江城市群研究的"时代记忆"

标的新起点上,我国的区域发展进入了新阶段,中国式现代化道路引领的城市群与都市圈将展现出新的风采。在《扬子江城市群与区域一体化战略研究》一书即将交稿之际,本人把经历的扬子江城市群规划建设的决策过程、参与的主要研究工作,以及研究团队这几年共同完成的主要课题成果,较为系统地表述出来,在镌刻扬子江城市群研究"时代记忆"的同时,也是以此来验证新时代区域高质量区域发展之路的必然性,协同发展、融合发展和一体化发展是推进现代城市群健康发展、可持续发展的共识和选择。在此,要特别感谢参与扬子江重大课题研究的专家团队:省级重点培育智库创新型城市研究院执行副院长、南京市社科院经济研究所长黄南研究员,江苏省社科联研究室主任、省智库交流中心执行主任刘西忠博士,南京大学城市科学研究院副院长、江苏省城市经济学会副秘书长胡小武博士,南京市社科院城市研究所所长吴海瑾研究员,南京市社科院经济研究所王聪副研究员。我在南京大学、河海大学指导的博士生孙亚南、庞飞、刘心怡等人参加了相关课题的调研。正是大家的不懈努力、精诚合作,才保证了课题如期、高质量地完成。

规划建设扬子江城市群以及省级重点功能区,是江苏"十三五"省级层面的重大战略和重要任务。我们开展的专题研究,直接得益于省级相关机构领导们的指导和帮助,在此表示由衷的感谢。时任江苏省委副秘书长、省委研究室主任康旭平,对课题研究提出指导性的意见。江苏省委研究室副主任仲红岩、徐洪,江苏省政府研究室主任郑焱、副主任沈和,江苏省自然资源厅国土空间规划局局长、研究员级高级城市规划师陈小卉等领导专家,对课题调研与报告撰写给予了大力支持。江苏省社科联副主席、时任省社科规划办主任尚庆飞教授,江苏省社科规划办周丽、李玉波等同志,在推进省社科重大课题研究过程中提供帮助,保障了项目如期完成与成果转化。中国国际经济交流中心总经济师陈文玲教授,中国社会科学院城市与竞争力研究中心主任倪鹏飞研究员,国家发改委城市和小城镇改革发展中心副主任沈迟教授,南京大学刘志彪教授、沈坤荣教授、吴福象教授，东南大学徐康宁教授，南京师范大学蒋伏心教授，河海大学许长新教授等知名专家学者，曾以多种方式对扬子江城市群研究的相关课题给予关心、指导和支持，在此一并表达深深的谢意。

李程骅

2021年2月于南京